JN102455

大学生のための
憲法
［第2版］

君塚正臣
大江一平
松井直之
編

法律文化社

第２版はしがき

本書初版好評により、ここに第２版を刊行できることにつき、冒頭、読者の皆様に厚く御礼申し上げたい。

本書は、比較憲法色を出しつつも、基本的な判例や学説などをきっちりと解説するスタンスで刊行され、第２版でもこの方針に変わりはない。初版では君塚が単独で編者を務めてきたが、世代交代により本書の改訂継続を図るため、第２版では大江一平と松井直之が編者に加わった。段階的な編者交代が上手にできそうかどうかは、読者の評価を待ちたいと思う。また、本書刊行に向けては、第２版から新たにご担当頂いた法律文化社の舟木和久氏にご尽力をいただいた。御礼申し上げる。

第２版もまた、皆様の憲法理解の深まりに寄与することを祈ります。

2023年10月

君塚正臣・大江一平・松井直之

はしがき

本書は、多数の法学部を念頭に、基礎専門科目として開講される「憲法」もしくは教養科目「日本国憲法」などの科目の教科書として編まれたものである。とはいえ、タイトルの「大学生のための」は、法学部生に限定するわけではなく、およそ青年期の大学生に向けての、という意味が込められている。

編者は法律文化社からは2007年に『ベーシックテキスト憲法』、2009年に『高校から大学への憲法』を編著として刊行、版を重ねさせて頂いたところであるが、今回、また、編集の機会を頂き、多様な出身大学院・本務校の若い皆さんと、思想的な偏りのない新しい憲法教科書を作ることとした。

その際、『ベーシックテキスト憲法』〔第３版〕で安定的な評価を得られた点は本書でも続けることとした。同書の章・節の構成、ページ数を踏襲した。2017年３月に編集会議を開催の上、主要論点について通説・判例を軸に有力な学説・判決を簡潔に記述することを執筆陣には徹底して頂いた。本文に多くの主要判例を明示的に組み込んだ。本文の中でも特に重要な段落には☞印を入れ、また、キーワードは**太字**として、注意を喚起した。参照を奨励したい web サイトを冒頭に掲示した。日本国憲法の条文を末尾に添付した。これらの工夫は、本書でも学習を深めるのに寄与するものと思われる。

他方、『ベーシックテキスト憲法』〔第３版〕と別の編集方針を掲げ、差別化を図ったところも多い。それは、新たな憲法教科書の可能性を模索しつつ、憲法教科書におけるオーソドキシーを炙り出す革新的な試みでもある。まず、各章の冒頭に、その章を象徴する挿絵や写真を掲げ、図表をより多く取り込むこととした。そして、日本を含む先進諸国が内向きになりがちな時勢に抗し、だからこそ比較憲法的視点を重視し、外国憲法状況をコラムとして示すこととした。これらの方針に関するご批判は厳粛に受け止めたい。

見れば、立憲主義憲法学は逆風の時代にある。問答無用の強行採決は濫発され、論理や熟議や英知よりも蛮勇と暴言と独善とが喝采されている。日本国憲法の平和主義ばかりでなく、近代国家のベースであり、世界の言葉となっていると言っても過言ではない立憲主義を忌み嫌うかのような政権や体制があちこちで居座っている。法科大学院制度の躓きもあり、法学部の優位は崩れてきた。ただ、最高裁で、この10年、多くの違憲判決や、相当踏み込んだ判断、興味深い少数意見が目立つようになった。我々のものである基本的人権を守るため、憲法学習は、これからの時代こそ必要なのではないかとも思う。本書をスタンダードとして広く長く読んで頂くため、公にする意義がここにあると信じる。

本書は基本的に４単位の専門科目「憲法」を念頭に置いているが、２単位科目や、合計８単位構成の場合にも対応できるものと思う。教養科目の教科書としても、学生の意欲等が平均以上であれば、十分である。仮に授業で省略される箇所があったとしても、一読してもらいたいと思う。なお、本書の性格上、参考にさせて頂いた先行業績を細かく引用はせず、章末と巻末に主要参考文献を掲示するにとどめた（また、第６章の一部は、先行する、君塚正臣「幸福追求権――延長上に家族と平等を一部考える」横浜国際経済法学19巻２号123頁（2010年12月）の一部などを活用した）。衷心よりお詫びしたい。

本書刊行に向けては、またしても法律文化社の小西英央氏にはさまざまなお骨折りを頂いた。多くの先生方には多忙な中、本書に参加して頂いた。それ以外にもお世話になったいろいろな方々に深く感謝申し上げたい。

2018年１月

君塚　正臣

目　　次

第1部　憲法総論

第2部　基本的人権

第3部　統治機構

略　語　表

裁判所の判決・決定等

最大判（決）	最高裁判所大法廷判決（決定）
最判（決）	最高裁判所小法廷判決（決定）
高［支］判（決）	高等裁判所［支部］判決（決定）
地［支］判（決）	地方裁判所［支部］判決（決定）
家［支］判（決・審）	家庭裁判所［支部］判決（決定・審判）
簡判（決）	簡易裁判所判決（決定）

判例集（＊民間刊行物）

民（刑）集	最高裁判所民事（刑事）判例集
行集	行政事件裁判例集
高民（刑）集	高等裁判所民事（刑事）判例集
下民（刑）集	下級裁判所民事（刑事）判例集
労民	労働関係民事裁判例集
判時	判例時報*
判タ	判例タイムズ*
裁判集民（刑）	最高裁判所裁判集民事（刑事）
刑（行・家）月	刑事（行政・家庭）裁判月報
民（訟）月	民事（訟務）月報
判地	判例地方自治*
金判	金融・商事判例*
交民集	交通事故民事裁判例集

学習に役立つウェブサイト

（以下の**太字**で検索すると便利です）

衆議院　https://www.shugiin.go.jp/

参議院　https://www.sangiin.go.jp/

首相官邸（内閣）　https://www.kantei.go.jp/

　e-Gov 法令検索　https://elaws.e-gov.go.jp/

　条約データ検索　https://www3.mofa.go.jp/mofaj/gaiko/treaty/index.php

裁判所　https://www.courts.go.jp

　判例　https://www.courts.go.jp/app/hanrei_jp/search1

　裁判所の管轄区域　https://www.courts.go.jp/saiban/kankatu/

　各地の裁判所一覧　https://www.courts.go.jp/map_list/index.html

　＊　**最高裁の裁判官**名については https://www.courts.go.jp/saikosai/index.html から、各裁判所の裁判官名は、上記「各地の裁判所一覧」の中の「裁判手続きを利用する方へ」の中の「担当裁判官一覧」をクリックした後に表示されるページの「担当裁判官一覧」から参照可能

　裁判手続（民事・刑事事件などの手続の説明）　https://www.courts.go.jp/saiban/

法務省　https://www.moj.go.jp/ 司法試験等は「資格・採用情報」をクリック

検察庁　https://www.kensatsu.go.jp/top.shtml

日弁連（日本弁護士連合会）　https://www.nichibenren.or.jp/

法テラス　https://www.houterasu.or.jp/

自由人権協会　http://jclu.org/

地方自治体　J-LIS（地方公共団体情報システム機構）のウェブサイト（https://www.j-lis.go.jp/spd/map-search/cms_1069.html）から当該都道府県（→市区町村）をクリック

国連（国際連合広報センター）　https://unic.or.jp/

法令のしらべかた（大阪府立図書館）　https://www.library.pref.osaka.jp/site/business/guide-hourei.html

文献検索（**国立国会図書館**）　https://opac.ndl.go.jp/

文献検索（**CiNii Research** 国立情報学研究所）　https://cir.nii.ac.jp

書籍検索（**Amazon**）　https://www.amazon.co.jp/ から「本」ないし「洋書」を検索

消費者庁　https://www.caa.go.jp/

国民生活センター　https://www.kokusen.go.jp/

日本国憲法の誕生（国立国会図書館）　https://www.ndl.go.jp/constitution/

第 1 部　憲法総論

第 1 章　憲法の基本概念

ウエストミンスター宮殿

「18世紀に憲法をもっていたのはイギリスのみであった」といわれる一方で、「イギリスに憲法は存在しない」ともいわれる。この2つの命題を矛盾なく理解するには、どうやら「憲法」という言葉の理解が鍵になりそうだ。

出典：Wikimedia Commons

I　憲法とは何か

1 「憲法」という言葉

☞「憲法」という言葉は、明治時代に英仏語の constitution という言葉が日本に伝わって以降、その訳語に用いられるようになった。今日「憲法」という言葉が用いられる場合、それは、constitution という言葉が示すものを指して用いられることが普通である。

しかし、constitution という言葉は多様な意味で用いられ、そのため、その訳語である「憲法」も、文脈によって異なった意味で用いられる。その代表的な用法を見てみよう。

2　憲法の意味

（**1**）形式的意味　　☞内容はどうあれ、「憲法」というタイトルが付けられ、**成文法**という形式で存在している法を指して「憲法」という言葉が用いられることがある。例えば、「日本国憲法」を指して「憲法」と略称するような場合がそうである。この場合にいう憲法を**形式的意味の憲法**という。

（**2**）実質的意味　　これに対して、存在形式がどうあれ、ある特定の内容を備えた法を指して「憲法」という言葉が用いられる場合もある。この場合にいう憲法を**実質的意味の憲法**という。この意味での憲法は、さらに次の2つに分けられる。

一つは、国の基本的な統治の構造を定めた法である。これを**固有の意味の憲法**という。統治の機関や作用、統治機関相互の関係、治者と被治者の関係など、国家の統治の基本について定めた法である。この意味での憲法は国家が存在する限り必ず存在する（「国家が存在するということと、実質的意味の憲法が存在するということは、同一のことを異なる言い方で述べているにすぎない。チェスが存在するということと、チェスのルールが存在するということが同じであることと事情は同様である」（長谷部恭男『憲法』〔第8版〕（新世社、2022）5頁）とも表現されることがある）。

コラム　「イギリスには憲法がない」といわれることがある。確かに、イギリスには「憲法」と名の付く成文法（**憲法典**）は存在しない。しかし、イギリスには、王位継承法や議会法、選挙法、権利章典などの法律が存在するほか、首相を庶民院から選ぶなどの**慣習法**がある。これら無数の法律や慣習法が、イギリスという国家を構成（constitute）し、実質的に憲法の機能を果たしている。このような、憲法典という形式で存在しているか否かにかかわらず、国の統治の基本を定めた法が**固有の意味の憲法**である。

☞もう一つは**立憲的意味の憲法**（**近代的意味の憲法**）である。17世紀から18世紀に欧米で起こった**市民革命**をきっかけとして、**立憲主義**の原理を含まない憲法は真の憲法とはいえないという考えが強くなった。この立憲主義という特定の思想に根差した憲法を指して憲法という言葉を用いる場合、それを立憲的意味の憲法という。その要諦は、憲法によって権力の濫用を抑止し、個人の権利・自由を擁護するところにある。

＊　フランス人権宣言16条にいう「権利の保障が確保されず、**権力の分立**が定められていない社会はすべて、憲法をもつものではない」という言明は、**立憲的意味の憲法**を定式化したものとしてあまりにも有名である。

3　憲法の分類

☞憲法はさまざまな角度から分類することができる。主な分類視角を紹介すると、まず、存在形式によって、実質的意味の憲法が文章化（成文化）されている**成文憲法**（written constitution）と文章化されていない**不文憲法**（unwritten constitution）とに分類される。不文憲法は、実質的意味の憲法が、**慣習法**、**判例法**などの**不文法**として存在しているものをいう。

＊　**成文憲法**をさらに**成典憲法**（codified constitution）と**不成典憲法**（uncodified constitution）に分類する見解もある。成典憲法とは成文憲法が体系的に編纂されたものをいい、不成典憲法とはいまだ体系的に編纂されていないものをいう。イギリスは不文憲法の国といわれることがあるが、イギリスの実質的意味の憲法は成文法という形式でも存在しているので、この見解によるならば、不成典憲法の国といったほうが正確ということになろう。

☞改正手続による分類もある。成典憲法が法律よりも厳格な要件によらなければ変更できない場合に**硬性憲法**といい、法律と同様の要件で変更できる場合を**軟性憲法**という。日本国憲法は硬性憲法に分類される（96条、59条１項、56条２項）。

＊　硬性・軟性の区別は、憲法改正の実際上の難易度とは必ずしも一致しない。実際の難易度は、選挙制度や憲法擁護に対する国民の意識、政治情勢、提案された改正の内容などに依存しよう（第18章参照）。

＊　その他、憲法を制定した究極的な権威がどこに置かれているかに応じて、君主に置く**欽定憲法**、国民に置く**民定憲法**、欽定憲法から民定憲法への過渡期に見られる、君主と国民の妥協に基づいて権威を君主と国民が分有する**協約憲法**とが区別されるほか、憲法が現実の社会において果たしている機能に着目して、現に統治の規律として規範性を発揮している**規範的憲法**（normative constitution）、全体または重要な部分について実際に規範性を発揮するに至っていない**名目的憲法**（nominal constitution）、権力者のためにその時点の権力状況を永続化するために用いられているに過ぎないような**歪曲的憲法**（semantic constitution）に分類する見解もある。

4　憲法の特徴

☞憲法は、統治を担当する機関を組織化すると同時に、組織化された個別の統治機関に権限を授ける。つまり憲法は、国家権力の**組織規範**であると同時に**授権規範**でもある。さらに、統治機関は憲法により授権された限りで行動することができるという意味で、憲法は国家権力の**制限規範**でもある。

☞憲法と他の法規範とを分ける最も顕著な特徴は、憲法の**最高法規性**である。憲法は国法秩序の中で最高の効力を有しており、憲法に違反するすべての下位の法規範は効力を有しない。日本国憲法では、98条が憲法の最高法規性を宣言しているが、改正手続が法律改正より厳しいこと（硬性憲法）（96条）と**違憲審査制**（81条）がそれを制度面で支えている。

Ⅱ　憲法の最高法規性とその解釈

☞憲法の最高法規性は、現実には、憲法に違反する法律以下の法規範や公権力の活動により危機にさらされることがある。そこで立憲的意味の憲法は、国の最高法規が侵害されることを事前に防ぎ、または、事後に是正して、憲法を頂点とする法秩序の存続と安定を保つための仕組みを用意している。この仕組みを**憲法保障制度**という。以下ではまず法秩序の構造について説明し、次に憲法保障制度を概説する。

1　法秩序の構造

（**1**）　法の分類　　法は、**制定法**、**判例法**、**慣習法**、**条理**などの形をとって存在している。この存在形式を**法源**と呼ぶ。主要な法源である制定法は、制定主体によって、①国会が制定する**法律**（第13章Ⅳ参照）、②行政機関が制定する**命令**（第14章Ⅳ参照）、③**衆議院**、**参議院**、**最高裁判所**等が制定する**規則**（第13章Ⅵ、第15章Ⅳ参照）、④**地方公共団体**が制定する**条例**（第16章Ⅲ参照）、⑤国家または国際組織相互間において文書によって締結される国際的合意である**条約**（第13章Ⅴ参照）に分類される。

（**2**）　異なる法形式間の優劣　　異なる法形式間の優劣を大まかに示せば図

のようになる。上位の法に矛盾抵触する下位の法は無効となる。上下の法に矛盾抵触があるかの判断は裁判所が行う。特に重要なのが、最高法規たる憲法に法令が矛盾抵触していないかどうかを審査する違憲審査である。法律と規則および条例との関係については、種々の議論がある（第13章Ⅵ、第15章Ⅳ、第16章Ⅲ参照）。

憲法との関連で問題になるのは、憲法と条約の関係および占領終了後の占領法規の効力である。

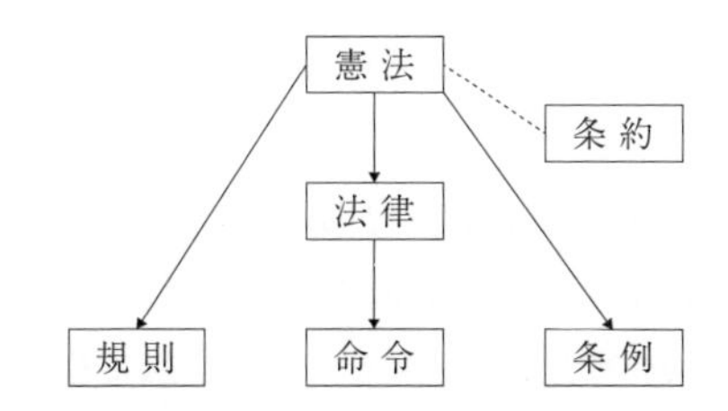

（ⅰ）憲法と条約の関係については、**条約優位説**と**憲法優位説**の対立がある。条約優位説の根拠は、憲法98条や前文が**国際協調主義**を採用していること、憲法81条が違憲審査の対象として条約を列挙していないことなどが挙げられる。これに対して通説的見解である憲法優位説は、条約締結権の根拠が憲法にあること、憲法改正よりも容易な手続で承認される条約により憲法規範が変更されうるのは憲法の最高法規性などに反することなどを根拠としている。最高裁は、**日米安全保障条約**の合憲性が問題となった**砂川事件**判決（最大判昭34・12・16刑集13巻13号3225頁）で、「一見極めて明白に違憲無効であると認められない限りは、裁判所の司法審査権の範囲外のもの」であると述べ、条約が違憲審査の対象になりうること示唆した（第15章Ⅶ参照）。

（ⅱ）**占領法規**の占領終了後における効力の問題については、当然に無効とする説と、法規の内容が憲法に違反しない限り有効とする説とに分かれる。最高裁は、占領目的に有害な行為の処罰を命じる**政令325号**の効力が問題となった事件で、「この罰則はその本質上占領状態の終了、従って最高司令官そのものの解消と共に当然その効力を失うべきものである」と述べ、免訴の判決をし

た（最大判昭28・7・22刑集7巻7号1562頁）。

2　憲法保障制度

（1）　分　類　　**憲法保障制度**もさまざまな観点から分類できる。平常時から機能している平常時型と、非常時に発動される非常時型に分けられるほか、憲法の枠組みの中に組織化されているか否かで、組織型と未組織型に分けられる。さらに、憲法の侵害を事前に防ぐ予防型（事前型）と事後に是正する匡正型（事後型）、そして、**法的拘束力**をもつ拘束型とそうではない諮問型に分けられる。いくつか例を示せば、非常時型の制度として**抵抗権**や**国家緊急権**がある。これらは日本国憲法の中には組織化されていない。予防型制度としては公務員の**憲法尊重擁護義務**、**厳格な憲法改正手続**（第18章参照）、また、広く**権力分立制**や**国民主権**（第12章参照）、人権、とりわけ**表現の自由**（第7章Ⅲ参照）の保障が挙げられる。匡正型かつ拘束型の制度として**違憲審査（司法審査）制**（第15章Ⅵ参照）が挙げられる。本章では、憲法尊重擁護義務と抵抗権、国家緊急権のみ概説し、その他の制度については別章にゆずる。

（2）　憲法尊重擁護義務　　憲法99条は、「天皇又は摂政及び国務大臣、国会議員、裁判官その他の公務員は、この憲法を尊重し擁護する義務を負う」と定め、公権力の担い手に憲法を遵守する義務を課している。この義務には、自らが憲法を尊重し、憲法違反の行為に手を染めないという消極的義務と、他者の憲法違反に抵抗し、憲法を擁護するという積極的義務とが含まれる。積極的義務に違反した場合には政治責任が問われうるにとどまるが、消極的義務違反の場合には法的制裁の対象になりうる（例えば、公務員の「職務上の義務」（国家公務員法82条1項2号、地方公務員法29条1項2号）には、憲法の遵守義務も含まれると理解されており、これに違反すれば懲戒処分の対象になる。裁判官については罷免事由になる（裁判官弾劾法2条1号））。

☞特に重要なのは、義務主体として列挙されている者の中から国民が除外されていることである。もともと**立憲的意味の憲法**は、それによって公権力を統制し、国民の権利を擁護するものであった。そうである以上、**憲法尊重擁護義務**は、本質的に公権力の担い手に課されるものであって、国民に課されるものではない。

（**3**）　抵抗権　　**抵抗権**とは、人間の尊厳を侵害するような国家権力の濫用があり、既存の法的救済手段が奏功しない場合、国民が自ら実力でこれに抵抗して、**立憲主義**的秩序を回復する権利のことをいう。抵抗権はあくまでも憲法秩序の回復を目指すものであり、その点で新たな法秩序の創設を目指す革命権とは異なる。

抵抗権は実定法を超える自然権的権利であるという見解と、憲法12条と97条に基づく実定法上の権利であるとする見解がある。いずれにせよ、正当な抵抗権の行使とされるための要件と抵抗権行使の効果が追究されなければならない。代表的な見解によれば、①立憲民主政の基本秩序に対する重大な侵害が行われ、②その不法が客観的に明白であり、③既存の法的救済手段によってはその秩序の回復の見込みがない場合に、秩序再建のための最終・緊急的手段として抵抗権行使が認められる。正当な抵抗権の行使は違法性が阻却される。

（**4**）　国家緊急権　　**国家緊急権**とは、戦争、内乱、自然災害等の緊急事態に対して平時の政治制度では対処できない場合に、国家の存続を図るため、政府が立憲主義的憲法秩序を一時停止し非常措置をとる権限のことをいう。**立憲主義**を守るために反立憲主義的手段をとるというパラドクスを含み、平常に復帰できなければ、立憲主義に回復不能な損害を与える。

☞大日本帝国（明治）憲法は、緊急事態に際し、**緊急勅令**（8条）・**緊急財政処分**（70条）の制度を設けるほか、憲法・法律の効力を一時停止して行政権および司法権の全部または一部を軍部に委ねる**戒厳**の宣告を天皇の大権とし（14条）、「戦時又ハ国家事変ノ場合」に臣民の権利を停止する**非常大権**（31条）を用意していた。これと対照的に、日本国憲法にはこの種の規定はなく、ただ**参議院の緊急集会**の制度を定めるのみである（54条2項但書）。むしろ日本国憲法は、緊急事態の典型である**戦争**を放棄し、緊急権発動の主たる手段である**軍隊の保持を禁止**している（9条）。国家緊急権を定める規定を欠いていることは、戦前の日本および他国でそれが濫用されたことへの反省などから、それを否定する趣旨であると解されている。

＊　緊急事態への対処は法律レベルで整備されている。外部からの武力攻撃や存立危機事態への対応が**事態対処法**などの**安保法制**に定められているほか、**警察法**71条以下が緊急事態の特別措置について、**自衛隊法**76条以下が**防衛・治安出動・災害派遣等**についての定めを置いている。災害緊急事態については、災害対策基本法が一定の私権制限について、政令で必要な措置を講じうるとしている（109条）。憲法自体が緊急権を定めていない趣旨を踏まえれば、法律による人権制約や行政権の強化は、立憲主義的憲法秩序の枠内に踏みとどまらなければならないことになろう。

なお、政府解釈の変更とそれに基づいた立法によって、限定的ながらも**集団的自衛権**を容認した点などについては、立憲主義の枠を超えているという指摘がなされている（第4章参照）。

コラム　西欧諸国の中には緊急事態に際した権力濫用を防止する目的で、国家緊急権を憲法の明文に規定する国がある。例えば、**フランス第5共和制憲法**16条や**ドイツ基本法**115a 条以下がそのような規定である。しかし、非常事態というのは事前に予測がつかないからこそ非常事態なのであるから、緊急権発動の要件をあらかじめかつ詳細に憲法に規定するのは困難である。そのため、憲法の規定は大綱にとどめ、包括的に政府に授権するという方策も考えられるが、それでは権限濫用に対する歯止めになるか疑問がある。しかし反対に、あまりに厳格な要件を課すと、実際上は役に立たなくなる恐れもある。パラドクスの解決は容易ではない。

Ⅲ　近現代立憲主義

1　法の支配

立憲主義とは、広義では、憲法によって国家権力を制約する思想のことをいう。この思想の起源は中世の**法の支配**（rule of law）に求めることができる。法の支配は、統治者の専断的な支配（**人の支配**）を排し、法により統治者を支配する思想を示している。

コラム　法の支配の思想は、中世のノルマン人によるイングランド征服の後、イングランドの**国王裁判所**の発達から生まれた。中世社会では、法が人間（統治者）の意思によってつくられるという観念はなく、あるのは、裁判による既存の法の発見という観念であった。後に**コモン・ロー裁判所**と呼ばれる、ノルマン征服王朝が設立した種々の裁判所で蓄積された判決は、英米法特有の**判例法主義**を確立する土壌となるとともに、王権をも拘束するようになる。**ヘンリー・ブラクトン**の有名な法諺（「国王は人の下にあってはならない。しかし、国王といえども神と法の下にある」）を引きながら、**王権神授説**の信奉者**ジェームズ 1 世**と対峙したコモン・ロー裁判所長官**エドワード・クック**のエピソードは、法の支配の思想を象徴する。

しかし、中世の法の支配において、統治者にさえ優位するとされた高次法の内容は、貴族・聖職者などの身分に基づいた**特権**の保障に過ぎなかった。今日的な意味での**人権**、すなわち人一般としての個人の権利が高次法の内容になるには、近代の**市民革命**を待たなければならなかった。

＊　なお、法の支配に似た言葉として**法治国家**（**法治主義**）がある。これは、立法部の制定する法律に行政活動が従わなければならないことを要請する原理である（**法律による行政の原理**）。ドイツなど近代の**大陸法**系の諸国で有力な考え方となった。法に基づいて統治活動を行うという点で、法の支配と法治国家は共通点をもつが、法律の内容がさらに高次の法によって統制されるという発想は法治国家にはなかった（**形式的法治国家**）。そのため、法律によれば市民の自由も制限することが可能であるという理解が強くなり、ナチスのホロコーストを防ぐことができなかったとされる。しかし、形式的法治国家の欠陥は第二次世界大戦後に修正され、法律は「**人間の尊厳**」（**ドイツ基本法** 1 条）を中核とする憲法秩序に拘束されることになった（**実質的法治国家**）。法治国家と法の支配の同一化傾向が指摘されている。

2　近代立憲主義

アメリカ、フランスで相次いで起こった**近代市民革命**に理論的影響を与えたのは、**ジョン・ロック**らを代表とする**自然法思想**である。これは国家が存在しない**自然状態**を想定するところから議論を出発させる。自然状態においては、**自然法**が妥当し、人は生まれながらにして自由かつ平等に権利をもっている。しかし、自然状態においては国家が存在しないので、争いを裁定する基準となる制定法も、公平な裁判官も、判決を執行する権力も欠いている。そのような状態でひとたび権利上の争いが生じれば、権利侵害者に対処して各人の権利を実効的に保障することは困難である。そこで人々は、権利の保障をより確実にするために、国家設立の契約を相互に結ぶこととなる。

☞国家設立の目的は各人の**権利の保障**にあり、政府がこの目的に反して人々を抑圧する専制政府となってしまわないよう、**権力分立**が要請される。仮に政府が人々の権利を侵害するならば、契約違反として、人々はその政府を交代し、体制そのものを打倒することができる。大要このようにして、**自然法**論者は、**社会契約**の論理を用い、一方で**近代主権国家**の確立を理論的に正当化し、他方で**主権**の濫用に対して理論的歯止めをかけた。

☞こうした近代の**自然法思想**が、**市民革命**を経たアメリカ、フランスの憲法的文書に法典化されることになる。1776年の**アメリカ独立宣言**や、1789年の**フランス人権宣言**、1787年**アメリカ合衆国憲法**およびその**権利章典**（修正1条-修正10条、1791年）には、自然法思想が色濃く反映されている。中でもフランス人権宣言16条は、先述の通り、近代立憲主義の範型をよく示している。**近代立憲主義**（狭義の立憲主義）は、**権利の保障**と**権力分立**を内容とする**近代的意味の憲法**に従って、国家の統治がなされることを要請する思想なのである。

3　権力分立

☞権力分立の具体的現れは各国において異なるが、権力の集中を防ぎ、諸機関の間で抑制と均衡を図ることは共通している。権力分立はときに**三権分立**ともいわれるように、典型的には、法を制定する権力（**立法権**）、法を執行する権力（**執行権**）、法の争いを裁定する権力（**司法権**）の分立を基本とする。国家権力をこの三権に分立する理由は、統治者が自己の服すべき法を自ら制定したり、法に服しているかどうか自ら裁定したりしたのでは、統治者自身を法に服さしめることができないからである。権力分立は、権力を異なる機関に分配し、それぞれの機関に他の機関の行き過ぎを**抑制**する権限を授け、諸機関の間で権力の**均衡**が達せられるようにすることで、**法の支配**を実現し、権力が公正に行使されることを確保しようとする思想ないしその仕組みなのである。

4　立憲主義の現代的変容と現代的課題

☞**近代立憲主義**において、国家設立の目的はまず各人の自由の保障だと考えられてきた。そのため、国家が人々の生活へ干渉し、自由を侵害することは望ましくないと考えられていた（**国家からの自由、消極的自由**）。国家の役割は、主として対外的防衛と対内的治安維持や取引の安全の確保といった消極的側面に限定されていた。このような国家を**消極国家**（**夜警国家**）という。消極国家観は、社会経済政策としては**自由放任主義**に結びつく。

（1）　積極国家化　　☞しかし、19世紀末になると、**資本主義**の高度化に伴って社会問題が発生した。これに呼応して、国家の役割を見直す要求が高まった。市民生活への政府の干渉を容認・要求する**積極国家観**である（**福祉国家観、社会国家観**）。このような国家観に基づき、**社会国家原理**を宣言したり、**社会権**（**国家による自由、積極的自由**）規定を導入したりする憲法が誕生している（**現代的意味の憲法**）。経済秩序が正義に適合することを明示的に要求したドイツの**ワイマール憲法**（1919年）は、その典型である。日本国憲法は、さらに進んで**生存権**を主観的権利として保障している（第9章参照）。

しかし、生存権の実現には政治部門の裁量を一定程度認めざるをえず、いかにして政治部門の裁量を枠づけるかという課題があるほか、そもそも生存権を憲法に規定することは望ましいことだったのかといった原理的な疑問も提起されている。

（2）　行政国家化　　☞積極国家化により国家の果たすべき役割が増大すると、関連する政策課題に対応するため、行政部が肥大化していく。**行政権**の優位の下、**委任立法**が増大すると、行政部に対する法的統制が困難となる。**行政手続法、情報公開法、オンブズマン**制度などが、新たな統制方法として注目されている（第7章Ⅲ、第10章Ⅰ参照）。

（3）　政党国家化　　☞近代から現代へ時代が下るにしたがって、**制限選挙**から**普通選挙**へと**有権者**の範囲は拡大した。有権者の範囲が拡大すると、それに伴って有権者の中にある利害が多様さを増す。このような多様な利害を政治に反映する媒介装置として、**政党**組織が発達した。政党はやがて、国民と議会のみならず、議会と内閣をも媒介するようになり、国家意思の形成に主導的役割を果たすようになる。議会多数派と内閣が同一党派で占められるようになると、議会による内閣に対する抑制は現実的には機能しにくくなる。政権に対する統制手段をどのように制度化するかが課題になる。**野党**機能や報道機関による報道の自由の再評価が重要になろう。

（**4**）　司法国家化　　☞**司法審査**は、1803年の**マーベリー対マディソン事件判決**におけるアメリカ連邦最高裁の解釈によって世界で初めて確立された。長らくアメリカの例外と見られていた司法審査制は、第二次世界大戦後、日本をはじめとするいくつかの国に導入される。戦前の全体主義への反省から、**法律による人権の保障**ではなく、**法律からの人権の保障**が志向され、**議会中心主義**の下での議会制定法ではなく、裁判所の憲法解釈を通じた人権保障システムが採用されたのである。冷戦終焉後には、旧東側諸国においても司法審査が導入されるなど、司法審査のグローバル化が指摘されている。日本国憲法については、大日本帝国憲法の権利章典に存在していた**法律の留保**が存在しないことも重要である。司法審査と相まって法律からの人権保障を図るものである。

☞立法部と行政部の実質的な一体化が見られところでは、政治部門に対する司法部の抑制機能への期待が一層高まる。しかし、日本においては、事件が持っている政治的性質や政策的専門性を理由として、裁判所は**違憲判断を回避**する傾向がある（第15章Ⅲ・Ⅶ参照）。司法審査の実質化を助ける理論や仕組みを考える必要がある。

（**5**）　人権の国際化と平和主義　　人類が経験した２度の世界大戦は、戦争がリベラル・デモクラシーにとって最大の障壁になることを人類に自覚させた。憲法によって**侵略戦争**の放棄などを謳う国が現れたほか、国際社会は、国際的取決めによって武力行使の統制と人権の保障を図るようになる。

☞**戦争違法化**の努力はすでに、第一次世界大戦後の**国際連盟規約**（1920年）や、**パリ不戦条約**（1929年）でも模索されていた。しかし、そこで禁止された戦争は侵略戦争に過ぎず、各国が「自衛戦争」や「事変」の名の下に行う戦争を防ぐことはできなかった。

そこで、第二次世界大戦後、連合国を中心に設立された**国際連合**は、加盟各国による武力行使一般を原則的に禁止する一方で（**国連憲章**２条４項）、国際の平和安全の維持又は回復のために**安全保障理事会**が軍事的措置を用いることができるとした（憲章42条）。国連を中心とする**集団安全保障**の枠組みである。

☞しかし、憲章51条は、安全保障理事会が必要な措置をとるまでの間、各国が**個別的**または**集団的自衛権**を行使することは妨げないとしていた。集団的自衛権はその後、米ソ両大国が他国の内政に介入する口実として利用されるようになる。いかにして集団的自衛権の行使を抑制するかが国際法と国際法学の課題だと指摘されている。日本国憲法 9 条はこの課題に国内法によって答えようとするものだと理解することもできよう（第 4 章参照）。

国際法による人権保障については、1948年に国連総会で採択された**世界人権宣言**が人類史上初の国際的人権宣言として重要である。1966年には、より実効的に人権を保障するための制度を設けた**国際人権規約**が国連総会で採択された（**経済的、社会的及び文化的権利に関する国際規約**（**国際人権 A 規約、社会権規約**）、**市民的及び政治的権利に関する国際規約**（**国際人権 B 規約、自由権規約**）、**市民的及び政治的権利に関する国際規約の選択議定書**（**B 規約選択議定書**）の総称）。日本は1979年に批准したが、**個人通報制度**（B 規約第 1 選択議定書）や**死刑廃止条約**（B 規約第 2 選択議定書）などには加入していない。

日本が加入している主な条約としては、**難民条約**（1954年発効、1981年日本加入）、**女子差別撤廃条約**（1981年発効、1985年日本加入）、**子どもの権利条約**（1990発効、1994年日本加入）、**人種差別撤廃条約**（1969年発効、1995年日本加入）、**拷問等禁止条約**（1987年発効、1999年日本加入）**障害者権利条約**（2008年発効、2014年日本加入）などがある。これらの多くは個人通報制度を備えているが、政府はその適用を排除（留保）している。包括的な反差別立法がないことや、裁量の大きい入国在留管理や難民認定などとともに、諸外国と比べ人権保障の面で後れを取っているとの批判がある。

日本の最高裁が国際人権法に言及して判断を下すことは多くないが、**国籍法違憲判決**（最大判平成20・6・4 民集62巻 6 号1367頁）は、**国際人権 B 規約**および子どもの権利条約を援用したことでも注目される。

5 日本国憲法における立憲主義

立憲主義の要素の一つである**法の支配**は、統治者に対する法の優位を核心とする。それは、日本国憲法においても、99条の**憲法尊重擁護義務**と98条 1 項の

最高法規性に現れている。96条の**硬性憲法性**は最高法規性を制度的に支えている。さらに、統治者に優位する高次法の内容は、11条と97条が示す人権の永久不可侵性に表れている。

立憲主義の不可欠な要素の一つである人権保障については、13条が、すべて国民が個人として尊重されるべきこと、そして**生命・自由・幸福追求の権利**が国政の上で最大限に尊重されるべきことという大原則を示している。具体的には憲法第3章の各条項が保障しているが、各条項に**法律の留保**がないことが特に重要である（参照、明治憲法22条、25条、29条等）。**違憲審査制**（81条）と相まって、法律からの人権保障を図るものである。

権力分立については、まず41条が、**立法権**を**国会**が独占することを規定している。明治憲法下では許された**独立命令**（9条）や**緊急勅令**（8条）といった法形式はもはや認められない。そして、65条は、**行政権**は**内閣**に属すること、76条1項は、すべての**司法権**が**最高裁判所**以下の**裁判所**に属することを定めている。行政事件を含む一切の**法律上の争訟**の解決が司法裁判所に委ねられ（裁判所法3条1項）、さらに**違憲審査権**が明文化されたことで、多数者の決定やそれに基づく行政の活動をも裁判所が解釈する憲法に照らし覆されうることになった。

しかし、個人の自由を擁護する立憲主義は、民主政を多数派支配とさしあたり理解すれば、それとは緊張関係にあり、憲法の具体的な解釈の場面では、国民自身による自己決定と立憲主義的な権力抑制の構想との間で、慎重な考慮を必要とする（第15章Ⅰ参照）。

その他、憲法は、**地方公共団体**に条例制定権などを含む自治権を認め（94条）、垂直的な権力分立の機構も備えている（第16章参照）。

【参考文献】

申惠丰『国際人権入門』（岩波書店、2020）
長谷部恭男『憲法とは何か』（岩波書店、2006）
長谷部恭男編『岩波講座憲法6　憲法と時間』（岩波書店、2007）
樋口陽一編『講座憲法学Ⅰ　憲法と憲法学』（日本評論社、1995）

第 2 章　各国憲法史

福澤諭吉纂輯
西洋事情
慶應二年
丙寅初冬
尚古堂發兌

福澤諭吉『西洋事情』(尚古堂、1866年)
福澤は、本書において、Liberty を日本語に翻訳することの難しさを述べている。Constitutionalism（立憲主義）を理解するには、その起源に遡り、その継受について探る必要がある。

1 イギリス

近代憲法の源流は、イギリスにあるといわれる。最初に**マグナ・カルタ**（1215年）が、絶対的な権力を保持する国王であっても、封建領主等に認められてきた自由への干渉が許されないことを確認した。ここには、「国家権力を制限して、人権を保障する」という**立憲主義**の萌芽を見ることができる。

☞その後、**議会**は、国王との対立の中で、議会の承諾のない課税の禁止や人身の自由を求める**権利請願**（1628年）を定め、**清教徒革命**（ピューリタン）（1649年）を経て、人身の自由の保障のために詳細な規定を定めた**人身保護法**（1679年）を制定した。**名誉革命**（1688年）により勝利をおさめた議会は、**権利章典**（1689年）を発布し、議会の同意に基づき国王の権力を制限し、臣民の権利と自由（イギリス人の権利であって、人権ではなかった）を国王に確認させた。イギリスでは、複数の法令を制定することで、議会が国王の権力を制限した点に特徴がある。

名誉革命以降、国王に代わり、**内閣**が国政運営の主導権を握り、「国王は君臨すれども統治せず」の原則や内閣の議会（下院）に対する連帯責任などの**議院内閣制**の諸要素が形成された。特に、1832年以降の選挙法改正により有権者が増加する中、ホイッグ党、トーリー党が自由党、保守党に発展し、新たに労働党が結成され、政党を中心とする政治が展開されることになり、さらに、議会法（1911年）により、議会における上院の権限は大幅に限定されるようになった。こうして下院を担い手とする議会主権が確立されたのである。

コラム　イギリスでは、1990年代後半から憲法改革として、人権法（1998年）などの重要な法律が制定された。憲法改革法（2005年）は、権力分立と法の支配の観点から、貴族院の議長・行政部の大臣・司法部の長を兼任する大法官を廃止し、上院の最上級裁判所としての権限を分離し、最高裁判所を設けた。また、憲法改革及び統治法（2010年）では、憲法慣習の一部の成文化などが行われた。

2　アメリカ

☞アメリカ大陸に形成されたイギリスの植民地では、イギリス本国からの課税要求に対する不満が高まっていた。そこで13の植民地は、独立戦争（1775年）を起こし、本国からの独立を果たした。**トマス・ジェファーソン**が起草した**独立宣言**（1776年）は、「すべての人が平等に造られ、造物主によって、一定の奪うことができない権利を与えられ」ることを明らかにした。この宣言は、**バージニア権利章典**（1776年）とともに「普遍的」人権を宣言したことから、立憲主義の成立にとって重要な意義を有する。

その後、13州の連合を定める連合規約が採択された（1777年）が、連合議会は弱体であったため、経済的・政治的混乱が生じた（シェイズの反乱など）。そこで各州の代表者は、フィラデルフィアで強力な連合体制を造るための会議（**憲法制定会議**）を開催した（1787年）。そこでは、中央政府の権限強化を支持する連邦派（フェデラリスト）とそれに反対する州権派が論争を繰り広げたが、妥協の末に憲法案が公表され、7条に定める9州の承認を得て発効した（1788年）。

☞**アメリカ合衆国憲法**は、前文と本文（連邦議会（1条）、大統領（2条）、連邦裁判所（3条）、連邦制（4条）、憲法修正（5条）、最高法規性（6条）、憲法の承認・発効（7条））から構成される。そして最初の連邦議会で、10カ条の修正条項（**権利章典**）が追加され（1791年）、信教の自由、言論の自由など（修正1条）の保障が定められた。ここに、統治の基本原則と権利章典からなる成文憲法の骨格が確立したのである。その後も修正条項は追加され、**奴隷制**が廃止され（修正13条）、**平等保護**と**適正手続**が定められ（修正14条）、人種等による投票権差別が禁止され（修正15条）、女性参政権が認められた（修正19条）。

☞また、連邦最高裁判所は、**マーベリー対マディソン事件**（1803年）において、法律に対する**違憲審査**を行う権限が裁判所にあることを確認した。これにより、**人権の裁判的保障**が強化されていくことになった。その後、連邦最高裁は、人種差別、表現の自由、中絶などの問題に対して、違憲審査権を積極的に行使し（**司法積極主義**）、社会に政治的論争を起こすようになった。これに対して、レーガンを代表とする保守政権は、連邦最高裁に保守的な判事を送り込み、巻き返しを行ってきた。

コラム　アメリカでは、2001年の同時多発テロ以降、テロ対策関連法令が制定され、さまざまな方法によるテロ容疑者の拘束、令状のない盗聴などが行われた。現在、テロ対策を理由とする人権の制限について、どのように考えていくかが問われている。

3　フランス

☞フランスでは、**絶対王政**の下、**第三身分**が重い税負担に苦しんでいた。**ルイ16世**は、財政的に行き詰まり**三部会**を招集した。第三身分は、その議決方法に反対し、**国民議会**（憲法制定国民議会）を組織し、パリ市民に戦いを呼びかける（**フランス革命**）一方、憲法制定作業を開始し、**人および市民の権利宣言**（**人権宣言**）を採択した（1789年）。宣言は、人は自由かつ平等であり、自然的権利（自由、所有、安全および圧政への抵抗）を有し、**主権**は国民に存すると定め、「権利の保障が確保されず、権力の分立が定められていないすべての社会は、憲法を持たない」（16条）と立憲主義に基づくことを明らかにした。ここには、アメリカ独立宣言やバージニア権利章典の影響を見ることができる。

そして、憲法制定国民議会が制定した**1791年憲法**は、人権宣言を前文とし、**立憲君主制**の下、主権が国民（国籍保持者の総体）に属し、国民代表による**間接民主制**を採用し、立法・執行（行政）・司法が分立する統治機構を設けた。王権停止後にジャコバン派が制定した**1793年憲法**は、主権が**人民**（市民の総体）に属し、市民が自ら主権を行使する**直接民主制**の原理を導入した（実際には、1793年憲法は施行されなかった）。もっとも、ジャコバン派による独裁、恐怖政治に対する反省から**1795年憲法**は、国民主権に戻り、議会への権限集中が起こらないよう**二院制**を採用し、立法権と行政権を厳格に分離した。

☞その後の政治体制の変遷（君主制→共和制→帝制）を経て、**第3共和制憲法**が制定された（1875年）。そこでは、大統領の権限が弱く、議会が優位することになり、人権が議会の制定する法律により保障されることになった。第二次世界大戦後の**第4共和制憲法**の制定（1946年）を経て、**第5共和制憲法**が制定された（1958年）。それにより、大統領の権限が強化され、併せて**憲法院**の下で事前に法律の合憲性審査が行われるようになった。この憲法院は、1971年以降は人権保障機関としての役割を果たすようになっている。

4 ドイツ

ドイツは、**ウェストファリア条約**（1648年）により、領邦国家が分立していた。ナポレオンの支配の後、ウィーン会議が開催され、**ドイツ同盟**が成立した（1815年）。同盟構成国の憲法制定に関する同盟規約13条に基づき、西南諸邦は、フランスの1814年憲章を模範に立憲君主制の憲法を制定した。また、ベルギー王国憲法（1831年）などの制定を受け、北ドイツでも憲法が制定された。さらに、**フランス二月革命**（1848年）はドイツにも影響を及ぼし、西南諸邦の代表は、国民議会を開催し、自由主義的な**フランクフルト憲法**を採択した。

☞プロイセンでは、下院がフランクフルト憲法の採択を決議したが、国王が議会を解散し、新議会の下で**プロイセン憲法**（1850年）を制定した。この憲法は、「神の恩寵」に基づく国王権力を前提に、国王大権に基づく内閣制を採用し、議会の地位は低く、プロイセン人の権利を**法律の留保**の下で保障した（この憲法は、**外見的立憲主義**であり、**大日本帝国（明治）憲法**の制定に大きな影響を与えた）。ドイツを統一したプロイセンは、**ドイツ帝国憲法**（ビスマルク憲法）を制定した。これにより、プロイセンの国王と首相が帝国の皇帝と宰相を兼任し、プロイセンの優位を認める連邦参議院に強大な権限が賦与された（この憲法には、権利条項は存在せず、帝国議会の地位は低いままであった）。

☞**第一次世界大戦**後、新憲法制定のための国民議会が開催され、**ワイマール憲法**が制定された（1919年）。この憲法は、国民主権、基本権の保障、大統領と議会の権力分立を規定する立憲主義的憲法であった。**社会国家**の理念に基づき、「人間に値する生存」を保障すること（151条1項）や「財産権は義務を伴う」こと（153条3項）などが規定され、国民表決や国民請願といった直接民主制的な制度が採用されたことに特徴がある。

しかし、憲法が**比例代表制**を採用した結果、小党連立政権が続き、そこに世界恐慌（1929年）が加わることで、政治的に不安定な状況が続いた。首相に任命された**ヒトラー**は、**国会議事堂放火事件**を契機に、大統領命令を制定して基本権の保障を停止し、政権基盤を固めるため総選挙を行い、3分の2以上の特別多数で**全権委任法**（政府に法律制定の権限を与え、政府の制定する法律は憲法に反することができるとする）を制定した（1933年）。**ナチス**政権は、ワイマール憲法を「合法的に」葬り去ったのである。

☞**第二次世界大戦**後、西ドイツは、**ドイツ連邦共和国基本法**を制定した。基本法は、ナチズムへの反省から、**人間の尊厳**の不可侵性を謳い、さまざまな基本権を保障し、違憲審査を行う**連邦憲法裁判所**を設け、国民主権、連邦制、三権分立、議院内閣制的な議会政府間関係を規定した。そして「自由で民主的な基本秩序」を擁護するため「**闘う民主主義**」という理念を採用した。ドイツ統一（1990年）により、基本法は、旧東ドイツ地域にも適用されることになった。

5　その他ヨーロッパ諸国

ベルギー王国憲法（1831年）は、**立憲君主制**の下での**自由主義**的な議会民主制を明文化した憲法であり、北ドイツの憲法に大きな影響を及ぼした。また、イタリア共和国憲法（1947年）は、**社会国家**の理念に基づき「労働に基礎をおく民主的共和国」（1条）として、豊富な**社会権**規定を設け、スペイン憲法（1978年）は、プライバシー権、環境権などの**新しい人権**を明文で保障している。

6　ロシア・中国

ドイツでワイマール憲法が制定された背景には、ロシア革命（1917年）により成立した**ソビエト連邦**（ソ連）で制定された**社会主義憲法**の影響があった。社会主義憲法は、人権の保障と権力分立制を否定し、労働者などの権利の保障と権力集中制を採用した。しかし、ソ連は、権力集中制に起因する官僚制の巨大化・硬直化に、情報管理・情報統制が加わり、情報技術革命に適応できず崩壊した。その後、立憲主義に基づく**ロシア連邦憲法**（1993年）が制定された。

これに対し、**中華人民共和国憲法**は、現在も公民の基本的権利の保障と権力集中制を採用している。もっとも、新たに「国家は人権を尊重し保障する」との規定が追加された（2004年改正）。ここには、（社会主義憲法では否定される）人権と公民の基本的権利の整合性に関する問題が生じてこよう。

7　そ の 他

カナダ憲法は、1867年憲法（統治規定）と1982年憲法（人権規定）を中心とする複数の法令から構成される。1982年憲法の特徴は、言語権、多文化主義条項、先住民の権利を規定していることである。

【参考文献】

君塚正臣編『比較憲法』（ミネルヴァ書房、2012）
初宿正典編『レクチャー比較憲法』（法律文化社、2014）
松井茂紀『アメリカ憲法入門』〔第9版〕（有斐閣、2023）
辻村みよ子＝糠塚康江『フランス憲法入門』（三省堂、2012）
高田敏＝初宿正典編『ドイツ憲法集』〔第8版〕（信山社、2020）

第 3 章　日本憲法史

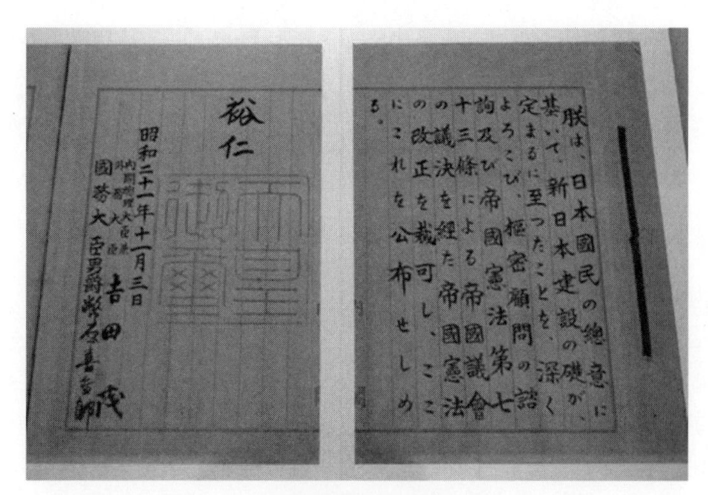
朕は、日本國民の總意に基いて、新日本建設の礎が、定まるに至つたことを、深くよろこび、樞密顧問の諮詢及び帝國憲法第七十三條による帝國議會の議決を經た帝國憲法の改正を裁可し、ここにこれを公布せしめる。

裕仁

昭和二十一年十一月三日

内閣總理大臣兼外務大臣　吉田茂

國務大臣　男爵　幣原喜重郎

日本国憲法の上諭

形式的には、日本国憲法は大日本帝国（明治）憲法73条の改正手続に則って制定された。国立公文書館の平成29年度特別展『誕生 日本国憲法』にて。

撮影：大江一平

注記：国立公文書館デジタルアーカイブにて「日本国憲法・御署名原本・昭和二十一年・憲法一一月三日」として保存されている。

I　大日本帝国憲法時代

1　幕藩体制の終焉と明治政府の成立

欧米諸国が市民革命の真っただ中にあった頃、日本では幕藩体制が続いていた。また、海外との交流は大きく制限されていた。しかし、アメリカのペリー艦隊来航（1853年）をきっかけに、日米和親条約（1854年）、日米修好通商条約（1858年）を締結し、開国へ向かうことになる。当時の幕府は機能不全状態に陥っており、列強諸国との交渉や国内政治に満足に対処できなかった。こうした状況に危機感を抱いた薩摩藩や長州藩が朝廷と結びついて倒幕運動を進めた。幕府は大政奉還（1867年）でこれに対抗するが、**明治維新**（1868年）に至り、戊辰戦争によって幕府は降伏した。

明治政府は、「広ク会議ヲ興シ万機公論ニ決スベシ」（公議世論）とする**五箇条の御誓文**（1868年）によって基本方針を示し、「各府、各藩、各県、皆貢士ヲ出シ議員トス。議事ノ制ヲ立ツルハ与論公議ヲ執ル所以ナリ」とする**政体書**によって暫定的な統治機構を定めた。また、版籍奉還（1869年）や廃藩置県（1871年）、さらには地租改正（1873年）によって中央集権化を推し進めた。近代国家の根本規範となる憲法はいまだ制定されていなかったが、公議世論の重視は後の**自由民権運動**に影響を与えた。

2　自由民権運動の高まり

明治維新後、秩禄処分や廃刀令によって特権を失い、困窮していた士族の不満は明治政府に向けられた。征韓論争（1873年）に敗れて下野した土佐藩出身の**板垣退助**らは、士族の不満を背景にしつつ、「天下ノ公議ヲ張ルハ民撰議院ヲ立ルニ在ルノミ」とする**民撰議院設立の建白書**（1874年）を左院に提出して国会の設立を要求した。これが**自由民権運動**（国会開設、民権伸張、憲法の制定等を主張した）のきっかけとなり、士族だけでなく、豪農・中農、商工業者・府県会議員へと広がりを見せた。他方、佐賀の乱（1874年）や西南戦争（1877年）等の士族の反乱は、武力によって鎮圧された。

明治政府は自由民権運動の高まりを恐れ、当初これを弾圧したが、立憲政体への移行を決断し、**漸次立憲政体樹立の詔**（1875年）を発した。さらに、明治14年の政変に伴う大隈重信の下野により、薩長中心の藩閥政治と反政府運動の対立が生じるが、政府は1890年の国会開設を約することで乗り切った。

自由民権運動の高まりによって、立志社の日本憲法見込案（1881年）、福沢諭吉系の交詢社の私擬憲法案（1881年）、千葉卓三郎らによる**五日市憲法草案**（1881年）、植木枝盛の**東洋大日本国国憲按**（1881年）等、民間レベルで多くの私擬憲法が起草された。政府側でも元老院が憲法起草を行い、日本国憲按（1880年）としてまとめられたが、国情に合わないとして廃案となった。

コラム　自由民権運動が活発だった土佐（高知）出身の植木枝盛の東洋大日本国国憲按は、思想、信教、言論の自由等の豊富な人権規定、一院制の国会、抵抗権等を盛り込んだ先進的なものであった。同じく土佐出身の中江兆民はルソーの社会契約論の一部漢訳（『民約訳解』）を公刊し、天賦人権思想の普及に影響を与えた。

3　大日本帝国憲法の成立

1882年、明治政府は、参議の**伊藤博文**を中心とする憲法調査団をプロイセン（後のドイツ）に派遣する。伊藤は各国で調査を行い、特にウィーン大学の国法学者シュタインに多くを学んだ。1883年に帰国した後、伊藤は井上毅らと共に極秘裏に憲法草案を作成する。君主権力の強いプロイセンの憲法をモデルとして、1888年に草案が完成し、天皇の諮問機関である**枢密院**で審議の後、1889年2月11日の紀元節に**大日本帝国（明治）憲法**として発布された。

明治憲法はアジア諸国では初の近代憲法であったが、神権主義的な天皇主権かつ国民の権利保障が不十分な**外見的立憲主義**（不十分な見せかけの立憲主義）の**欽定憲法**であるとの批判が寄せられる。

「万世一系」の天皇は「神聖不可侵」かつ統治権の総覧者（明治憲法1、3、4条）であり、天皇大権として、法律に代わる緊急勅令と国務大権、さらには陸海軍の**統帥権**を有していた（同8、11条）。後者の統帥権に国会・内閣は関与できなかった。

衆議院と貴族院からなる帝国議会は天皇の立法権に協賛するものであるとされた（同5条）。行政権を担うのは天皇であり、国務各大臣が天皇を補佐し、個別に責任を負うとされていた（同55条）。内閣の地位は憲法上規定されておらず、勅令である内閣官制に基づく存在に過ぎなかった。**帝国議会**や政党に内閣の存立基盤を置く議院内閣制は採用されていなかった。司法権は天皇の名においてこれを行うとされ（同57条）、違憲審査制度は存在しなかった。

所有権の不可侵、信教の自由、言論・出版・集会結社の自由、参政権等、臣民としての国民の権利は一定程度認められていた（同2章）。しかし、ほとんどの条項に**法律の留保**が規定されており、憲法上の権利は法律の範囲内で認められるに過ぎず、緊急時には天皇大権による制約が予定されていた（同31条）。

4　大日本帝国憲法の推移

明治憲法下での政党政治は、第1回帝国議会以降、紆余曲折を経つつ、徐々に発展していった。1912年の**第1次憲政擁護運動**により、桂太郎内閣が退陣し、1918年には原敬内閣が成立した。続く1924年の**第2次憲政擁護運動**によって加藤高明内閣が成立し、1932年の**5.15事件**による犬養毅内閣の崩壊まで、「憲政の常道」という形で、比較的安定した政党政治が行われた。

憲法学者の**美濃部達吉**は、1912年に『憲法講話』を著し、明治憲法の立憲主義的運用を説く天皇機関説を主張した（同説によれば、国家の統治権は法人としての国家に所属する。天皇は国家の最高機関であり、政府機関の助言を踏まえて統治を行うとされる。同説は天皇の主権を否定するものではないが、神権主義的な天皇制を抑制する役割を果たした）。**吉野作造**は、天皇制を認めた上で、民主主義を主張する民本主義の立場をとった。1920年代の自由主義的・民主主義的な風潮は「大正デモクラシー」と称される。

明治憲法の構造的欠陥が露わになったのは、1930年代の軍国主義の時代であった。第一次世界大戦（1914～1918年）後の経済不況と政党政治の行き詰まりが軍部の台頭を招き、統帥権の独立がその暴走に拍車をかけた。5.15事件によって政党政治が終焉し、**2.26事件**（1936年）によって軍部が権力を掌握した。

1933年の**滝川事件**に続き、1935年には、軍部と右派勢力による**天皇機関説事件**が生じた。政府は国体明徴に関する声明によって同説を禁止した（美濃部は貴族院議員辞職に追い込まれ、その著書『逐条憲法精義』、『憲法撮要』、『日本憲法の基本主義』が出版法19条に基づいて発禁処分を受けた）。

当時の日本は、経済的苦境を打開するために、**満洲事変**（1931年）によって中国東北部（満洲）を支配下に収めようと画策し、中国（中華民国）と**日中戦争**（1937年）に至る。しかし、日中戦争は泥沼化し、袋小路に陥った日本は、アメリカおよびイギリスとの**太平洋戦争**（第二次世界大戦）に突入する（1941年）。

戦局は徐々に悪化し、日本に対して、アメリカ、イギリス、中国による**ポツダム宣言**（1945年7月）に基づく降伏勧告がなされる。日本政府は当初これを黙殺するが、広島と長崎への**原子爆弾**投下（8月6、9日）、ソ連の対日宣戦布告（8月8日）により追い詰められ、ポツダム宣言の受諾と天皇による玉音放送（8月15日）、東京湾での降伏文書調印式（9月2日）を迎えた。

Ⅱ　日本国憲法時代

1　日本国憲法の成立

ポツダム宣言は、日本軍の無条件降伏、軍国主義的傾向の除去と民主主義の復活強化、言論、宗教、思想の自由および**基本的人権の尊重**等を要求していた。同宣言に基づいて日本の占領政策を遂行する**ダグラス・マッカーサー**率いる**GHQ**（連合国軍総司令部）は、日本政府に**明治憲法**の改正を求めた。

近衛文麿と**佐々木惣一**は新憲法草案の起草作業を行ったが、近衛は戦犯指名を受け、後に自殺した。近衛案も佐々木案も公表に至らなかった。東久邇宮稔彦内閣を引き継いだ**幣原喜重郎**内閣は、商法学者の**松本烝治**国務大臣を委員長とする**憲法問題調査委員会**（松本委員会）を発足させた。同委員会の憲法案は、天皇が統治を総覧するという明治憲法の根幹を維持し、部分的な修正にとどまるものであった。1946年2月1日付の毎日新聞の松本案に関するスクープ記事により、GHQは日本政府の消極姿勢に不信感を強めた。そこでGHQは、天皇制の維持、戦争放棄、封建制廃止等を方針とする**マッカーサー三原則**を示し、それを受けて民政局は知日派のスタッフを中心に短期間で新憲法のたたき台となる**GHQ草案**を作成した。

コラム　憲法学者の**鈴木安蔵**が作成した**憲法草案要綱**は国民主権を採用しており、GHQ案に影響を与えたと考えられる。また、GHQの通訳であったベアテ・シロタ・ゴードンは、男女平等と家族の保護を盛り込んだ草案を作成した。彼女の草案の大部分はGHQ草案から結局削除されたが、男女平等を謳った部分は憲法24条に影響を与えた。

GHQは日本政府案を拒否するとともに、GHQ草案の受け入れを求めた。日本政府は大きな衝撃を受けたが、天皇制存続に否定的な連合国の世論や日本占領統治の最高機関である**極東委員会**の動向を鑑みて、結局GHQ草案を大筋で受け入れ、「憲法改正草案要綱」として公表する。

新憲法の制定は、明治憲法73条の憲法改正手続に沿って行われた。1946年４月に、女性にも参政権を認めた新選挙法の下で衆議院議員選挙が行われ、翌５月に第90回**帝国議会**が召集された。政府案は「帝国憲法改正案」として衆議院と貴族院で審議され、第１次**吉田茂**内閣は、憲法担当の**金森徳次郎**国務大臣を中心に答弁を行った（かつて**天皇機関説事件**に際して法制局長官の職を辞した金森は、新憲法の口語化に取り組み、国会答弁では、象徴としての天皇を「あこがれの中心」として位置づけたことなどで知られている）。

衆議院の審議では、25条の生存権が付加され、９条２項に「前項の目的を達するために」という文言を挿入する**芦田修正**などがなされた。**日本国憲法**は1946年11月３日に公布、1947年５月３日に施行されて現在に至る。

2　日本国憲法成立の法理

日本国憲法（新憲法）は、その**上諭**が示すように、形式的には、明治憲法（旧憲法）73条の改正手続に従って成立した。しかし、**天皇主権**の旧憲法と**国民主権**の新憲法は全く別物であり、特に、通説的な憲法改正限界説に依拠するならば、新憲法制定の法理をどう説明するのかが問われる（枢密院顧問だった美濃部達吉は、旧憲法73条を適用することに否定的であり、憲法改正手続法の制定を主張した）。

この点について、憲法学者の**宮澤俊義**は、国民主権の確立を求めるポツダム宣言を受諾したことで法的意味での革命が生じ、主権が天皇から国民に移行したために、国民主権に基づく新憲法の正統性が根拠づけられるとする**八月革命説**を主張した。同説によれば、旧憲法は引き続き有効であったが、国民主権の原則に抵触する限度で旧憲法の意味が変化したとされる（旧憲法73条の改正手続のうち、ポツダム宣言の受諾によって国民主権原理に抵触する「天皇の裁可と貴族院の議決」の要件は、実質的に効力を喪失していたとされる）。また、新憲法の制定に旧憲法73条の改正手続を用いたのは、政治的な混乱を回避するための便宜であったということになる。

この八月革命説は巧妙な議論であるが、一種のフィクションに過ぎないとの批判も根強い。法哲学者の**尾高朝雄**は、主権は正しい筋道としてのノモスにあり、新憲法の制定によってもそれは不変であるとする**ノモス主権論**を主張した。

しかし、同説に対しては、八月革命説から、国の政治のあり方を最終的に決定する主権が誰にあるのかという問いに答えていないとの反論がなされた（この尾高・宮澤論争では、尾高が主権のあるべき姿を問題にしたのに対して、宮澤は主権の担い手が誰であるのかを問題にしたので、両者の議論は必ずしも噛み合ったものではなかったと指摘されている)。

3　押し付け憲法論をめぐる問題

日本国憲法は占領中にGHQ（特にアメリカ）によって押し付けられたものであり、「自主憲法」を制定すべきとする**押し付け憲法論**と呼ばれる主張がある。占領下での憲法制定は、ハーグ条約（陸戦法規43条の内政不干渉原則）や日本国民の自由意思による政府樹立を保障する**ポツダム宣言**12項などに違反するとする日本国憲法無効論も存在する。

しかし、ハーグ条約は交戦中の占領軍にのみ適用されること、ポツダム宣言は特別法として同条約よりも優位すること、さらに、当時は占領下にあったとはいえ、憲法改正案の審議にあたった第90回**帝国議会**の衆議院は、満20歳以上の男女有権者による**普通選挙**で選出された民主的な議会であり、そこで圧倒的な賛成を得て成立したことから、GHQによって押し付けられたというのは一面的な見方であるとするのが大方の憲法学者の見解である。

日本国憲法が制定以降一度も改正されることなく、現在まで継続してきたのは、同憲法を歴代の日本政府や国民が受容してきた側面が大きいといえよう。

コラム　憲法は革命等の社会変動の産物である。アメリカ合衆国の場合、建国当初の憲法であった連合規約（1781年）の13条は、同規約の改正には当時の全13邦（後の州）の同意が必要である旨を規定していた。しかし、1787年のフィラデルフィア憲法会議で採択されたアメリカ合衆国憲法は、同7条の規定により、9邦の批准に基づいて1788年に発効した。また、連邦制を前提とするアメリカ憲法は、その改正手続として、連邦議会の3分の2の同意による発議と、全州の4分の3の批准、州の平等な代表権を規定する（同5条）。しかし、人種平等を規定する修正14条（1868年）は、南北戦争後、旧南部連合出身の上下両院議員を排除する形で発議され、同修正を承認することが連邦復帰の条件とされた。さらに、福祉国家政策を確立した1930年代のニューディール政策は、正式な憲法改正を伴わない形で実施された。そのため、憲法の制定・改正・変遷といった憲法の変動（いわゆる「生ける憲法」）をめぐる議論が盛んになされている。

4　旧憲法下の法令と占領法規の効力

旧憲法下の法令も新憲法に違反しない限りで有効であると考えられている。日本国憲法施行の際、現に効力を有する命令の規定で、法律によって規定すべき事項を規定するものは憲法施行年の1947年末まで法律と同等の効力を有するとする経過措置がとられた（昭和22年法律72号、同年政令14号）。

GHQの指令を実行するために、日本政府は、1945年9月20日に、「ポツダム宣言ノ受諾ニ伴ヒ発スル命令ニ関スル件」（**ポツダム緊急勅令**）を発した。広範な授権を認める同勅令について、最高裁は、占領に伴うやむをえない緊急措置であること（最大判昭23・6・23刑集2巻7号722頁）、占領下において日本国憲法に関わりなく憲法外の効力をもつこと（**政令201号事件**＝最大判昭28・4・8刑集7巻4号775頁）を理由に合憲であるとした。同勅令は1952年4月28日の**サンフランシスコ講和条約**の発効に伴い廃止された。

5　日本国憲法の基本原理

日本国憲法は、憲法前文および本文11章103カ条からなる。その基本原理は、一般的に、**国民主権**、**基本的人権の尊重**、**平和主義**である。

憲法前文は、「日本国民は、……ここに主権が国民に存することを宣言し、この憲法を確定する」として、国民主権に基づく民定憲法であることを強調する。天皇は、「日本国の象徴であり日本国民統合の象徴であつて、この地位は、主権の存する日本国民の総意に基く」（同1条）。

基本的人権については、第3章で、人権の不可侵を定める12条と**個人の尊重**を定める13条以下、詳細な規定を定める。

平和主義については、かつての**軍国主義**の反省に基づき、前文が「平和のうちに生存する権利」（**平和的生存権**）を、9条が**戦争放棄**と戦力不保持を規定する。

6 戦後政治と憲法

東西冷戦の激化によって、日本国憲法は試練にさらされることになった。1950年の朝鮮戦争をきっかけに**警察予備隊**が発足し、1952年には保安隊となった。労働運動や社会運動を封じ込めるために、公職追放が解除され、共産党員やその支持者を追放するレッドパージが開始され、1952年には**破壊活動防止法**が成立した。

1951年に**サンフランシスコ講和条約**が締結されたが、すべての当事国との講和はならなかった。講和条約と同時に**日米安全保障条約**（**旧安保条約**）が成立し、1954年に日米相互防衛援助協定（MSA 協定）が結ばれ、陸海空の**自衛隊**が発足する。社会党や共産党等の革新勢力は、こうした政府の動きを「逆コース」と捉えて強く反発し、1950年代には**砂川事件**等の米軍基地反対運動が激化した。

安保条約と改憲に反対する**日本社会党**は、1955年2月の総選挙で改憲阻止に必要な3分の1の議席を確保し、左右両派を統一した。保守陣営でも、同年11月に、自由党と日本民主党の保守合同によって**自由民主党**が結成された。自民党と社会党の保革対立は**55年体制**と呼ばれ、非自民連立内閣の細川護熙内閣が成立した1993年まで継続した。55年体制の下で、憲法改正を党是とする自民党は衆議院の過半数を占めたが、憲法改正の発議に必要な3分の2の議席を確保するには至らなかった。

鳩山一郎内閣時の1956年に**憲法調査会**が発足したが、1964年に報告書をまとめるのみに終わった。**岸信介**内閣は1958年に警察官職務執行法の改正、教員勤務評定の全面実施、第1次防衛力整備計画を遂行した。1960年には日米の双務的な防衛義務、在日米軍の行動に関する事前協議制等からなる**日米安全保障条約**（**新安保条約**）が成立した。同条約には大きな反対運動が起きたが、岸内閣の退陣と引き換えに自然成立した。

1989年の冷戦終結、1991年の湾岸戦争を契機に、1992年に宮澤喜一内閣は国連平和維持活動協力法（**PKO 協力法**）を制定し、カンボジアを皮切りに、自衛隊の海外派遣が行われるようになった。1999年に日米安保の再定義に伴う**周辺事態法**、2001年に米同時多発テロをきっかけとした**テロ対策特別措置法**、2003年にイラク復興支援特別措置法が成立した。

2007年に**国民投票法**（日本国憲法の改正手続に関する法律）が成立した。2012年に自民党が改憲案を発表したが、**集団的自衛権**の承認や憲法改正発議要件の緩和等の点で批判が多い。**安倍晋三**内閣の下で、2015年に集団的自衛権の限定行使を可能とする**平和安全法制**（**安保法制**）が成立した。今後、日本を取り巻く安全保障環境の変化により、自衛隊の位置づけをはじめ、憲法改正をめぐる議論が一層活発となることが予想される。

【参考文献】

宮沢俊義『憲法の原理』（岩波書店、1967）
芦部信喜『憲法制定権力』（岩波書店、1983）
大石眞『日本憲法史』（講談社、2020）
高見勝利「実定憲法秩序の転換と『八月革命』言説」長谷部恭男ほか編『岩波講座憲法６　憲法と時間』（岩波書店、2007）101頁
古関彰一『日本国憲法の誕生』〔増補改訂版〕（岩波書店、2017）
国立公文書館編『誕生　日本国憲法』（国立公文書館、2017）

第 4 章　平和主義

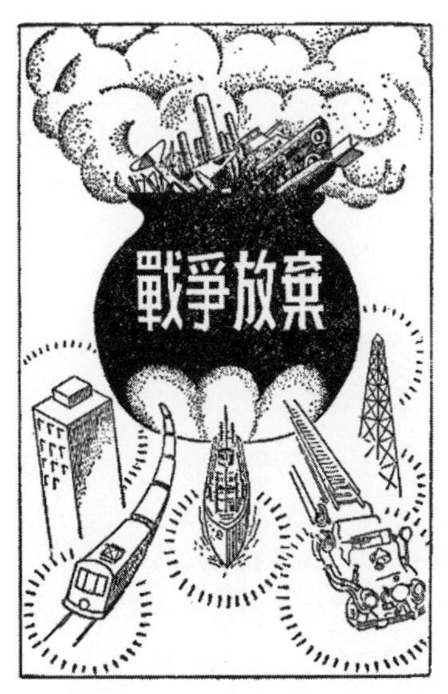

『あたらしい憲法のはなし』
文部省が1947年に新制中学校１年生用社会科の教科書として発行した本書に掲載された、戦争放棄の内容に関する挿絵。

Ⅰ　憲法９条の解釈

立憲主義が権力の抑制を眼目とすること、そして軍事力が国家権力の最も暴力的なものであることから、軍事に対する統制は立憲主義の核心の一つである。そのため、近代の憲法は軍事に関する規定をもつのが一般的である。日本国憲法も例外ではなく、軍事に関する規定がある。それが９条である。

☞9条1項は戦争を放棄するとしている。この**戦争放棄**条項それ自体は新しいものではない。憲法条項として最初に採用されたのはフランス1791年憲法であり、「フランス国民は、征服の目的をもっていかなる戦争を行うことをも放棄し、かつ、いかなる国民の自由に対しても決してその武力を行使しない」と規定されていた。その後もブラジル(1891年)やスペイン(1931年)、イタリア(1947年)、ドイツ(1949年)など各国の憲法で同様の条項が採用されてきた。つまり、戦争放棄を定める憲法9条1項は立憲主義の嫡流だともいえる。

また、日本は第二次世界大戦において中国をはじめアジア諸国に侵攻し大きな被害を与えた。他方、国内においても大空襲や原爆投下により大きな被害を受けた。そうしたことへの反省も踏まえて制定された9条は、2項で戦力不保持という徹底した**平和主義**を採用している。また、戦力不保持には、象徴という形とはいえ憲法の中に**天皇制**を残すという選択をしたこととの関係で、アジア諸国への侵攻を二度と繰り返さないための制度的な担保という側面もある。

1　戦争の放棄

9条1項は「国権の発動たる戦争」を放棄している。この「国権の発動たる戦争」とは、国際法上の戦争、すなわち、宣戦布告または最後通牒によって開始される国家間の武力衝突であり、戦時国際法の適用を受ける状態を指す。また、**不戦条約**(1928年)やジュネーブ条約などによって戦争の制限ないし禁止がなされるようになると、それをかいくぐるために宣戦布告をしないで戦闘行為を行う、いわゆる事実上の戦争が登場した。「満洲事変」や「支那事変」がその例である。こうしたことを踏まえて、9条1項では、戦争のみならず「武力の行使」「武力による威嚇」も放棄の対象としている。

9条1項は、「国際紛争を解決する手段として」の戦争を放棄する。ここでいう「国際紛争を解決する手段として」の戦争の解釈には、学説の対立がある。

☞**限定放棄説**は、不戦条約など国際法の用例を根拠に、「国際紛争を解決する手段として」の戦争とは**侵略戦争**を意味し、**自衛戦争**は放棄されていないと解する。実際、吉田茂首相は、国会において9条1項は自衛戦争を放棄していない旨答弁している(1946年9月13日)。学説上はこの見解が多数である。なお、限定放棄説に立ちつつも２項の「戦力不保持」条項で、一切の戦力を保持できず自衛戦争もできなくなったと解する場合、全面放棄説と結論を同一にする（この点については本節３で改めて触れる）。

☞これに対し、**全面放棄説**は、これまで多くの侵略戦争が自衛戦争の名目で遂行されてきたこと（「大東亜戦争」がその例）や、自衛戦争が可能であるとすれば立憲主義に基づき憲法に戦争の開始や遂行についての規定がなければならないところ、日本国憲法にはそうした規定が一切ないこと、そもそも自衛戦争も「国際紛争を解決する手段」といえることなどを理由に、自衛戦争も含め一切の戦争を放棄していると解する。

2 自衛権

自衛戦争を否定しない限定放棄説を採用する見解から、**自衛権**が主張される。国家には固有の権利としての自衛権が認められるというのである。また、全面放棄説や、１項では自衛戦争を留保しつつも２項の解釈の結果として自衛戦争もできなくなったとする見解においても、自衛権それ自体を肯定するものは少なくない。この場合、外交努力や群民蜂起といった形での自衛権行使を認めている。他方、全面放棄説の中には、自衛権を放棄したとする見解もある。

自衛権は、国際法上、外国からの違法な侵害に対して、自国を防衛するため、緊急の必要がある場合に一定の実力行使をする権利と考えられている。この考え方は、個人の正当防衛になぞらえて説かれてきた。そのように考えた場合、自衛権行使を認めつつ、その内容として外交努力や群民蜂起を挙げる見解に対しては、非現実的であり非合理的だとの批判が向けられてきた。そのため、自衛権の存在を肯定する場合、一般的には何らかの実力行使を憲法が許容していると考えることになる。

☞自衛権を肯定する見解は、自衛権が国家固有の権利であって放棄できないとする。実際、**国連憲章**51条は自衛権を固有の権利と規定している。しかし、固有の権利を有するのは自然人のみであって、人為的に造られた国家がそのような権利をもつということは自明のことではない。それゆえ、自衛戦争をも放棄したとする解釈から、憲法は自衛権を放棄しているとする見解にも十分な理由があると言えよう。

自衛権には、**個別的自衛権**と**集団的自衛権**とがある（国連憲章51条）。個別的自衛権とは、ある国家から攻撃された国家が、これに反撃をするために行使する自衛権を指し、集団的自衛権とは、ある国家から攻撃されてはいないが、自国と同盟関係にあるなど、密接な関係のある国家が攻撃を受けた場合、その攻撃を自国への攻撃と同視して、攻撃をした国に対して反撃するために行使する自衛権を指す。

日本政府は従来、自衛権の存在を認めつつ、その行使については、9条があることから最小限度にとどまるべきとして、個別的自衛権のみ行使が可能としてきた。しかし、2014年7月、安倍晋三政権は、日本と密接な関係にある他国に対する武力攻撃が発生し、これにより日本の存立が脅かされ、国民の生命、自由および幸福追求の権利が根底から覆される明白な危険がある場合において、これを排除し、日本の存立を全うし、国民を守るために他に適当な手段がないときに、必要最小限度の実力を行使することは憲法上可能であるとの解釈を閣議決定し、集団的自衛権行使の解禁に踏み切った。そして翌2015年には、この閣議決定に基づき、**安保法制**が制定された（安保法制については本章Ⅱ4参照）。

さらに2022年12月には敵基地攻撃能力の保有や防衛費の増額などを内容とする「安保関連三文書」が閣議決定された。これにより政府の「自衛」概念はさらに拡大したといえる。

3　戦力の不保持

9条2項前段は、「陸海空その他の戦力」を保持しないと定める。ここでいう**戦力**の意味についてはいくつかの見解が存する。厳格に解釈する見解は、戦争に役立つ可能性のある一切の潜在能力を戦力とするものである。この見解によれば、港湾施設や航空機なども戦力に該当することとなり、戦力の範囲が広汎に過ぎるとの批判が強く、学説として主張するものはほとんどない。

学説の多数は、「武力」ないし「警察力を超える実力」と解する。警察力との違いは、主として目的（国内の治安維持なのか、外国からの侵略に対する防衛なのか）や装備（目的にふさわしい内容の装備なのか）などで判断されることになる。

9条1項との関係でいえば、1項で**侵略戦争**のみを放棄したと理解したとしても、2項の「戦力」を「警察力を超える実力」とし、自衛戦争はできないと解した場合、1項全面放棄説と結論は同一になる。しかし、このように解した場合、立法者がすべての戦争を放棄する意図をもっていたとするならば、なぜ1項で侵略戦争のみを放棄し、2項でその他の戦争をも放棄するという回りくどい方法をとったのかという疑問が生ずる。

政府は憲法制定当時、9条1項は**自衛戦争**を放棄していないとしつつ、2項の存在によって自衛戦争もできなくなったと解していた（1946年9月13日の吉田茂首相答弁）。しかし朝鮮戦争勃発を受け、**警察予備隊**が設置され、1952年に**保安隊**に改組された際に、政府は戦力を「近代戦争遂行能力」と定義し直し、それに至らない自衛組織の保持を肯定した。

さらに1954年の**自衛隊**への改組に伴い、政府は戦力を「自衛のための必要最小限度を超える実力」と定義し直した。自衛隊法3条1項で自衛隊の主たる任務は「わが国を防衛すること」とされたが、近代戦争を遂行する能力のない実力では、その任務を果たすことができなくなってしまうからである。そこで政府は、「自衛のための必要最小限度」を超えない実力は「戦力」ではなく「自衛力」であるとして、そのような実力にとどまる自衛隊は合憲であるとする解釈をとり、現在に至っている。

政府の解釈によれば、「自衛のための必要最小限度の実力」であれば、核兵器や細菌兵器の保持も禁止されない。そのため**非核三原則**は、9条の要請ではなく、あくまで政策上のものとされる。他方、自衛のための必要最小限度を超える兵器としては、大陸間弾道ミサイルや長距離戦略爆撃機などが挙げられている。

この「自衛のための必要最小限度の実力」という基準が果たして基準足りうるのか疑問視する見解もある。この「自衛のための必要最小限度」は、軍事技術の発展や外国軍の兵力・装備の増強、国際情勢やそれに対する解釈などによって変化することから一定ではない上、「最小限度」かどうかの判断それ自体を政府が行うからである（自衛隊の問題については、本章Ⅱ1参照）。

4　交戦権否認

9条2項後段は、「国の**交戦権**は、これを認めない」と定める。ここでいう「交戦権」の意味については、戦いをする権利とする見解、国際法上、交戦国に認められる諸権利（敵国兵力の殺傷や捕虜の抑留など）とする見解、両者を含むとする見解がある。学説の多数は交戦国に認められる諸権利とするものであり、政府もまたこの見解を採用している。

交戦権を交戦国に認められる諸権利と解すると、**自衛戦争**を否定しない場合、どのように自衛戦争を遂行するのかという問題が生ずることになる。敵兵の殺傷などをすることなく敵国に反撃することは実際には不可能だからである。そこで自衛戦争を否定しない見解は、1項の「国際紛争を解決する手段としては」という留保が2項の交戦権にもかかるとして、自衛戦争の場合は交戦権が否認されないという解釈をすることになる。しかし、2項の解釈に際して、1項の文言を持ち出すことには無理があるという批判もある。

他方、全面放棄説や戦力不保持によって自衛戦争をも放棄したとの立場からは、いずれの意味においても交戦権否認は当然の帰結ということになる。

Ⅱ　憲法9条をめぐる諸問題

1　自衛隊

1950年に朝鮮戦争が勃発し、在日アメリカ軍が朝鮮半島へ出兵したことから、日本国内には防衛のための組織が存在しないこととなった。これを受け、マッカーサーから「警察力」増強の指示がなされ、吉田茂内閣は**警察予備隊**を設置した。その際、警察予備隊はあくまで治安維持が目的であり、警察力にとどまるものであって軍隊ではないとされた。その設置は違憲であるとして争われた事件において、最高裁は、**抽象的違憲審査**を行う法令上の根拠がないとして訴えを却下している（最大判昭27・10・8民集6巻9号783頁）。

1952年に**サンフランシスコ講和条約**が発効したのを機に、警察予備隊は保安隊へと改組され、海上警備隊も設置された。そしてさらに1954年には日米相互防衛援助協定（MSA協定）が締結され、その中で日本政府が「自国の防衛能力の増強」を義務づけられたのを受けて自衛隊法と防衛庁設置法が制定され、陸海空３**自衛隊**が発足した。

☞自衛隊は、日本の防衛を主たる任務とする（自衛隊法３条１項）ほか、治安出動（同78条）や災害派遣（同83条）などの任務を負う。また、主たる任務に支障を生じない範囲で「我が国の平和及び安全に重要な影響を与える事態に対応して行う我が国の平和及び安全の確保に資する活動」（同３条２項１号）と「国際連合を中心とした国際平和のための取組への寄与その他の国際協力の推進を通じて我が国を含む国際社会の平和及び安全の維持に資する活動」（同３条２項２号）をするとされている。本来、自衛隊の海外出動は、自衛の範囲を超えるとされ禁止されていると解されてきた（1954年６月２日参議院本会議決議）。しかし、1990年代以降、「国際貢献」「人道支援」、あるいは日米安保の地球規模での適用が主張される中で、自衛隊の海外派遣の必要性が叫ばれるようになり、2006年の自衛隊法改正により、こうした活動が３条に明記されるに至った。

自衛隊が憲法に違反しないかどうかについては、設置当初から激しく争われてきた。上述の通り、政府は「戦力」を「自衛のための必要最小限度を超える実力」と定義し、自衛隊はそれに該当しないため合憲としてきた。しかし、学説の多くは、先に述べたような「戦力」定義に照らして自衛隊を違憲としている（本章第Ｉ節２参照）。

☞この問題は裁判所においても争われてきた。自衛隊演習場付近で酪農を営んでいた者らが演習の騒音に抗議して基地内の演習用通信線を切断し、自衛隊法121条違反で起訴された**恵庭事件**では、自衛隊の憲法適合性が正面から争われたものの、札幌地裁は、通信線が自衛隊法121条にいう「防衛の用に供する物」ではないとして被告人を無罪とし、憲法判断を回避した（札幌地判昭42・３・29下刑集９巻３号359頁）。また、自衛隊の基地建設のために保安林指定を解除した処分が争われた**長沼ナイキ訴訟**では、札幌地裁が自衛隊を違憲としたものの（札幌地判昭48・９・７民集36巻９号1791頁）、札幌高裁は**統治行為論**を採用して憲法判断を回避した（札幌高判昭51・８・５民集36巻９号1890頁）。また、最高裁は**訴えの利益**がないとして上告を棄却し、自衛隊の合憲性には一切言及しなかった（最判昭57・９・９民集36巻９号1679頁）。

〔判　例〕　**★長沼ナイキ訴訟**（最判昭57・9・9民集36巻9号1679頁）
北海道夕張郡長沼町にナイキミサイル基地の建設が計画され、その基地建設のため農林大臣が国有保安林の指定を解除した。これに対し住民らが、保安林の指定解除の停止と取消を求める訴訟を提起し、そこで自衛隊の合憲性が争われることとなった。第一審は、国の行為により平和的生存権が侵害された場合には、その行為を争うことができるとした。そして9条2項によって自衛戦争も不可能になったとし、自衛隊はその「編成、規模、装備、能力からすると、明らかに……軍隊であり……9条2項によってその保持を禁ぜられている『陸海空軍』という『戦力』に該当する」として、自衛隊を違憲とした。しかし、控訴審は、防衛庁が代替施設を建設したことで洪水・土砂などの危険性がなくなったとして訴えの利益を否定し、訴えを却下した。また、自衛隊の合憲性については、いわゆる「統治行為論」を採用し、判断を回避した。上告審は代替施設により訴えの利益がなくなったとして上告を棄却しつつ、自衛隊の合憲性には触れなかった。

2001年9月のアメリカ同時多発テロ事件や、同年12月の不審船事件などを受け、2002年に小泉純一郎内閣は「備えあれば憂いなし」とのスローガンの下で**有事法制**関連法案を提出し、2003年から翌年にかけて、**有事法制**が成立した。

2003年に成立した有事関連3法の一つである**武力攻撃事態法**は、外国からの武力攻撃に対する自衛隊の軍事行動や米軍への協力、国と地方の責務・役割などを定める。また、同時に行われた自衛隊法の改正により、武力攻撃事態に際しての自衛隊の防衛出動が規定された。さらに個人や法人の土地・家屋の使用、物資の保管・収用、業務従事などの命令が可能となり（自衛隊法103条）、命令違反には罰則も定められた（同124条・125条）。なお武力攻撃事態法は2015年の**安保法制**の制定に際して「事態対処法」へと改正された。

また2004年に成立した有事関連7法の一つである**国民保護法**では、武力攻撃から国民を守るためとして避難や救援の措置などを規定しているが、他方で国民の協力を規定し（4条1項、80条）、民間業者には物資の保管・輸送などを命ずることもでき（81条3項）、違反者には罰則も規定されている（189条1号）。

こうした「有事法制」は、憲法9条との整合性が問題となったが、小泉政権は、なかば開き直りのような形で国会審議を押し切った。しかし、学説からは違憲とする声も強い。

2 自衛隊の海外派遣

自衛隊の海外派遣は1991年1月に始まった**湾岸戦争**が一つの大きなきっかけである。イラクによるクウェート侵略から始まった湾岸戦争に対して、諸外国は多国籍軍を結成しこれに対応した。日本政府は9条を理由に自衛隊を派遣せず、代わりに90億ドルの資金を拠出した。しかし、戦後、クウェート政府がワシントン・ポスト紙に出した感謝広告に日本の名前がなかったことから、金銭だけではなく人的な支援をすべきとの声が高まった。そして1991年4月には自衛隊法99条（現行84条の2、機雷等の除去）を使って自衛隊の掃海艇がペルシャ湾に派遣された。これが自衛隊の海外派遣の鏑矢（かぶらや）となった。

1992年6月に**PKO協力法**が制定された。また1999年5月に**周辺事態法**、2001年10月に**テロ対策特別措置法**、2003年7月に**イラク特別措置法**、自衛隊法の改正など、自衛隊を海外に派遣できる法律が次々と制定され、自衛隊が海外派遣された。

例えば、1992年に成立したPKO協力法に基づき、同年9月、カンボジアへ自衛隊が派遣されたのを皮切りに、モザンビーク（1993年5月）、ゴラン高原（1996年2月）、東ティモール（2002年2月、2010年9月）、ハイチ（2010年2月）、南スーダン（2011年11月）などへの派遣が実施された。

PKO活動については憲法との関係から、いわゆる**PKO 5原則**（①紛争当事者間の停戦合意、②紛争当事者による受け入れの同意、③中立性の厳守、④上記の原則のいずれかが満たされない場合には撤収する、⑤武器の使用は要員の生命等の防護のための必要最小限）が法に書き込まれた。また、PKF本体業務（武装解除の監視、緩衝地帯などにおける駐留・巡回、検問、放棄された武器の処分など）への参加は凍結されていた。しかし、1998年の法改正で上官の命令による武器使用が認められたり、2001年の法改正でPKF本体業務への参加凍結が解除されたりするなど、次第に武力行使との一体化の色を強めてきた。さらに2015年の改正では、いわゆる駆け付け警護まで解禁されたことでさらに武力行使との一体化が進み、その合憲性を疑問視する見解もある。

2001年のテロ対策特別措置法は、アメリカの9.11同時多発テロ事件をきっかけに制定されたもので、アメリカを中心とする有志連合によるアフガニスタン攻撃を後方支援するため、同年11月より自衛隊がインド洋に派遣された。そしてアメリカ軍やパキスタン軍などの艦船に燃料補給を行うなどの活動を行った。同法は２年の時限立法であったが、数度にわたり延長され、2007年11月に失効し自衛隊は活動を一旦終えた。その後2008年１月に新テロ特措法が可決され、再び自衛隊が派遣されたものの、2009年に自民党から民主党への政権交代があり、２年の時限立法であった当該法律が延長されなかったため、2010年１月に失効した。本法については、自衛隊が派遣される地域についての限定がされないとか、武器使用につき、**PKO 協力法**の要件にさらに「その職務を行うに伴い自己の管理の下に入った者の生命・身体の防護」という要件を加えて、その範囲を拡大した点への批判もある。

2003年のイラク特別措置法は、同年のイラク戦争後の「人道復興支援」を名目に制定された時限立法である。自衛隊は「非戦闘地域」へ派遣されるとされたが、初めて当事国の同意のないままに、戦闘行為が行われている可能性のある地域への派遣となったため、その合憲性が国会などでも厳しく追及され、裁判も提起された。そして実際に、違憲と判断する裁判所もあった（名古屋高判平20・4・17判時2056号74頁）。なお、イラク特措法は2009年７月に失効した。

いずれの法制定に際しても、自衛隊の海外派遣の合憲性が国会で厳しく問われることとなった。この点、政府は、「国際協力」を理由とする海外派遣であれば、武力行使と一体化しない限りで合憲である、としてきた。しかし、そもそも自衛隊を違憲とする学説からは、海外派遣は当然に違憲であると批判された。自衛隊を合憲とする立場からも、PKO をはじめとする海外での活動は武力行使と一線を画することが困難であり違憲ではないかとの批判もある。

3　日米安全保障条約

サンフランシスコ講和条約６条ａ項において、条約発効から90日以内に連合軍は日本から撤退するものとされていた。しかし、同項但書において、連合国のいずれかの国との協定に基づく軍隊駐留を認めていた。この但書に基づいて

1951年に締結されたのが**旧安全保障条約**である。

旧安保条約は、アメリカ軍の駐留を認める一方で、アメリカには日本の防衛義務が課されておらず、「片務的」との批判があった。そのため1960年に内容を改定した**新安全保障条約**が締結された。

新安保条約では、相互防衛体制を確立したが、憲法9条に基づき2つの限定がなされた。1つ目は、相互防衛といいつつも、その地域が「日本国の施政の下にある領域における、いずれか一方に対する武力攻撃」への対処に限定されていることである。2つ目は、「自国の憲法上の規定及び手続に従つて」行われることである（いずれも条約5条）。前者の点につき、在日米軍への攻撃に対し日本が米軍と共同で防衛行動をとることは**集団的自衛権**の行使であり9条に反するのではないかという疑問が提示された。これに対し政府は、在日米軍への攻撃は日本領域への侵犯行為であって日本への攻撃にほかならないから、それへの対処は**個別的自衛権**の行使だとした。また後者の点につき、憲法と条約の関係につき通説の憲法優位説からすれば、条約の内容の実施について憲法の規定に従うのは当然であって、この規定に実質的な意味はないといえる。

☞駐留米軍の合憲性について学説は合憲説と違憲説とに分かれる。合憲説の1つ目は9条2項で保持が禁止される戦力に外国軍隊は含まれないとする見解である。この見解は、9条2項が保持を禁止する戦力とは、日本が指揮・管理権を行使しうる戦力であるとし、外国軍は日本が指揮・管理権を有しないため、駐留を合憲とする。政府はこの見解をとり、最高裁も駐留米軍の合憲性が争われた**砂川事件**でこの立場をとった（最大判昭34・12・16刑集13巻13号3225頁）。この説に対してはあまりに形式的な解釈であるとの批判がある。

合憲説の2つ目は、駐留米軍を**国連軍**に準ずるものとする見解である。この見解は、日本の安全保障を国連によって実現しようとし、日本への侵略には国連軍が対処をするという。その上で、米軍は国連軍そのものではないが、国連軍が結成された場合米軍がその中心を担うだろうことから、米軍を国連軍に準ずるものとして扱い、その駐留を合憲とする。この説に対しては、米軍を国連軍に準ずるとする理解に無理があるとの批判がある。

違憲説は、指揮・管理権の有無にかかわらず、日本の意思に基づいて駐留する軍隊は戦力であり、9条2項違反だとする。学説の多くはこの立場に立っており、砂川事件の第一審判決もまたこの立場をとっている（東京地判昭34・3・30下刑集1巻3号776頁）。

もともと日米安保条約はソ連を盟主とする東側諸国への対抗という意義をもっていた。しかし、ソ連の崩壊による冷戦の終結によって、ソ連の脅威がなくなり、日米安保条約の存在意義が問われるようになった。そのため1996年に日米安保の再定義がなされ、安保体制の射程が、日本周辺・極東地域から、アジア太平洋地域にまで拡大されることとなり、1997年に**新ガイドライン**として策定されるに至った。

1999年には、この新ガイドラインを踏まえて、新ガイドライン関連法が制定された。その一つが周辺事態法である。この法律では「我が国周辺の地域における我が国の平和及び安全に重要な影響を与える事態」を「周辺事態」とし、在日米軍がそれに対応する際の後方支援や船舶検査をすることを可能にした。この法律については「わが国周辺」といいつつも、「地理的概念ではない」とされ、その範囲が明確でないことや、後方支援が武力行使と一体化し、9条に反するのではないかといったことが問題となった。なお、2015年のいわゆる**安保法制**の制定に際して、周辺事態法は**重要影響事態法**へと改正された。

4 安保法制

2014年7月、安倍政権は集団的自衛権を限定的に解禁する閣議決定を行い、これに基づいて2015年9月に**安保法制**が成立した。安保法制とは、**国際平和支援法**の制定と、自衛隊法、武力攻撃事態法、周辺事態法、PKO協力法など10本の法改正の総称である。

国際平和支援法とは、「国際平和共同対処事態」への対処のため、国連決議を前提に、諸外国の軍隊に対する支援活動、捜索救助活動、船舶検査活動などをするためのものである。従来こうした活動はテロ特措法やイラク特措法のように、特別措置法という形で行われてきた。しかし、本法は、こうした事態を広くカバーすることでその都度の立法措置を不要とし、自衛隊の海外派遣を恒久的に可能とした。本法では武器の提供や武力行使はしないとされたが、従来行っていなかった弾薬の輸送・提供、発進中の戦闘機への給油などを認めた。

自衛隊法の改正では、在外邦人の保護(84条の3)、米軍の武器防護(95条の2)、存立危機事態における防衛出動(76条1項2号)などが新設された。しかし、前2者については武力行使との一体化が懸念されるし、存立危機事態における防衛出動はまさに**集団的自衛権**の行使であり、憲法違反の疑いが拭えないとする見解が多い。

先に触れた周辺事態法は重要影響事態法へと改正され、「重要影響事態」という新たな概念を規定するとともに、「周辺」という文言が削除され、地球の裏側での出来事であっても、「そのまま放置すれば我が国に対する直接の武力攻撃に至るおそれのある事態」であれば米軍への支援などが可能となった。

武力攻撃事態法も事態対処法へ改正された。「我が国と密接な関係にある他国に対する武力攻撃が発生し、これにより我が国の存立が脅かされ、国民の生命、自由及び幸福追求の権利が根底から覆される明白な危険がある事態」を「存立危機事態」と定義し、その場合に集団的自衛権の行使を可能とした。

この安保法制は、従来にもまして9条との整合性が厳しく問われ、法制定に反対する多くの市民が国会前などでデモを行い、また、これまで運動に関わってこなかったような層までデモや集会に参加するなど、新たな市民運動の展開を見るに至った。

5　平和的生存権

憲法前文第2段は、「われらは、全世界の国民が、ひとしく恐怖と欠乏から免かれ、平和のうちに生存する権利を有することを確認する」と述べ、**平和的生存権**を宣言している。

この平和的生存権の特徴は、第1に、平和を「秩序」ではなく、「権利」と捉え直したことである。しかもこの権利は、「恐怖から免れる」という自由権と、「欠乏から免れる」という社会権の両面を併せもつ。このことから、平和的生存権が保障されてこそ、憲法第3章で規定する諸権利が初めて保障されることになる、という憲法の考えを読み取ることができる。

第2の特徴は、この権利の主体が日本国民のみならず「全世界の国民」とされていることである。日本国憲法の平和主義を「一国平和主義」と難ずる傾向があるが、前文はそのような態度を取っていないし、むしろ全世界の国民同士で連帯し、それを通じた平和の実現を構想するものと解される。

この平和的生存権が**裁判規範性**を有するか、という問題がある。これについては前文の裁判規範性として論じられる傾向が強いが、前文かどうかということよりも、問題となる規定の内容やその具体性に照らして検討されるべきとの反論もある。前文ないし平和的生存権の裁判規範性を否定する見解も、それらが具体的な解釈に際しての指針になることまでを否定するものではない。

長沼ナイキ訴訟第一審判決（札幌地判昭48・9・7民集36巻9号1791頁）が9条の解釈に際して平和的生存権に積極的に言及し、さらに憲法判断をする理由づけや訴えの利益を認めるために前文を用いた。また、**自衛隊イラク派遣違憲訴訟**（名古屋高判平20・4・17判時2056号74頁）は平和的生存権が「全ての基本的人権の基礎にあってその享有を可能ならしめる基底的権利」であり、これが侵害されるときには「裁判所に対し……救済を求めることができる」と述べ、裁判規範性を認めた。他方、長沼ナイキ訴訟第二審判決（札幌高判昭51・8・5民集36巻9号1890頁）は、平和的生存権は「なんら現実的、個別的内容をもつものとして具体化されているものではない」としてこれを否定した。

いずれにせよ、平和のうちに生存することを「全世界の国民」の「権利」とし、また、戦争とすべての戦力を放棄している日本国憲法は、日本が世界の平和において果たすべき役割の指針を示しているといえようか。

【参考文献】

奥平康弘『いかそう日本国憲法』（岩波書店、1994）
深瀬忠一ほか『恒久世界平和のために』（勁草書房、1998）
山内敏弘＝太田一男『憲法と平和主義』（法律文化社、1998）
ジュリスト1260号特集「憲法9条を考える」（有斐閣、2004）
長谷部恭男『憲法と平和を問いなおす』（筑摩書房、2004）
木村草太『増補版　自衛隊と憲法』（晶文社、2022）

第 2 部　基本的人権

第5章　人権総論

様式1（第3条関係）

パートナーシップ宣誓書

私たち　〇〇　〇〇　と　〇〇　〇〇　は、

「世田谷区パートナーシップの宣誓の取扱いに関する要綱」に基づき、

互いをその人生のパートナーとすることを宣誓し、署名いたします。

平成００年００月００日

住所　〒000-0000　世田谷区〇〇　〇―〇―〇

氏名　〇〇　〇〇

住所　〒000-0000　世田谷区〇〇　〇―〇―〇

氏名　〇〇　〇〇

収受印

収受

00.00.00

〇〇〇〇

世田谷区パートナーシップ宣誓書

人権は完成されたものではなく日々進化し続ける。同性愛者のような社会的マイノリティーへの配慮も、現代的な人権の問題として考えていかなければならない。

出典：世田谷区ウェブサイト「同性パートナーシップ宣誓について」より引用

I　人権の概念・体系

1　人権の概念

☞1789年フランス人権宣言16条に「いかなる社会も、その中で、権利の保障が確実でなく、権力の分立が確立していないなら、憲法を有しない」とあるように、基本的人権は自由な社会にとって必要不可欠なものである。基本的人権は、以下のようにいくつかの性質をもつとされる。

（1）固有性　人権は国家や天皇、憲法から与えられるものではなく、人間であれば当然に有する権利であるとする考え方を、**人権の固有性**という。人権を神から与えられた**前国家的権利**（国家や憲法以前に人間として当然に保障されるべき権利）と捉える**自然権**思想と接合する考え方である。日本国憲法11条、97条が基本的人権を「永久の権利」と表現していることにも、人権の固有性を読み取れる。自然権の背景には、人権は神から与えられた権利であり世俗国家がこれを侵害してはならない、とするキリスト教的思想がある。しかし、現代ではそういった宗教的な背景を捨象し、すべての人間が生まれながらに保有する**人間の尊厳**を想定する考え方が有力である。

人権が人間である以上当然に認められるべきものだとすれば、これを憲法にリストアップする必要はないようにも思われる。しかし、憲法の条文として明確に記載することは、人権保障を確実にするために一定の意義があるだろう。また学説には、一般的、日常的に使われる「人権」と法的に保護されるべき「憲法が保障する権利」を厳密に区別して用いるべきとの見解もある。

（2）普遍性　人権は、性別、人種、身分などの個人のさまざまな属性にかかわらず、人間が当然に享有するものである。これを**人権の普遍性**という。日本国憲法では、11条で「国民は、すべての基本的人権の享有を妨げられない」と規定されている。もっとも、後述のように、外国人や天皇、未成年者、在監者のように一部の人権を制約される場合も存在する。

（3）不可侵性　人権は侵されてはならない。この考え方を**人権の不可侵性**という。**大日本帝国憲法**では、**法律の留保**の下、法律による人権の制約が可能とされていた。これに対して、**日本国憲法**11条、97条は人権を「侵すことのできない」権利として人権の不可侵性を謳っている。これは、特に公権力から人権を侵されないことを念頭に置いたものである。もっとも、現代社会においては、メディアや会社など公権力ではなくても社会的に大きな影響力をもつ主体が想定される。こういった私人による人権侵害の問題も併せて議論される必要がある（本章Ⅳ参照）。

2　人権の体系

（1）　人権の分類　　多様な性質をもつ人権の種類をどのように分類するかについては、古くから議論がある。ドイツの法学者**ゲオルグ・イェリネック**は、国民の地位の観点から、国家と国民の関係を次のように分類している。国家から義務を課される受動的地位（義務）、国家から介入を受けない消極的地位（自由権）、国民が自身の自由のために国家に対する請求を行う積極的地位（受益権）、国民が国家の政策に能動的に関与する能動的地位（参政権）である。このうち、消極的地位、積極的地位、能動的地位が人権に該当する。イェリネックの分類では、平等や包括的人権（基本権）など日本国憲法の重要な権利が対応しない場合もあるが、多くの学説が分析のメルクマールとしてイェリネックによる基本的人権の分類を参照している。

日本国憲法の諸権利に適応するような分類として特に知られているのは、**宮澤俊義**によるものである。宮澤は、国家の介入が存在しない状態である「自由」、国家の介入からの消極的な自由である**自由権**、国家に対する積極的な要求を行う**社会権**、国家に能動的に参加するための権利（**国務請求権**、**参政権**など）という分類を用いている。

現在では、人権は**自由権**、**参政権**、**社会権**に大別されるのが一般的である。もっとも、ここまで見てきた分類はあくまでも諸自由を理解しやすくするための便宜的なものであり、実際にはこの分類に当てはまらない権利や、横断的な権利も存在する。

（2）　自由権　　自由権とは、「国家からの自由」と言い換えることのできる権利で、国家権力が個人の諸自由へ介入することを禁じ、個人の自由な活動を保障するものである。この権利には思想・良心の自由や表現の自由のような**精神的自由権**、国家による不当な身体の拘束を禁じた**人身の自由**、原則として自由な経済活動を認める**経済的自由権**などが含まれる。自由権は人権保障の核心に据えられる重要な権利である。

自由権は原則として国家の干渉を排する権利と考えられるが、自由権にカテゴライズされる自由の中でも、国家の積極的な保護を必要とする場合が少なくない。例えば、国からの特別な情報提供や取材への便宜を要求するメディアの自由などがその典型である。

（3）　参政権　　**参政権**は、民主主義の基盤となる権利であり、国政への参加を認める権利である。具体的には、選挙権、被選挙権が含まれるほか、請願権、最高裁判所の国民審査がこれに含まれる。また、憲法改正の国民投票についても広い意味で参政権にカテゴライズされることがある。

（4）　社会権　　**社会権**は、第一次世界大戦のドイツを嚆矢とする比較的新しい権利である。資本主義の伸長や社会福祉を担ってきた教会やギルドの衰退は、失業や貧困といった問題を生じさせることとなった。これに伴い、人権のあり方にも転換が求められ、労働者の権利や生存権などの新たな自由が取り入れられていく。社会権の特徴は、国家に対して社会的・経済的な問題を解決するよう積極的に要求する権利ということである。

（5）　新しい人権　　社会の発展に伴って、憲法制定時には想定されていない新しい問題が生じることがある。こういった問題に対処するために、**新しい人権**の保障が主張されている。この中には、**人格権**、**プライバシー権**、**環境権**、**知る権利**、**平和的生存権**などが含まれる。

新しい人権の多くは日本国憲法13条を根拠としている。これらの人権の中には、プライバシー権のように一般に認知されているものから、環境権や平和的生存権のように、具体的内容が曖昧なものや、権利の存在について否定的な論者が多い権利まで、さまざまなものが含まれる。権利とそうでないものの線引きが必要となるが、通説では人権の固有性から、社会の発展の中で、ある種の利益を権利として認める必要がある場合に、「新しい人権」として憲法上の保障がなされると考えられている。冒頭の写真で挙げた同性愛者の権利なども、新しい人権に含まれるだろう。

（6）　制度的保障　　☞人権保障の際に、個人の人権を直接守ろうとする権利のみならず、特定の「制度」を保護することで、間接的に人権を保障しようとする**制度的保障**という考え方がある。制度的保障の例としてよく挙げられるのは、**信教の自由**を保障するために国家が特定の宗教を支援することを禁ずる**政教分離**であり、**津地鎮祭訴訟**において最高裁判所も制度的保障に言及している。このほかにも、**婚姻の自由**や、**大学の自治**を背景にもつ**学問の自由**が制度的保障の問題として語られる。

制度的保障は、ドイツの憲法学者、**カール・シュミット**に端を発する考え方である。しかし、シュミットが想定していた制度的保障は、地方自治や大学の自治など、国家にすでに存在する制度をその目的に即して保障しようとする考え方である。これは、歴史的に形成されてきた制度への「特権」であり、従来日本でいわれていたような人権保障のためのものとは異なる性質をもつとの有力な見解がある。

もっとも、シュミットの考える制度的保障とは別のものとして、日本において人権保障のための間接的な手段として制度的保障を想定することには意義がある。しかし、この場合、制度の保障を優先し、人権への制約を許容してしまう恐れがある。これを防ぐために、通説では、制度的保障が妥当するのは、①保障される「制度の核心」の内容が明確であり、②制度と人権が明確に関係している場合に限定すべきとされている。

3　国民の義務

日本国憲法の人権条項は、国家権力を制約し個人の権利を保護するためのものと考えられるが、例外的に3つの義務が存在する。**納税の義務**、**勤労の義務**、**教育を受けさせる義務**である。また、日本国憲法12条では「自由及び権利は、国民の不断の努力によって、これを保持しなければならない」とされており、これも一種の義務規定と見なすことができる。憲法が国家権力を制限し国民の権利を保障する法である、という**立憲主義**の考え方から見たときに、上記の義務規定は異質なものであるため、これらをどのように理解すればよいかが問題となる。

有力な学説は、これらの規定は国民に具体的な義務を課すものではなく、倫理的指針を定めたに過ぎないものと解している。また、納税の義務のように、**租税法律主義**（憲法84条）など国家が国民に義務を課す際の限界を定めたものと解される場合もある。

Ⅱ　人権の主体

1　人権の享有主体と国民の要件

☞基本的人権は、人種、性別、社会的身分などの個人の属性にかかわらず、すべての人間が享有できる権利である。しかし、一般に、居住・移転の自由に基づき外国人でも自由に日本に入国する権利があるとは考えにくい。また、法人のように、自然人ではなくとも一定の権利保障が想定される場合もある。人権が保障される主体のことを、**人権の享有主体**という。

日本国憲法10条は、「日本国民たる要件は、法律でこれを定める」と規定しており、具体的には**国籍法**によって国民たる資格が定められている。日本の国籍法は原則として血統主義をとっており、父、または母が日本国民であれば子は日本国籍を取得することができる。1984年の国籍法改正以前は、父系優先主義を採用し、母のみが日本国民である場合の国籍取得は制限されていたが、現在は改められている。また、2008年の改正以前は、日本国民の父と外国民の母の間に生まれた非嫡出子は、両親の結婚によって準正となった場合のみに日本国籍の取得が認められていたが、**国籍法違憲判決**（最大判平20・6・4民集62巻6号1367頁）で合理的な理由のない差別であり、日本国憲法14条１項に違反すると判断され、現在では改められている。

2　外 国 人

☞日本国憲法第３章は「国民の権利及び義務」を定めており、国民ではない外国人が人権の享有主体となりうるか否かが問題となる。外国人の人権享有主体性については、憲法で「国民」、「何人」という２つの言葉が使い分けられていることに着目し、後者のみすべての人間が享有できる権利と考える**文言説**もある。しかしながら、現在の学説では、各権利の性質によって外国人が人権の享有主体となるかどうかを判断していくという**権利性質説**が通説となっている。この考え方は**マクリーン事件**判決において、最高裁も採用するところとなった。もっとも、権利性質説をとる場合、外国人に認められる人権とそうではない人権をどのように線引きしていくか考える必要がある。

〔判　例〕 **★マクリーン事件**（最大判昭53・10・4民集32巻7号1223頁）

日本で英語教師をしていたアメリカ人のマクリーンが、ベトナム戦争に反対する政治活動に従事したことを理由に法務大臣から在留期間更新の申請を拒否された事件である。最高裁は、基本的人権の保障は権利の性質上日本人のみを対象とするものを除き外国人にも適用されるとして権利性質説を採用した。そして、外国人にも政治活動の自由が認められるものの、日本に入国する自由や在留の権利、引き続き在留する権利などの居住移転の自由は保障されず、したがって外国人の人権は「外国人在留制度のわく内で与えられているにすぎ」ず、「在留期間中の憲法の基本的人権の保障を受ける行為を在留期間の更新の際に消極的な事情としてしんしやくされないことまでの保障が与えられているものと解することはできない」として、事実上政治活動に基づく在留期間更新の拒否を容認した。このような最高裁の立場に対しては、政治的自由にとどまらず、非正規滞在の外国人等の収容に際して国際法や憲法上の権利を実質的に奪い、恣意的な収容や収容の長期化につながっているなど、多くの批判がある。

（**1**） 居住移転の自由　　外国人には**居住・移転の自由**に基づく**入国の自由**は認められない。前出のマクリーン事件では政治活動を行ったマクリーンの再入国が認められなかった。また、**森川キャサリーン事件**（最判平4・11・16裁判集民166号575頁）では、日本人の夫をもち日本に定住していた森川キャサリーンが、再入国の際の指紋押捺を拒否したことを理由に、海外旅行のために行う事前の再入国申請を拒否され訴訟となったが、最高裁は外国人が外国に一時旅行する権利を否定した。これについて、日本に定住し生活の基盤がある外国人に対しても厳しい再入国審査を行うことには批判も多い。

（**2**） 参政権　　外国人の**参政権**は大きく制限される。公職選挙法は、地方・国を問わず、**選挙権**、**被選挙権**を日本国民に限定している。国政に関しては、一部の学説では日本国民と同様に日本に定着し、生活をしている外国人について参政権を認める見解もあるが、少数説にとどまる。むしろ、外交や国家の重要な方針決定を行う国政の性質から、外国人に国政に関する参政権は認められないとする学説が一般的である。最高裁は**外国人国政参政権訴訟**（最判平5・2・26判時1452号37頁）で、参政権は後国家的権利であり、その性質上外国人には認められない権利であると判示した。

一方、地方参政権に関しては外国人への参政権付与が憲法上禁じられているとする否定説、外国人への参政権付与は憲法上許容できるとする許容説、外国人への参政権付与が憲法上要請されるとする要請説で分かれている。最高裁は**外国人地方選挙権訴訟**で、日本国憲法は外国人に地方参政権を保障しているわけではないが、立法によりこれを保障することも憲法には違反しないとして、許容説の立場をとることを明らかにした。もっとも、住民の生活と密接に関係する地方参政権については定住外国人にも認めるべきとの学説も有力である。

〔判　例〕　**★外国人地方選挙権訴訟**（最判平7・2・28民集49巻2号639頁）

在日韓国人の上告人らが地方選挙権を求めて争った訴訟。最高裁は、日本国憲法93条2項の「住民」とは地方公共団体の区域内に居住する日本国民を指すものと解釈し、したがって、外国人に対して地方選挙権を保障したものではないと判示した。もっとも、この判決で注目されるのは、日本国憲法の地方自治に関する規定は住民の日常生活に密接な関連を有する公共的事務を住民の意思により処理するという政治形態を理想としているとし、居住する区域と密接な関わりをもつ永住者等の外国人について、地方議会、首長などの選挙権を付与する措置を講ずることは禁じられていないと明らかにした点である。この点をもって、最高裁は地方選挙権については許容説をとっていると解される。

関連して、外国人の**公務就任権**に関しても訴訟がある。例えば、外交官のように、対外主権を代表する性質上、国籍を有することが就任の要件になっている公務員もある。また、**地方公共団体**などの採用試験で国籍の要件を課す場合があるほか、かつては国立大学の講師以上の職に外国人が就くことはできなかった（現在では外国人でも教授になることができる）。外国人の公務就任権について、最高裁は、地方行政に大きな影響力を及ぼす管理職などについては、外国人であることを理由に就任させないことを合憲と判断している。

〔判　例〕　**★東京都管理職試験訴訟**（最大判平17・1・26民集59巻1号128頁）

東京都に保健婦として雇用されていた被上告人が管理職試験を受験しようとしたところ、日本国籍を有しないことを理由に受験が認められなかった事例である。最高裁は、「公権力行使等地方公務員」という概念を用い、これらの公務員が住民の生活に大きな影響を及ぼしうることから、原則として日本人の就任が想定されているとした。その上で、管理職の任用制度を地方公共団体の裁量に委ね、日本国民のみを採用の対象とすることは、**特別永住者**も含め、外国人に対する不当な差別とはいえず、日本国憲法14条１項には違反しないとされた。

（３）社会権　　外国人の**社会権**は全く排除されるわけではないものの、日本人とは区別して考えられる。**塩見訴訟**（最判平元・３・２判時1363号68頁）では、外国人への社会福祉の適用は政治的判断に委ねられており、限られた財源の中でどのように外国人の社会権を認めるかは、日本人を優遇することも含めて、立法に広い**裁量**が認められるとされている。

また、日本の旧植民地出身者が日本国籍を喪失したことに伴い不利益を受けているとして訴訟となった事例も数多いが、いずれも原告が敗訴している。戦前に日本国籍であり、日本の軍人や軍属であった者やその遺族が年金や戦後補償を受けられないのは、外国人に対する不当な差別であるとして争った**台湾人元軍人・軍属国賠請求訴訟**、**在日韓国人元軍属障害年金訴訟**（最判平13・４・５判時1751号68頁）、**韓国人戦争犠牲者補償請求事件**（最判平16・11・29判時1879号58頁）では、いずれも、戦争という非常事態の損害について日本国民のみに政策的な特別な配慮をしたとしても憲法14条１項には違反せず、合憲であるとされている。

〔判　例〕　**★台湾人元軍人・軍属国賠請求訴訟**（最判平４・４・28判時1422号91頁）

第二次世界大戦の際に軍人、軍属であった者またはその遺族への恩給・年金の支給を規定する戦傷病者戦没者遺族等援護法は、日本国籍を失った際にこれを受ける資格を失うこととされていた。台湾（中華民国）の住民である上告人は、この規定がもともと日本国籍を有していた台湾人への不当な差別であり日本国憲法14条に違反するとして訴訟を起こした。最高裁は、戦争による犠牲や損害は非常事態の下、国民の等しく受忍しなければならないところであり、これへの保障は政策的見地から配慮が与えられているに過ぎないものとし、受給を日本人に限定したとしても不当な差別には当たらないと判示した。

コラム　外国人の人権に関しては、日本独自の問題として特別永住者の存在がある。朝鮮半島、台湾の旧植民地出身者は、**サンフランシスコ平和条約**締結時に日本国籍を一律に喪失し、出身国の国籍とされた。その際、1945年 8 月の敗戦の以前から日本に居住していた者およびその子孫については「法定特別永住者」として引き続き日本に住むことができるような施策がなされた。特別永住者は平和条約締結以前は日本人であった人々であり、外国人の人権に権利の性質に応じた制約が課されるとしても、歴史的背景を踏まえた一定の配慮がなされるべきであろう。

3 法　人

☞人権はもともと自然人たる人間が当然に有する権利であり、会社や団体などの法人はその対象として想定されていなかった。しかし、現代社会においては会社をはじめとする**法人**が社会の中で重要な役割を果たしており、それに伴って法人を人権の享有主体として認めるかどうかが問題となった。これについて、**八幡製鉄政治献金事件**では、人権の性質上可能な限り法人も人権の享有主体性が認められると判示し、会社にも政治的行為をする自由が認められると明らかにした。

〔判　例〕　**★八幡製鉄政治献金事件**（最大判昭45・6・24民集24巻 6 号625頁）

法人である八幡製鉄が自民党に対して350万円の政治献金をしたところ、株主から定款逸脱による違法行為であるとして訴えられた事例。最高裁は、日本国憲法 3 章で定められた諸権利は性質上可能な限り日本の法人にも適用されると解すべきであるとし、政治資金の寄付も含め、特定の政策を支持し、またはそれに反対する政治行為をなす自由があると判示した。この判決により法人が人権の享有主体になることが明らかになり、また法人は自然人と区別されることなく政治的行為を行う権利があることが確認された。もっとも、次に見るように、法人に政治献金を認めることで、自然人たる内部の構成員の政治的自由と衝突する場合もある。法人がある程度の人権を享有することについてはほとんど異論はないが、どの程度認めるべきかについては学説が分かれている。

☞ところが、法人に人権の享有主体性を認めると、内部の構成員の人権との衝突が生じる場合がある。特に、弁護士会や税理士会などの**強制加入団体**は、法人の政治的活動と会員の政治的信条に齟齬をきたすなどの問題が生じやすい。この問題について、**南九州税理士会事件**の最高裁判決は、脱退の自由が認められない税理士会の場合、会員の思想・良心の自由に配慮して、目的の範囲外の政治献金は許されないと判示している。また、日本には**ショップ制労組**と呼ばれる雇用関係と労働組合への加入を連動させる仕組みを採用している労働組合がある。例えば、従業員が労働組合に加入しない場合や組合員の資格を失った場合に従業員としての資格も合わせて失う**ユニオン・ショップ協定**を結んでいるような場合、労働組合の政治献金等が許容されるか否かも問題となりうるだろう。

〔判　例〕　**★南九州税理士会事件**（最判平8・3・19民集50巻3号615頁）

強制加入団体である南九州税理士会は、通常の会費とは別に、政治献金に用いるための特別会費5000円を徴収していた。会員であった原告が特別会費の支払いを拒否したところ、役員選挙の選挙権、被選挙権を停止されたため、慰謝料を請求するため訴訟を起こした。最高裁は税理士会が強制加入団体であり実質的に脱退の自由がないことを理由に、会員の思想・良心の自由への一定の配慮が必要であること、政治献金は税理士会の目的の範囲外の行為であることを理由に、原告の訴えを認めている。

4　天皇と皇族

☞**天皇**と皇族は一般に日本国籍を有するものと解されるけれども、戸籍を有しないなど特殊な法的地位にあり、人権の享有主体であるか否か、議論が分かれている。もっとも、天皇・皇族を人権享有主体と見なすか否かにかかわらず、世襲による継承により象徴たる地位を与えられる天皇の性質上、多くの人権が制約されることとなるため、保障される人権の種類や程度が最も重要な問題となる。

もっとも代表的なものとして、天皇や皇族には**参政権**は認められず、選挙権、被選挙権ともに有しない。天皇は日本国憲法で国政に関する権能をもたないと定められており、また、皇族も天皇の家族という特殊な地位をもつことを理由に参政権を否定されている。一般には、天皇や皇族の参政権を否定することは合憲と理解されているが、特に皇族に関しては、あくまでも皇位継承者の予備軍であり、一般の国民と比較して極端に参政権を制約することについて異論もある。

このほか、**居住・移転の自由**、**国籍離脱の自由**、特定の**政党**に加入する権利などは天皇の象徴的地位から認められない。また、天皇の政治的中立性の観点から、**表現の自由**や**信教の自由**なども大幅に制限されると考えられる。さらに、天皇には刑事裁判権は及ばないと考えられるほか、**記帳所設置費用返還訴訟**（最判平元・11・20民集43巻10号1160頁）では、民事裁判権も及ばないことが確認された。

5　子ども

原則として、人権はすべての人に及ぶべきものであり、それは未成年の子どもも例外ではない。とはいえ、権利の性質上一定の年齢をその要件とすべきものもある。例えば参政権が典型的で、ほとんどの国では一定の年齢に達していることを条件に**参政権**が認められる。これは、子どもは人権の享有主体ではないというわけではなく、参政権という権利の性質の問題に由来する制約であると考えることができるだろう。

コラム　日本では2016年より、選挙権年齢が20歳から18歳に引き下げられた。これに伴い、学生、特に高校生の政治活動の自由への制約が問題となった。選挙権が認められるというのは、単に投票ができるというのみならず、自身の判断で選挙運動などの政治活動が行えなければならない。ところが、文部科学省の従来の通達では、高校生の政治活動を禁じていた。このため、年齢引き下げを機に文部科学省は通達を撤回し、新たな通知を出し対応した。もっとも、選挙権を与えられない年齢の子どもであっても一切の政治活動を禁じることが妥当か否かには疑問が残る。近年では、子どもと大人の区分を人種やジェンダーの区分と同様のものとみなすべきとの問題提起もある。

その一方で、無償で**義務教育**を受ける権利のように、子どもであるがゆえに特に認められる権利も存在する。また、子どもへの権利の制約は、心身の健全な発達を図り、子どもの利益に資するためのものであることに留意する必要がある。

コラム　子どもの人権の制約は、子どもが成長の途上であり、判断力などに欠けることを正当化の理由とする。一方で、中学校や高等学校の校則で、髪型やバイク免許取得などの制約がどこまで許容されるかについては**自己決定権**の観点から議論がある（第6章Ⅰ参照）。国際的にも、児童の権利に関する条約29条で「人権及び基本的自由並びに国際連合憲章にうたう原則の尊重を育成すること。」と言及されているほか、アメリカ合衆国のティンカー判決（Tinker v. Des Moines Independent Community School District, 393 U.S. 503 (1969)）では、「生徒も教師も、校門をくぐったとたんに言論、表現の自由への憲法上の権利を失うものではない」という有名な一節で子どもの人権を謳っている。

Ⅲ　人権の制約

1　公共の福祉の概念

☞日本国憲法によれば、人権は、「侵すことのできない永久の権利」（11条）として与えられている。もっとも、人権は「常に**公共の福祉**のために」利用しなければならない（12条）。また、権利は「公共の福祉に反しない限り」最大の尊重を必要とする（13条）とされる。憲法はこれらの一般的な規定のほかに、居住・移転および職業選択の自由を保障する22条1項と財産権を保障する29条2項にも公共の福祉の規定をもっている。つまり、日本国憲法は公共の福祉によって権利が制約されうる場合を想定していると考えられる。公共の福祉とはどのような概念なのだろうか。これについては学説上の対立がある。

日本国憲法制定直後は、**一元的外在制約説**が唱えられた。12条、13条の公共の福祉によって、権利の種別にかかわらず一般的に人権は制約されうるという考え方である。しかし、公共の福祉の内容が曖昧で漠然としていることに加え、法律は通常何らかの意味で公共の福祉のために制定されるといえるため、人権に**法律の留保**を認めていた**明治憲法**と大差がなくなってしまう危険がある。

以上の問題点を克服するために、**内在・外在二元的制約説**は、12条、13条は法的な意味を持たない規定であるとし、公共の福祉に基づいた権利外在的な政策的考慮による人権制約が許されるのは明文規定がある22条、29条の保障する経済的自由と、社会権などの国家の積極的政策を求める権利のみであり、その他の自由権には、各権利の性質上当然に存在する内在的制約のみが許されるとする。しかしこの説に対しても、一般的に権利は社会権的側面と自由権的側面を併せもつこと、外在的制約と内在的制約の区別が明確でないこと、13条の法的意味を否定することでプライバシー権などのいわゆる「新しい人権」を基礎づけられないことなどが問題点として指摘されてきた。

そこで新たに唱えられたのが**一元的内在制約説**である。この説は、公共の福祉を人権相互間に生じる矛盾・衝突を調整するための実質的公平の原理として理解する。人権が制約されるのは、他者の人権との衝突を解消する場合に限られるというのである。この説は、すべての人権に内在するが、権利の性質の相違に応じて異なった働きをする制約原理として公共の福祉概念を明確化し、13条の法規範性も認めるため長く通説的な地位を占めた。

しかし、近年、一元的内在制約説に対する批判が有力になっている。この批判によれば、人権を制約するのは他の人権しかありえないとする立場は、「人権」という言葉を極めて広い意味で用いない限り維持できない。例えば、美観風致のための**屋外広告禁止条例**は**表現の自由**を規制するものと考えられるが、その際に制約根拠として主張される街の美観、静穏は、個々人の人権には還元できず、社会全体の利益と考えるのが自然である。公共の福祉を一元的内在制約説のように理解しては、現実を説明できないだけでなく、人権を拡張しすぎることによって逆に人権制約を容易にしてしまう危険性がある。こうした批判を背景に、「人権」を、公共の福祉では制限されえない、より限定的なものと解釈する学説も有力である。

もっとも、以上の学説の対立にもかかわらず、結局、ある人権が制約されるかどうかは、人権の性質や法律の規定などの具体的な状況に依存するところが大きい。したがって、現代の学説は、具体的な人権についてどのような場合であればそれが制約されうるかを、より細分化して考えようとしている。そのために主に憲法訴訟の領域で探求されてきたのが、いわゆる**司法審査基準論**（**違憲審査基準論**）である。

2　二重の基準論

☞司法審査基準論を考える際の基本的な考えとして学説から広く支持を得てきたのが**二重の基準論**である。これは、**表現の自由**などの**精神的自由**は、**経済的自由**に比べて優越的地位を占め、これを制限する国家の行為に対する審査基準は、経済的自由に対するものよりも厳格なものが用いられるべきであるとする。その根拠、程度については議論があるが、この説が生まれたアメリカでは判例も採用する通説的な考え方となっている。

アメリカではこの二重の基準論に基づき、主に判例によって以下に代表されるような具体的な**司法審査基準論**が発達した。すなわち、表現の自由などの精神的自由や人種差別的な立法に対しては**厳格審査基準**が適用される。これは、権利を制約しようとする政府の目的がやむにやまれぬもの（compelling）であり、かつ、制約の手段が目的に照らして厳密に整えられていること（narrowly tailored）を要求する。経済的自由に対する規制に対しては**合理性の基準**が適用される。これは、政府の目的が正当であり、かつ、制約の手段が目的と合理的関連性をもつことを要求する。性差別などのようなどちらにも当てはまらない事案に対しては**中間審査基準**が適用される。これは、政府の目的が重要であり、かつ制約の手段が目的と実質的な関連性をもつことを要求する。

また、最近の学説における有力な見解として**三段階審査論**がある。ドイツの連邦憲法裁判所の手法を参考にしたこの説は、典型的な自由権侵害の場合を例にとると、訴訟において①保護範囲（当該行為が憲法上の権利として保護されるか）②侵害の程度、態様の確定③侵害の程度、態様によって決定された審査密度に基づいて正当化可能かを審査することを提唱する。アメリカに由来する司法審査基準論との異同や判例の理解も含め、学説では現在も議論が続いている。

日本の最高裁は、当初、**公共の福祉**を持ち出し（**一元的外在制約説**）、比較的簡単に権利制約を認めていた。これに対して学説は、前述のような公共の福祉論を発展させながら強く批判した。この状況を変えたのが、後述する全逓東京中郵事件における**比較衡量論**である。同判決は、公務員の労働基本権を尊重しつつ、国民生活全体の利益に反してはならないという権利の内在的制約を論じ、両者の比較衡量をしながら、**労働基本権**の制約が可能な場合を限定した。同判決自体は後に覆されたが、その後、判例は多くの分野で比較衡量論を用いるようになった。しかし、比較衡量論はどのように価値を認定するのかが不明確であり、裁判官が恣意的にこれを判断してしまう恐れがある。裁判官の判断を枠づけるために、学説によって二重の基準論および司法審査基準論が提唱されたのである。日本の判例においても、かつて**小売市場距離制限事件**（最大判昭47・11・22刑集26巻９号586頁）や**薬局距離制限事件**（最大判昭50・4・30民集29巻４号572頁）において二重の基準論に近い発想がとられていたが、審査基準として明確化されたとはいえず、最高裁が精神的自由に関する立法を違憲としたこともない。

Ⅳ　人権の適用範囲

1　特別権力関係の理論

☞人権は、人権の享有主体であれば何人にも与えられるはずである。しかし伝統的に、公務員、在監者と国家との関係等では、法律の根拠なく人権を制約することが可能であり、かつ、司法審査も及ばないという**特別権力関係**と呼ばれる議論が存在した。これは明治憲法下における議論であり、人権保障を基調とする日本国憲法において通用するものではない。

もっとも、**富山大学事件**（最判昭52・３・15民集31巻２号234頁）では、大学は一般社会とは異なる秩序に基づいているとの理由から、単位認定行為のような大学内部における問題は一般市民法秩序と直接の関係をもたない限り司法審査の対象とはならないとした（**部分社会の法理**）。また、公立男子中学生の髪型を巡るいわゆる**熊本丸刈り訴訟**（熊本地判昭60・11・13行集36巻11＝12号1875頁）では、中学校長も生徒を規律する校則を定める包括的な権能を有するとされた。これらに対しては、在学関係というだけで特別権力関係論と同様の議論を当てはめるものであるとの批判がなされている。このような過度な類型化による人権制約を安易に認めるべきではなく、個別の場面ごとにきめ細やかな検討が必要である。

2 公務員の人権

（1） 政治的活動　公務員は政治的活動と**労働基本権**が法律によって広く制約されており、その合憲性が議論されてきた。郵便局に勤める現業公務員が勤務時間外に選挙ポスターを公営掲示板に掲示するなどした行為が、政治的活動を禁じる**国家公務員法**102条1項に違反したとして起訴された**猿払事件**について、最高裁判決は、**適用違憲**とした下級審判決を覆し、同条項は合憲であり、そうである以上その適用も合憲であるとして広範な政治的活動の制約を容認した。しかし、政治的意見表明という極めて重要な人権に対し、個別的事情に関わらず一律に刑事罰を科すという一般国民には許されないはずの重大な制約を、国民の信頼や**全体の奉仕者**（憲法15条2項）性などの抽象的な利益によって認めてよいのかなど、さまざまな点で学説から強く批判されている。

〔判　例〕 **★猿払事件判決**（最大判昭49・11・6刑集28巻9号393頁）
①立法目的②手段と目的の合理的関連性③規制により得られる利益と失われる利益の**比較衡量**という審査基準を立て①行政の中立的運営とそれに対する国民の信頼の維持という立法目的は正当である。②公務員の政治的行為の禁止とこの立法目的との間には合理的関連性がある。③公務員の意見表明の自由の制約は、政治的行為を禁止することに伴う間接的、付随的制約であり、それによって失われる利益は政治活動の禁止によって得られる利益と均衡を失するわけではない、として国公法102条1項を合憲とした。

2012年には、猿払事件とほとんど同種の事案に関する2つの最高裁判決が同日に下された。国公法102条1項は合憲としつつ、同条項違反となる行為を限定的に解釈した上で、当該事件の具体的な事情をそれに当てはめた点が特徴的である。**堀越事件**判決（最判平24・12・7刑集66巻12号1337頁）は、被告人の担当する業務内容が裁量の余地のないものだった点を重視し、同法違反には当たらないとした。他方、**宇治橋事件**（最判平24・12・7刑集66巻12号1722頁）では、被告人が管理職的地位にあったことから公務員の政治的中立性を害する危険性が高いと判断され、被告人は有罪とされた。猿払判決を実質的に判例変更したとの評価もあるが、両判決の意義や射程については議論が続いている。

〔判　例〕　**★堀越事件判決**（最判平24・12・7刑集66巻12号1337頁）

社会保険事務所に勤務する国家公務員が政党を支援する目的をもって政党機関紙を勤務時間外に配布したことによって国公法102条１項違反に問われた事案。最高裁は、同条項は合憲であるとして猿払事件判決を覆すことはしなかったものの、本法によって「禁止の対象とされるものは、公務員の職務の遂行の政治的中立性を損なうおそれが実質的に認められる政治的行為に限られ」るとする基準を示し「管理職的地位になく、その職務の内容や権限に裁量の余地のない公務員によって、職務と全く無関係に、公務員により組織される団体の活動としての性格もなく行われたものであり、公務員による行為と認識し得る態様で行われたものでもない」行為は、公務員の政治的中立性に対する実質的な危険とはいえないから、被告人の行為は同法の構成要件には該当しないとして無罪判決を下した。

（**2**）　労働基本権　　**労働基本権**のうち、公務員には**争議権**（団体行動権）は認められていない。また警察職員など一部の現業公務員に対しては三権すべてが否認されている。争議行為の禁止に違反した場合には懲戒処分の対象となり、争議行為をあおるなどした者には刑罰が科される（国公法110条１項17号、地方公務員法61条４号）。初期の判例は、公務員は**全体の奉仕者**であること、かつ**公共の福祉**の観点から、争議権を全面的に禁止することも合憲としていた（最大判昭28・4・8刑集７巻４号775頁）。しかし、**全逓東京中郵事件**判決（最大判昭41・10・26刑集20巻８号901頁）によって、原則的に公務員に労働基本権が承認され、これを制限する場合には**比較衡量**の上、必要最小限のものにとどめなければならないとされた。同判決は**都教組事件**判決（最大判昭44・4・2刑集23巻５号305頁）によって地方公務員にも受け継がれ、公務員の人権を手厚く保障しようとするものとして学説に好意的に受け止められた。しかし、そのわずか４年後、**全農林警職法事件**判決は判例を変更し、公務員の争議行為の一律禁止を合憲とした。同判決は地方公務員（最大判昭51・5・21刑集30巻５号1178頁）および当時の公営企業体職員（**全逓名古屋中郵事件**判決＝最大判昭52・5・4刑集31巻３号182頁）にも継承された。基本的人権である争議権を、公務員であるということのみによって一律かつ全面的に剥奪することに学説は総じて批判的である。

〔判　例〕 **★全農林警職法事件**（最大判昭48・4・25刑集27巻4号547頁）
国家公務員が争議行為をあおったことについて国公法110条1項17号によって起訴された事案で、最高裁は次の4つの理由から争議行為の一律かつ全面禁止を合憲とした。①公務員には「地位の特殊性」と「職務の公共性」がある。②公務員の勤務条件は国会の立法によるため、争議行為は立法権に圧力をかけることになり、議会民主主義に背馳する。③公務員の争議行為には市場の機能などの抑制がない。④公務員には人事院という争議行為禁止の代償措置がある。

3　在監者の人権

☞在監者は**移動の自由**など多くの人権を制限される。有力な学説は、その正当化根拠を、憲法31条などが在監関係を予定していることに求める。しかし、だからといっていかなる人権制約も正当化されるわけではなく、刑罰や未決拘禁の目的に照らして判断する必要がある。これまで問題になってきたのは、旧監獄法における図書・新聞紙の閲読制限、信書の発受・接見の制限であった。よど号ハイジャック記事抹消事件において、最高裁は新聞を読む自由が**表現の自由**で保障されることを認めながらも、一定の条件下ではそれを制限することも合憲であるとした。また、死刑囚が死刑制度の是非に関する新聞社宛て投稿の発信を拘置所長に不許可とされたため、その処分の取消しを求めた**死刑囚信書発受不許可事件**（最判平11・2・26判時1682号12頁）でも、最高裁は拘置所長の裁量を広く認め、これを適法とした。

〔判　例〕 **★よど号ハイジャック記事抹消事件**（最大判昭58・6・22民集37巻5号793頁）
未決拘禁者に対して監獄法31条2項に基づいてよど号ハイジャック事件に関する記事をすべて黒塗りにした新聞紙を配布したことについて、知る自由を侵害されたとして同条項の違憲性を訴えた事案。最高裁は、新聞紙等の閲読の自由は憲法上保障されるため、これを制約するためには、逃亡、罪証隠滅の防止および監獄内の規律、秩序の維持という目的を害する「相当の蓋然性」が必要であり、かつその場合も制約の程度は「必要かつ合理的な範囲」にとどめられなければならないとの基準を設定した。その上で、本件においては、規律および秩序が害される相当の蓋然性があるとして合憲とした。

4　憲法の私人間効力

☞伝統的に、憲法は、何よりもまず国家権力から人権を保障するために存在すると考えられてきた（第１章Ⅲ参照）。しかし、現代社会において、人権は国家だけではなく、大きな力をもつ企業やメディアなどの社会的権力によっても脅かされるようになり、私人による人権侵害をも憲法によって統制しようとする考え方が生まれた。これが**憲法の私人間（第三者）効力**の問題である。学説は、憲法上の権利や価値は私人間には一切適用されないとする**無適用説**に反対し、何らかの形で私人間にも憲法の価値を反映させるべき場合があるとする点でほぼ一致する。なお、投票の秘密を定める憲法15条４項、**奴隷的拘束**を禁止する憲法18条、家族生活で両性の平等を定める24条、**労働基本権**を保障する28条は、条文の趣旨からして、当然に私法上の効力をもつとされてきた。

直接適用説は、憲法上の権利条項は私法上も直接適用できると主張する。しかし、これには私的自治の原則を大きく損なうとの批判があり、正面からこの説を採用する論者は少ない。通説的見解は**間接適用説**である。この説は**三菱樹脂事件**で判例にも採用されたといわれている。すなわち、憲法の自由権、**平等権**は「もっぱら国または公共団体と個人との関係を規律するものであり、私人相互の関係を直接規律することを予定するものではな」く、対立の調整は「原則として私的自治に委ねられ」る。その上で、私人間での人権侵害については「その態様、程度が社会的に許容しうる限度を超えるときには」立法措置によって、あるいは民法１条、90条の**一般条項**（一般的規定）または**不法行為**に関する規定によって適切な調整を図ることができるという。この説によれば、人権侵害の態様、程度が甚だしい場合には公序良俗規定などの民法の一般規定に憲法の規定の趣旨を読み込み、間接的に憲法を適用することになる。

新無適用説、**最高法規性説**や**基本権保護義務論**など、私人間効力に関する学説は他にも存在するが、ここでは判例がどこまでを**私的自治**に委ねているのか、どのように「適切な調整」を行っているのかについて、問題状況を**法律行為**と事実行為に分けて概観したい。

〔判　例〕 **★三菱樹脂事件**（最大判昭48・12・12民集27巻11号1536頁）

原告Ｘは被告会社Ｙに３カ月の試用期間付きで採用されたが、入社の際に学生運動や生協理事として活動していたことを秘匿し、虚偽の申告をしたとして試用期間の満了前に本採用拒否とされた。これが憲法19条、14条に違反するとして労働契約関係の存在の確認を求めてＸがＹを提訴した事案。最高裁は本文で紹介したように憲法の直接適用を否定した後に、解雇が社会通念上相当といえるかの審理が尽くされていないとして差戻したが、後に和解が成立した。

法律行為（ないしそれに準ずる行為）が問題になる一つの類型は学則と学生の関係である。私立大学の学生が学則に反する政治的活動をしたとして退学処分を受けたことの合憲性が争われた**昭和女子大事件**（最判昭49・7・19民集28巻５号790頁）で、最高裁は三菱樹脂事件に依拠して憲法の直接適用を否定し、大学は国公立、私立を問わず設置目的を達成するために学則を一方的に制定し、それによって「在学する学生を規律する包括的権能を有する」と述べ、処分を適法とした。

また、三菱樹脂事件と同様に、法律行為の典型である契約関係において私人間効力が問題となりうる。**日産自動車事件**（最判昭56・3・24民集35巻２号300頁）で、最高裁は定年を男子満55歳、女子満50歳とする社則について、「性別のみによる不合理な差別」として憲法14条１項を参照しつつ民法90条により無効とした。もっとも、本判決は三菱樹脂事件を引用していない。**百里基地事件**（最判平元・6・20民集43巻６号385頁）では、最高裁は、国と私人の契約関係は基本的に私法上のものであり憲法は適用されないと判断した。三菱樹脂事件も含めて、一般に法律行為の場面では、明確な男女不平等など明らかに憲法価値に反するような場合を除いて、裁判所は契約を典型とする「私的自治」を優先しており、「適切な調整」には極めて消極的といえよう。

〔判　例〕 **★百里基地事件**（最判平元・6・20民集43巻６号385頁）

自衛隊基地建設のための国と私人との土地売買契約が憲法９条に違反しないかが問題になった事案。最高裁は、憲法が私法の解釈適用の「指導原理」となることは認めつつも、国は私人との間の売買契約を「私人と対等の立場で行う」ものであり、社会通念上、契約は無効とはいえないとした。

事実行為において私人間効力論に明確に言及する判決は少なく、その理論的整序にも議論があるが、これも広い意味で私人間効力の一局面と見ることができる。典型は不法行為である。女児を不法行為によって死亡させた場合の逸失利益に関する**女児年少者逸失利益訴訟**において、最高裁は、当初は女子のみとしていた平均賃金の基準を、全労働者を基礎として算定することも許容するようになった（最決平14・5・31交民集35巻3号607頁）。また、出版等によって**名誉**や**プライバシー**が侵害されたとして不法行為による損害賠償や出版差止めを求める民事訴訟でも、**表現の自由**と**名誉**や**プライバシー**という憲法に由来する価値が判断の基礎となっている（例えば、**北方ジャーナル事件**判決＝最大判昭61・6・11民集40巻4号872頁）。事実行為の場合、裁判所は「私的自治」を持ち出すことなく、一定程度人権の価値を私人間の紛争に反映させているといえよう。

【参考文献】

樋口陽一『国法学――人権原論』〔補訂版〕（有斐閣、2007）
愛敬浩二編『講座人権論の再定位2　人権の主体』（法律文化社、2010）
君塚正臣『憲法の私人間効力論』（悠々社、2008）
小山剛『基本権保護の法理』（成文堂、1998）
松本和彦「公共の福祉の概念」公法研究67号（2005）136-147頁

第 6 章　包括的基本権および生命・身体的自由

人間回復の橋・邑久長島大橋（岡山県）
ハンセン病患者は、長年、偏見のため、あらぬ差別を受け、隔離されてきた。
1988年、国立療養所のある島と本州とのわずか30mの水路にようやく橋がかかった。
出典：国立療養所邑久光明園ウェブサイト

I　幸福追求権

1　憲法13条の権利性

☞日本国憲法13条は、「すべて国民は、個人として尊重される。生命、自由及び幸福追求に対する国民の権利については、**公共の福祉**に反しない限り、立法その他の国政の上で、最大の尊重を必要とする」と謳う。これは、戦前の全体主義やなおも戦後日本に残る集団主義的傾向を否定する一方、他方で無政府主義や利己主義も否定して、**個人主義**・人間尊重主義を根幹とする**人権宣言**の一般原理、特に**アメリカ独立宣言**を淵源とするものと受け取られている。

コラム　アメリカ独立宣言の思想的支柱とされるジョン・ロック『統治二論』(1690)では、「幸福追求」ではなく「財産」が掲げられている。この点、ロックの『人間悟性論』(1690)を引用して両者は同じであるとする説、日本国憲法の理想主義の下で「財産」の発展形が「幸福追求」となったとする説がある。

以前は、13条はプログラム的・倫理的規定、人権宣言の一般原理に過ぎないとする説も強かった。また、第1文の「個人の尊重」の言い換えとする説、15条以下の個別的人権（人権カタログ）の根底に存する自然法的権利とする説、個別的人権の総称とする説などのように、13条に「切り札」的価値を認めない説も有力であった。しかし、本条が「権利」の語を含むこと、個別的人権で憲法上の人権は尽きるものではないこと、多くの**新しい人権**の主張の拠り所にできることなどから、その権利性が承認されてきた。そして、その位置や文言からして、他の個別的人権と並置される独自の個別的人権とこれを解する説は有力にならず、14条（**平等権**）と共に**包括的人権**（**基本権**）と解されるようになった。判例も13条の権利性を承認している（ただし、例は稀少）。

〔判　例〕　**★京都府学連事件**（最大判昭44・12・24刑集23巻12号1625頁）
　警察官が、集会の参加者を写真撮影した事案で、最高裁は、「何人も、その承諾なしに、みだりにその容ぼう・姿態（以下「容ぼう等」という。）を撮影されない自由を有し、警察官が、正当な理由もないのに、個人の容ぼう等を撮影することは、憲法13条の趣旨に反し許されない」が、本件のように「その対象の中に、犯人の容ぼう等のほか、犯人の身辺または 被写体とされた物件の近くにいたためこれを除外できない状況にある第三者である個人の容ぼう等を含むことになつても、憲法13条、35条に違反しない」などと判示し、集会参加者であった被告人を有罪とした。

ドイツ基本法（憲法）の影響から、第1文の**「個人の尊重」**を人権とする説もあるが、第2文に「権利」が明記されており、日本ではその必要はない。「生命」や「自由」に独自の意味を読み込む説（**予防接種禍訴訟**東京訴訟第一審＝東京地判昭59・5・18判時1118号28頁などを評価する）もあるが、多くの学説は、それも幸福追求の一側面であるとして、「生命、自由及び幸福追求」は一体のものと考え、総合的にこれを**幸福追求権**と呼称している。

> コラム　ナチスの統治を経験したドイツの基本法１条は「人間の尊厳」、２条は「人格の自由な発展」を掲げるが、日本国憲法で同じ位置を占める条項が「個人の尊重」という文言を選択したことは、集団の拘束に対する個人の自由に力点があると考えられる。日本国憲法は極端な自由主義（新自由主義など）も協同体主義（社会主義や民族主義、家族国家など）の統治も予定していないと思われる。

包括的人権であり人権の要である13条の中身は、22条や29条に代表される古典的自由主義を体現する人権、15条などに代表される民主主義を体現する人権、25条などの福祉や**実質的平等**を体現する人権を含みつつ、その調整の中で憲法的価値と認められる内容が13条の下で憲法上の権利として具体化されることが示唆されよう。また、31条に代表される法の支配（実質的法治主義）の価値をも、13条は**適正手続**を一般的に保障する条項と考えられ、31条は刑事手続・刑罰に関する特別則を定めたものと考える説も有力である（通説・判例は、**成田新法事件**＝最判平４・７・１民集46巻５号437頁などで適正手続保障31条準用説に立つ。第10章参照）。重要な人権ほどその侵害は慎重かつ最小限でなければならないとする比例原則は人権の一般則であり、その根拠は13条であると考えられる。加えて、一般に**パターナリズム**による人権制約が許されない根拠条文ともなろう（民法７条の成年被後見人制度、11条の被保佐人制度は許容されよう。旧11条の準禁治産制度につき、最大決昭36・12・13民集15巻11号2795頁）。

なお、幸福追求権は、人権条項の一般法的位置を占めるため、一般的な法準則に従い、個別的人権が適用できる限りはそれが優先される（**補充的保障説**）。よって、「新しい人権」でも、**政府情報公開請求権**が憲法21条（第７章Ⅲ参照）の解釈から導き出せるように、専ら個別的人権条項で保障される権利を憲法13条上の権利という必要はない。こうして幸福追求権の内容は限定できよう。

2　幸福追求権の性格

幸福追求権は、平等権と同様、包括的人権であり、独立した人権と承認されるに至っているが、その中身については大きく２つの立場が対立している。

☞**人格的利益**（**人格核心**）**説**は、幸福追求権を、「人格的自律の存在として自己を主張し、そのような存在であり続ける上で必要不可欠な権利・自由を包摂する包括的な主観的権利」などとする（通説と表記する教科書もある）。

だが、これに対しては、①多様な利害のうち、憲法的保障の可否を決するのに、人格的生存に必要不可欠という基準に執着できるか、②人格概念が不明確である上、自律が幸福であるという決めつけが濃厚で、かつ、人格主義に流れがちである（日本国憲法が特定のあるべき人間像に歩むことを国民に義務づける結末が見える）、③ここに含まれない広範な自由の規制が不当に許されることになる、などの批判も強い。また、④「生命」権に独自の権利性を認める立場からは、人格的利益説が生命権を軽視する危険があるとの指摘もある。

＊　人格的利益説の論者の多くは、自殺の権利を否定する傾向が強いなど、むしろ人命軽視とは逆の傾向にある。しかし、人格的自律を持ち出せば、合理的計算の結果、究極的自己決定としての自殺は否定できないのではないか。結局、憲法が求める人格とは何かを解かねばならないという困難に撞着する疑問もある。弱者・少数者の権利や社会権の軽視など、強き人を想定した「人格的自律」の一人歩きも危惧される。

☞これに対し、「新しい人権」のごく一部を承認するのではなく、人の生存活動全般にわたって成立する一般的自由を憲法13条は保障するのだとする、**一般的自由説**が有力に唱えられてきた。昼寝や散歩、飲酒や喫煙、趣味などの日常生活の自由まで幅広く憲法は保障しており、ただ、他者の人権との矛盾衝突は「公共の福祉」により調整すれば足りるなどとするのである。

この説に対しては、①保障する内容が反射的利益と呼べるものなど広汎に過ぎ、13条が「ドラえもんのポケット」化してしまう、②人権のインフレが生じる結果、歴史的に重要な人権とされてきたものが相対化されてしまう、③権利の外延が不明確で、後に「**公共の福祉**」で制限されるとはいえ、殺人、自殺、麻薬使用、賭博までもが憲法上の権利とされるのか、などの批判がある。

＊　およそあらゆる人権が憲法13条から創出できるならば、哲人的な裁判所による憲法改正を許容したに等しく、14条以下の個別的人権を単なる例示としてしまう。13条を「自由権」ばかりの一般則としてよいのか、という疑問もある。そこで、一般的自由説の中には、殺人などの伝統的な「犯罪」を保護範囲から排除する見解もある。だが、かえっ

て、正当防衛などで複雑な再検討を要し、不統一感は拭えない。

	保障されるもの	特徴	欠点
人格的利益権説	人格的自律に関わる権利	狭く手厚い保障	恣意的範囲画定
一般的自由権説	広く国に邪魔されない自由	薄いが広い保障	人権のインフレ

最高法規の一般条項の中身は最高法規全体の解釈により決せざるをえず、およそ日本国憲法が保障しているとは思われないものを保障すると考えることは、矛盾に等しい。憲法13条の保障する中身は、個別的人権条項を通観して、これらからは漏れるが基本的人権として保障するに値する、もしくは当然に保障されると解されるものに限られよう（ただし、憲法が特に予定していない「人格」や「自律」によってもっぱらその保護範囲を区切ることには、疑問も残る）。

13条で保障されるのは、まずその文言からして、**生命権**や**身体的自由**であろう。次いで、生存自体に密接に関わる意味で、生命・健康を害しない環境で生活する権利という意味での（狭義の）**環境権**であろう。日本国憲法の強調する個人主義からして、また、人間の精神存在性に関わるものとして、**プライバシー権**、**名誉権**などは13条が保障していると考えるに値すると思われる。これらを侵害する法令に対する**司法審査基準**は**厳格審査**と考えるべきであろう。

＊　これに対し、従来、一般的自由権ならば認められ易い「新しい人権」の多くは、仮に認められても緩やかな**合理性の基準**で審査されるべきものであろう。このため、真っ向から対立しているように見える人格的利益説と一般的自由権説などの諸説も、その哲学的対立は兎も角、機能的な差はあまりない。

3　自己決定権

いわゆる**自己決定権**（一定の個人的事柄について公権力から干渉されずに自ら決定する権利）について、一般的自由説は広く、人格的利益説は狭く解する。

（**1**）　生命・身体に関する行為　　最も先鋭的なのは、消極的・積極的**安楽死**、**尊厳死**、自殺など、死に直面する場面である。裁判所は、父を積極的安楽死させた事案で安楽死の６要件を打ち出し、嘱託殺人罪で処断した例（名古屋高判昭37・12・22高刑集15巻９号674頁）、患者家族の依頼を受けて医師が積極的安楽死処置を行った事案で違法性阻却を認めなかった例（東海大学安楽死事件＝横浜地判平7・3・28判時1530号28頁）もあり、積極的安楽死には否定的である。回復が不可能で、苦痛が絶望的であるとの客観性の高い評価は難しく、消極的・積極的の区別も難しく、本人が冷静に判断できる場面も少ない。医師や家族がそれを決定できるのかはさらに難問である。尊厳死（スパゲティ状態や植物状態になるなら延命措置を拒否する）にも類似の問題がある。リビング・ウィルによるとしても、結局はそれを親族や医師が代行するので、難問は残る。

＊　自殺は一般に13条上の権利ではないとされる。ただし、自殺者は何らかの苦痛を抱える以上、消極的安楽死との差異は微妙であるほか、長時間かけての自殺と評価される行為（喫煙など）との線引きも難しく、前述のように人格的自律や、それを前提としながらの（限定された）**パターナリズム**はその説明とはならない。確固たる信念による事案では自己の生命の処分も憲法上保護に値する場合もあろうか（**エホバの証人輸血拒否事件**＝最判平12・2・29民集54巻2号582頁など）。

身体の一部の処分も難問である。生存中の**臓器移植**は自らの生命を危険にさらす側面がある。臓器移植法は、脳死を人の死と定め（三兆候説を改め）、移植医療（他者の生命の維持）に途を開いたが、生命の終期を早めたことは、生命権を保障する日本国憲法の立場に反するとの疑問がないではない（なお、生命の終期は自己決定の問題ではなく、合憲的に法定されるべきものである）。

（**2**）　生殖行為　　性行為（被拘禁者について、東京地判昭44・12・26判時578号38頁）、妊娠・出産は、自己の遺伝子を残し、家族を形成する幸福追求行為であり、私事の最たるものであり、憲法上当然に保護される。他面、リプロダクションが女性の身体内で進むため、女性が身体について他者や国の支配を排除する権利として、端的には**中絶の自由**が主張される。日本では、母体保護法14条が経済的理由による中絶を認め、実際にはこれによる多くの中絶が行われている。本人の本意ではない、冷凍した精子・卵子の活用という問題もある。また、戸籍上の性別変更に際し性別適合手術を要件としている「性同一性障害者の性別の取扱いの特例に関する法律」の規定について、最高裁はこれを憲法13条違反とする決定を下した（最大決令5・10・25民集77巻登載予定。本件は24条の問題として厳格度の高い審査をすべきなのかもしれない）。

(3) 危険行為・自堕落な行為　他者加害ではないが、自らの生命等を危険にさらし、本格的な危機においては救助せざるをえなくなる、大沙漠縦断、冬山登山、太平洋単独航海、ビル間の綱渡り、ノーヘルでのオートバイ運転などの行為がある。生命権・身体的自由権などではなく、一般に精神活動などとも距離を置く行為群でもあり、これらが憲法上の権利か、微妙である。

喫煙（受刑者について、最大判昭45・9・16民集24巻10号1410頁）、飲酒、賭博（最判平元・12・14刑集43巻13号841頁など）、麻薬（覚醒剤について、最大判昭31・6・13刑集4巻10号2029頁）、売春などの自堕落な行為については、他者加害に至らなくとも、規制は立法に委ねられる可能性が高い。

(4) ライフスタイルその他　服装（制服の指定など）や身なり（ひげなどの忌避や、登校服の規制など）では、公立男子中学生の髪型をめぐるいわゆる**熊本丸刈り訴訟**（熊本地判昭60・11・13行集36巻11＝12号1875頁）、私立高校生のパーマの是非が争われた事件（**修徳高校パーマ訴訟**＝最判平8・7・18判時1599号53頁など）や受刑者の髪型をめぐる訴訟（東京地判昭38・7・29行集14巻7号1316頁）もある。これらは、個人の信条に近い信念に達すれば憲法上の権利と認められる余地はあろう（男女で扱いを異にすれば、14条の問題となる）。

一般には趣味と思える領域の問題もある。税を逃れてのどぶろく造り（**どぶろく裁判**＝最判平元・12・14刑集43巻13号841頁）やオートバイ運転（私立高校生に関する**東京学館高校バイク訴訟**＝最判平3・9・3判時1401号56頁）が直ちに憲法上の権利といえるかは微妙である（ただし、公立高校生のバイクの運転に関して、憲法13条上の権利と認めた、高松高判平2・2・19判時1362号44頁もある）。他方、一定の精神活動の高まりを伴う芸術・スポーツ・技能などの活動は、憲法15条以下の個別条項が保護しなければ、憲法13条の保護範囲と考える余地がある。クラブ活動や趣味のサークル、同窓会、友人・恋愛関係などの親密な結合の自由は、本条の保護範囲と考える余地がある（**政党**、**宗教団体**、**労働組合**、企業などの結社は各条の問題というべきである。第7章Ⅳなど参照）。

4 名誉権

人間は、誇りなくしては生きていけない。人間存在の根幹であるなどとして、ローマ法以来、民法や刑法で名誉を保護してきている。**名誉権**は、日本国憲法憲法の保障する権利と一般に解されている。**プライバシー**が私生活の面を保護するのに対し、名誉は社会生活の面を保護するものである。

名誉には３つの概念があるとされる。①他者や自己の評価を超えた真実の名誉を指す**内部的名誉**については、法的評価の範疇外でもあり、保護の対象ではない。②社会が与える人の評価である**外部的名誉**と、③主観的自己評価である**名誉感情**が法的保護の対象である。これらを支える精神活動が憲法上も保護に値し、これを過度に傷つける立法・行政・司法の判断は憲法上許されない。

＊　このため、13条は名誉の財産的側面を直接保障するものではない。対抗利益等も考慮した結果、侵害行為の差止めではなく、心の痛みを償わせるために多額の損害賠償を認める事例もあるだけのことである。著作者人格権も同様であろう。

名誉権は、**夕刊和歌山時事事件**（最大判昭44・6・25刑集23巻７号975頁）のように、他の私人の**表現の自由**（第７章Ⅲ参照）と衝突することが多い。表現の自由との関係で、名誉の保護の範囲や程度については再考されよう。公共性ある社会活動に関して、公益的見地から、真実に基づく批判を浴びることはやむをえず（当該社会活動の種類により、どこまで私的側面が批判されて仕方ないかも決まる。辛辣な批判はともかく、単なる人格攻撃は許されまい）、また、一度低下した名誉も、ある程度は対抗言論活動等で回復可能といえる。

5　プライバシー権

☞人間は、他者に操作されない「自己」なしには生きていけない。個人主義原理に立つ日本国憲法もまた、ごく個人的な生活や価値観を保障していると解せよう。1890年にアメリカで**プライバシー権**が主張されて以来、この権利は、ひとりで放っておいてもらう権利（right to be alone）であったが、密集社会で人間関係が複雑化し、情報化・管理社会の進展（今や、データをマッチングすることで本人の意と異なる人物像を創造できる）もあって、自己の存在に関わる情報を開示する範囲と相手を選択できる権利とする情報プライバシー権や**自己情報コントロール権**と解する考え方に移行した（「仮面」を着け続ける社会的動物性を重視する、自己イメージ・コントロール権説もある)。その項目と範囲はその社会が決めざるをえない。顔(肖像)や全身像、身体的特徴、氏名、履歴、戸籍、住所、電話番号、メール・アドレス、犯罪歴、病歴、収入や財産、購入物、趣味、交友・情交関係などは一般にこれに該当しようが、社会性・公共性を有すればプライバシーの問題ではなくなり(例えば、学歴は、地域サークルでは肯定されるが、大学教員採用時では否定的)、むしろ**名誉権**の問題となることもあろう。日本では、元外務大臣(東京都知事候補)と妻(料亭女将)との関係を赤裸々に描いた三島由紀夫のモデル小説が問題となった**「宴のあと」事件**(東京地判昭39・9・28下民集15巻9号2317頁)以降、この概念が一般化した。

京都府学連事件(最大判昭44・12・24刑集23巻12号1625頁)で最高裁は、今日では**肖像権**の一部とも解しうるものの権利性を認めたが、違憲判断には至らなかった(刑事法廷での被告人の撮影につき、最判平17・11・10民集59巻9号2428頁も参照)。だが、国が個人情報を不適正(広汎、目的が不合理、目的と手段の不一致など)な手法で収集したり、不必要にこれを集積したり、情報を悪用したり、流布したり、もしくはこれらのことをしたかのように振舞ったりすることは、憲法上のプライバシー権侵害と解されてよい。

＊　ただし、刑事手続に沿う問題であれば、31条以下の問題であろう(自動速度監視装置による容貌撮影＝最判昭61・2・14刑集40巻1号48頁参照)。

前科照会事件(最判昭56・4・14民集35巻3号620頁)で最高裁は、犯罪経歴を「みだりに公開されない法律上の保護に値する利益」とし、その開示は「公権力の違法な行使にあたる」として、市に賠償を命じた。また、**江沢民講演会名簿提出事件**(最判平15・9・12民集57巻8号973頁)では、警察当局への出席者名簿(個人識別情報)の提出がプライバシー権の侵害と認定された。だが、1999年まで続いた外国人登録法の**指紋押捺拒否事件**での合憲判決(最判平7・12・15刑集49巻10号842頁など)や、**住民基本台帳ネットワーク**システムがデータ・マッチングや名寄せでありながら、具体的な危険がないとする判決(最判平20・3・6民集62巻3号665頁)もある。このほか、非開示を本質とするプライバシー権は、**ノンフィクション「逆転」事件**(最判平6・2・8民集48巻2号149頁)のように、自由な情報流通を基本とする、他者の表現の自由（第７章Ⅲ参照）と正面から衝突する例が多く想像される。

なお、1988年制定の旧個人情報保護法には、罰則がない、民間対象のガイドラインには法的拘束力がないなどの欠陥が指摘されたため、2003年に**個人情報保護法**（個人情報の保護に関する法律）、行政機関個人情報保護法、独立行政法人個人情報保護法、情報公開・個人情報保護審査会設置法などが制定され、2005年４月に施行された（しかし、報道の自由との関係で反対も根強い）。

Ⅱ　生命・身体的自由

1　生命権・健康権・身体的自由

☞**個人主義・自由主義**（リベラリズム）・**民主主義**を基本原理とする日本国憲法の下、生命を奪うことは、厳格で適正な刑事手続の下で許容されるのみである。身体的拘束も同様である。**身体的自由、環境権**のいずれを起点と考えても、いわゆる**健康権**は一般に憲法13条の保護範囲と解せよう。

強制予防接種は、伝染病による死者・重大な障害が残る者より予防接種の副作用による死者等が少なくとも、それが生じることが予測されているならば、許されない。29条勿論解釈説、29条類推解釈説、25条説、17条説などもあるが、端的に13条違反として国の責任が認める説が強まっている。

〔判　例〕　**★予防接種禍訴訟**（東京訴訟＝東京高判平４・12・18高民集45巻３号212頁）

種痘やインフルエンザの強制予防接種は、児童・生徒などに対して広く実施されていたが、副作用で死亡もしくは障害が残る例が稀にあった。東京高裁は、被害者や遺族の訴えを受け、「予防接種の強制接種が許されるとするならば、それは伝染病の流行を防止するのに感染源対策や感染経路対策だけでは不十分であって、強制接種を行うことが必要不可欠であり、かつ、当該伝染病の流行の可能性とこれによって生ずる被害の程度、当該予防接種の効果、予防接種によって生ずる重篤な副反応が生ずる頻度等を比較考量して、予防接種を行うことがあると考えられる場合だけ」であるが、「国ないし厚生大臣は、」「強制接種が不要と判断されたときは、定期接種であっても法の改正を待たずに敢然とこれを中止すべきである」ところ、「わずか５年のうちに」

諸外国で「種痘政策の変更が行われた」にもかかわらず、1973（昭和48）「年まで種痘の若年接種を続行させた」歴代の「厚生大臣に過失があることは明らかである」などとして、総額24億円の国家賠償請求を認容した（上記17条説。民法724条の除斥期間の効果を一部否定した最判平10・6・12民集52巻4号1087頁も参照）。

ハンセン病患者の長期の強制隔離が問題となった**熊本ハンセン病訴訟**で、裁判所は**居住・移転の自由**の問題などに矮小化せず、13条から導かれる**人格権**の不合理な侵害と断じ（熊本地判平13・5・11判時1748号30頁）、確定した。国が個人に特定の生き方を強制することなども許されまい。行政手続として強制採尿・採血・指紋押捺などがなされれば、本条の問題となるケースもあろう（**身体的自由**の侵害のほか、**プライバシー権**、**適正手続**侵害の恐れもある）。

＊　軍事・防衛上の施設の存在自体等が**平和的生存権**を侵害するとする主張もある。だが、それは防衛「政策」の一環に過ぎない、非武装中立が平和的生存に寄与するか不明、個人の「権利」ではないなどの理由で、通説は否定的である。

2　環 境 権

☞環境権概念については、文化的・社会的環境まで含む説もあるが、工業化・都市化に伴う公害問題の深刻化の中でそれが主張されたことや、13条で保障するものは生命権・健康権の延長に生命や健康を脅かすものと考えるべきことから、原則として、大気・水・食品・音・臭い・日照などの自然環境に関するもののうち健康上基本的レベルのものと解すべきであろう（静寂権、日照権など）。その延長線にある健康権の一つとして主張されるものに、嫌煙権がある。受動喫煙の弊害はいわれて久しいが、既存の公害問題ほど深刻でないと考えられてきた（国鉄喫煙車両を受忍限度とした東京地判昭62・3・27判時1226号33頁など）。ただし、今日では公共施設内の分煙や全面禁煙が一般化している。

＊　環境権は25条で保障する（**国立歩道橋事件**第一審＝東京地判昭48・5・31行集24巻4＝5号471頁。第9章Ⅱ参照）、もしくは13条および25条が重複的に保障するとする説もある。だが、25条は**貧富の差**を是正し**実質的平等**を実効化する**社会権**の一般条項と考えるならば、環境権は範囲外である（25条説では**司法審査基準**も低まる）。

住民が国を訴えた**大阪空港訴訟**で、第二審（大阪高判昭50・11・27判時797号36頁）は、人格権侵害を理由に午後９時以降の航空機の離着陸差止めを将来に向けても認めたが、最高裁は、過去の損害賠償のみを認めるにとどまった。

〔判　例〕 **★大阪空港訴訟**（最大判昭56・12・16民集35巻10号1369頁）

大阪国際空港近隣住民が、騒音公害を理由に、夜間飛行差止めなどを求めて国を訴えた事件（五大公害裁判の一つ）。最高裁は、同空港の「国営空港の特質を参酌し」、「本件空港における航空機の離着陸の規制等は、」「航空行政権の行使という立場をも加えた、複合的観点に立った総合的判断に基づいてされるべきもの」であるので、「不可避的に航空行政権の行使の取消変更ないしその発動を求める請求を包含する」事案で「通常の民事上の請求として前記のような私法上の給付請求権を有するとの主張の成立すべきいわれはない」として、飛行差止めの訴えは却下した。他方、これまでの騒音等の被害については、「右設置・管理者の予測しえない事由によるものでない限り、国家賠償法２条１項の規定による責任を免れることができない」ため、「狭隘で」「立地条件が劣悪」な「空港の設置・管理者たる国は右被害の発生を防止するのに十分な措置を講じないまま右空港をジェット機を含む大量の航空機の離着陸に継続的に使用させてきた」などとして、原告らへの賠償を認めた（ただし、Ｂ滑走路供用開始後に転居してきた原告分については差し戻した）。「継続的不法行為に基づき将来発生すべき損害賠償請求権」の請求は退けた。

第４次**厚木基地訴訟**最高裁判決（最判平28・12・８民集70巻８号1833頁）も自衛隊機の離発着差止めを認めず、過去の損害についてのみ国家賠償を認めた。

＊　生命・健康の危機段階ではなく、よりよい環境を政府に求める権利（おいしい水・空気、美しい風景、真の静寂など）も主張されるが、少なくとも厳格審査の対象ではない（大阪市営地下鉄車内放送事件＝最判昭63・12・20判時1302号94頁参照）。文化的・社会的環境を求める権利も同様であろう。

3　奴隷的拘束からの自由

（**1**）　奴隷的拘束の禁止　　憲法は18条で、人を物として使用・収益・処分する**奴隷的拘束の禁止**を絶対としており、これに類する非人間的・不合理な生命・自由の剥奪は許されない。刑罰や労役場留置でも「奴隷的」であってはならない。私人による人身売買や娼妓契約、監獄部屋などは私法上、公序良俗に反し、強制労働は**労働基準法**５条が禁じる。刑事罰が科される場合も多い。

（**2**）　苦役からの自由　　憲法18条はまた、本人の意思に反する刑罰以外の強制的労役、強制連行や監禁など正当事由のない身体拘束を禁じている。保安処分も違憲であろう。**徴兵制**は本条および９条に違反すると解される（第４章参照）。災害など緊急の場合に一時的な労務負担を定める災害対策基本法65条や消防法29条５項、**裁判員制度**などは違憲ではないとするのが通説である。

Ⅲ　平　等　権

1　平等の理念

封建時代・絶対王制を断ち切った**近代市民革命**の際の**人権宣言**の核は、**自然権**思想に裏打ちされた人間の**自由**と平等（不平等からの自由）にあり、日本国憲法14条が保障する**平等権**は、間違いなく基本的人権の核の一つである。

☞しかし、個々の能力や個性は各様であり、何が平等かかも各人で評価が分かれる。また、変数以外を固定して複数のものを比較することは困難である。家父長ブルジョアジー主導の近代初頭の**自由国家**（**夜警国家**）の平等観は、**形式的平等**（**機会の平等**、スタートラインの平等）であったが、次第に資本主義の高度化と共に、それが**貧富の差**の拡大をもたらすことが鮮明となってきた。そこで、**福祉国家**（社会国家）憲法では、**普通選挙**の導入（15条３項、国会議員選挙について44条参照）や**社会権**規定（25条など）の挿入などと共に、平等観も**実質的機会の平等**（**条件の平等**、実質的平等）へと変化した。社会主義国家は**結果の平等**を希求したが、強大な国家権力の存在を求めない日本国憲法はその立場ではない。福祉国家ビジョンに立つ日本国憲法も「実質的機会の平等」を希求しており、自由（特に**経済的自由**）と平等は対立軸となった。とはいえ、近代立憲主義を修正した日本国憲法が自由を基本にしているのは確かで、まずは形式的平等の観点から事実上の差別、特に前近代的差別（身分制度の残滓）を排除し、通常の社会経済過程から排除されている弱者・少数者を救済する「実質的機会の平等」視点は補助的に（まして立法の不作為に対しては）用いるべきである。

＊　平等は関係概念であり、無内容であるので「平等原則」というべきという主張もあるが、比較劣位の者が優位水準までの補填を求める権利性はあろう。

憲法14条１項後段列挙事由に限定して、法の執行の絶対的平等を国に求めており、また「法の下」という文言から本条は立法者を拘束しないとする説（立法者非拘束・絶対的平等説）もあったが、「法」は憲法も含み、法律が不平等なら平等な適用も困難であるので、通説は、憲法14条は国会も拘束するとする（**立法者拘束説**）。また、同条１項後段に列挙された「人種、信条、性別、社会的身分又は門地」につき、異なる取扱いを一切禁じる（**絶対的平等**）ことは実際には不可能なため、これらを例示と解し、これらを含め、「等しいものは等しく扱う、異なるものは異なって扱う」という**相対的平等**を憲法は要請するとした。

＊　立法者非拘束・絶対的平等説は、国の建物での男女別トイレなどを追及されると、「絶対」を掲げながらこれらは「例外」だと述べてしまい、論争に敗北した。

2　判断基準

立法者拘束説に立つ通説は、合憲性判断基準としても「不合理な差別は違憲、合理的区別は合憲」とする**「合理性」の基準**をとった。最高裁初の**法令違憲**判決として有名な**尊属殺重罰規定違憲判決**をはじめとする判例も同じである。

〔判　例〕　**★尊属殺重罰規定違憲判決**（最大判昭48・4・4刑集27巻３号265頁）

刑法旧200条は、本人や配偶者の親や祖父母（直系尊属）を殺した者の法定刑は死刑と無期懲役だけであり、いかなる刑の減軽を行っても、実刑判決は免れなかった。

14歳から父に姦淫され、暴力を通じて10年以上性的関係を強要されてきた女性が、職場の同僚との結婚を望んだが、父に反対され監禁暴行を受けたため、思い余って父を絞殺した。第一審（宇都宮地判昭44・５・29判タ237号262頁）は、刑法200条を違憲とし、過剰防衛・心神耗弱として刑を免除した。だが、第二審（東京高判昭45・５・12判時619号93頁）は、判例（最大判昭25・10・25刑集４巻10号2126頁）に従って同条を合憲とし、最大限の刑の減軽を施して懲役３年６カ月の実刑判決とした。

最高裁は、尊属殺人を刑法199条の通常殺人（当時、死刑または無期、３年以上の懲役が法定刑）よりも「高度の社会的道義的非難に値する」ので、同条の目的は不合理ではないが、同200条は「その立法目的達成のため必要な限度を遥かに超え、普通殺に関する刑法199条の法定刑に比し著しく不合理な差別的取扱いをするものと認められ、憲法14条１項に違反して無効」と判断し、執行猶予の付いた判決を下した。

田中裁判官など６人の少数意見はそれぞれ、そもそも親に対する報恩を理由に命の価値を異ならせるという刑法200条の立法目的が違憲であるとした。また、下田裁判官の少数意見は、いかなる法定刑を設けるかは立法裁量に属するものであるなどとして、なお、刑法200条は合憲であるとした。その後も、最高裁は、尊属傷害致死罪（無期または３年以上の懲役）については、通常の傷害致死罪（２年以上の有期懲役）と比して著しく重いわけでないため、合憲と判示し続けていた。これら尊属に対する罪は1995年の刑法の口語化による全面改正の際に削除されている。

☞だが、「合理性」の基準には明快な基準がなく、裁判官によって恣意的に運用される危険があり、「不合理なら違憲」という基準は無内容であるという批判があった。そこで近時の圧倒的な有力説は、**二重の基準論**（第５章Ⅲ参照）を平等権に及ぼして、裁判所は、14条１項後段列挙事由による差別については**厳格審査**（やむにやまれぬ目的、必要最小限の手段であることを、合憲だと主張する側が論証できなければ違憲）を行い、それ以外については**合理性の基準**（目的・手段に何らの合理性もないことを違憲だと主張する側が論証できなければ合憲）で望むべきだと主張している。その理由には、列挙事由が、民主的過程で回復困難な少数者であり、生来の偶然の産物（本人に責任がない）であって能力と無関係で、歴史的に差別が繰り返されてきた類型だと憲法が明文で確認した**疑わしい差別**だから、ということなどが挙げられている。

＊ 「性別」と「社会的身分」は少数者とはいえず、**中間審査**とする説もあるが、その属性の典型的生き方を打破する側は少数者であり、政治的多数者とはいえず、列記事由の中で審査基準を分断するのも適切ではないであろう。

この説の下では、もし列挙事由に該当せず、重要な権利が侵害（**議員定数不均衡**問題について、第11章Ⅰ参照）されてもいなければ、合理性の基準の下、合憲であることが推定される。**サラリーマン税金訴訟**（最大判昭60・3・27民集39巻2号247頁）で問題となった、給与所得者であることは列挙事由に当たらないと考えられる。また、居住地の違いも同様であろう（**東京都売春防止条例事件**＝最大判昭33・10・15刑集12巻14号3305頁）。ただ、合理性の基準は無審査を意味しない。**学生無年金障害者訴訟**の事例のように、周囲の比較対象者のほとんどと比べて差別を受ける場合、違憲とすべきケースもあろう（ただし、最判平19・9・28民集61巻6号2345頁は合憲の判断となった）。

判例・旧通説	すべて：「合理性」の基準		
有力説	14条1項後段列挙事由：厳格審査		その他：合理性の基準
一部の説	人種・門地：厳格審査	性別・社会的身分：中間審査	その他：合理性の基準

☞差別を解消するため、被差別集団を優遇する**積極的差別是正策**（アファーマティヴ・アクション、ポジティヴ・アクション）については、審査基準を下げるべしとする主張が強い。しかし、何が古典的差別で何が積極的差別是正かは審査を始めなければ不明であり（例えば、従来型の女子大学の多くは積極的差別是正の一環ではなく、性役割を固定化する古典的差別の疑いが濃い）、実際に権利が制限されるのは無垢な個人である危険も大きいことからすれば、必要最小限の手段であると認定されたもののみを合憲（無制約な**クォータ**（割当制）はまず違憲）と考えるべきとの反論が強い。逆に、一見中立的な規定が大きな差別効果（例えば、身長や体力を要件に性差別を行うなど）があり、このような差別動機の読み取れるものは、間接差別として違憲の疑いを及ぼすべきだといわれ始めている。

3　列挙事由

近時有力説などに従えば、憲法14条1項後段の列挙事由がそれぞれ何を意味しているのかは重大である（通説によれば、大きな意味はない）。

また、**憲法の私人間（第三者）効力**の問題とされた事件には、性別を筆頭に、この列挙事由に関わるものが非常に多い（第5章Ⅳ参照）。

なお、**信条**とは、伝統的には宗教上の信仰を意味するもの（**謝罪広告事件**＝最大判昭31・7・4民集10巻7号785頁栗山裁判官補足意見など）であるとされてきたが、現在では、信仰に限らず、自主的に選択された思想や主義をも広く含む。憲法19条は**思想・良心の自由**を保障し、これを絶対的保障とするのが通説である（第7章Ⅱ参照）。多くの学説は、14条1項は、これらを重ねて保障するものと解するが、14条1項列挙事由を先天的差別ゆえ**厳格審査**だとする近時有力説は難問を抱えよう（ただ、憲法14条１項の「信条」をイエやムラや民族の宗教宗派のような祖先や生来的属性に限定しても、自発的・後天的思想や主義に基づく差別は19条で厳格審査となり、結論を左右しないので、論争不要か）。

（**1**）人　種　**人種**とは、白色人種、黄色人種、黒色人種などの人類学的分類を指す。母語や文化、宗教、生活様式などを根拠に、国家統合の中で人為的に創出されたきらいのある生来の属性である「民族」やナショナル・オリジン（祖先の出身国）の差別は、「人種」か「信条」の差別と捉えられる。

コラム　アメリカ合衆国で人種差別は深刻であった。同憲法は当初、奴隷州を許容していたが、南北戦争途中の**奴隷解放宣言**を経て、1865年の修正13条で奴隷制を廃止し、1968年の修正14条で州の差別行為を禁じた。しかし、形を変えた黒人差別は続き、1955-65年頃に高揚した公民権運動などにより、ようやく改善の方向に向かった。南アフリカ共和国の**アパルトヘイト**は1994年４月まで続いた。その中で、1969年には**人種差別撤廃条約**が発効した（日本は1995年に留保付で批准）。

第二次世界大戦中の**ナチス・ドイツ**によるユダヤ人大虐殺を筆頭に、民族差別も悲惨を極めてきた。日本でも、1899年の北海道旧土人保護法があまりにも差別的内容であったので、1997年に「アイヌの文化の振興とその伝統に関する知識の普及・啓発に関する法律」が制定されたのに続き、2019年に「アイヌの人々の誇りが尊重される社会を実現するための施策の推進に関する法律」が制定された（少数民族の文化享有権を認めた、二風谷ダム事件＝札幌地判平９・３・27判時1598号33頁も参照）。戦後、旧植民地に属する人々（旧外地臣民等）は政令により日本国籍を剥奪され、**大日本帝国（明治）憲法**下とは異なる形で、継続して差別的取扱いを受ける結果となった（朝鮮人であることを理由とする婚約破棄に不法行為の成立を認めた判決＝大阪地判昭58・３・８判タ494号167頁や、在日朝鮮人であることを理由とする採用内定取消しは**労働基準法**３条の「国籍」差別だとする日立製作所事件判決＝横浜地判昭49・６・19判時744号29頁もある）。

（**2**）性　別　**性別**は一般的には生物学的な男女を指す。だが、生物学的な定義は難しい。遺伝子と性器、内面は必ずしも一致しない。また、社会学的な意味での文化的性差を示す**ジェンダー**概念が提唱されることが多くなった。

コラム　アメリカ合衆国憲法には、女性差別一般を禁じる明文の条項はない。しかし、修正14条の平等条項の解釈により、1971年以降、連邦や州による男女間の異なる扱いが数多く違憲とされた（相続法の男性優位、州立女子大、男女別の州立軍学校など）。陪審制度も改正され、「12人の怒れる男」ではなくなった。

日本でも性差別は長い。明治憲法下では、女性には参政権や、一般高等文官等の公務就任権がなく（女性参政権は、先進国をあまねく見ても、ほぼ20世紀の産物といえる）、大学進学は殆どできず、「家」制度の下、民法は妻の無能力等の制度を置き、刑法は姦通罪の主体を女性のみとしていた。公的な領域は男性がほぼ独占し、女性は私的な領域にとどめられる体制であった。

これらの差別は日本国憲法制定と前後して解消された。戦前からの**婦人参政権運動**の努力もあり、1945年末に**女性参政権**が付与され（第11章参照）、日本国憲法制定段階に女性議員が参加できた。民法の親族・相続編も、男女平等の理念により、全面改正された（本章Ⅳ参照）。**労働基準法**（第9章Ⅳ参照）は4条で男女同一賃金を定め、それは「男女同一価値労働同一賃金」を指すとの解釈が定着した（秋田相互銀行事件＝秋田地判昭50・4・10判時778号27頁）。

しかし、その後も多くの性差別的な制度は残り、それ以上に慣行としてはかなり残存した。だが、1981年発効の**女性差別撤廃条約**を日本も1985年に批准すると、それに併せて、性差別的な国内法諸規定は改正されることとなった。1985年には**男女雇用機会均等法**（雇用の分野における男女の均等な機会及び待遇の確保等に関する法律）が制定された。1997年改正では、事業主に**セクシャル・ハラスメント**に対する配慮義務を負わせ、女性労働者の機会や待遇の改善のため、**ポジティヴ・アクション**を認めることとなった。**労働基準法**の女子労働者保護規定は、女性の社会進出を妨げると批判され、1997年に削除された。同年には**育児休業法**も制定された。1999年には**男女共同参画社会基本法**も制定された。また、父系優先主義が問題であった（東京高判昭57・6・23行集33巻6号1367頁など参照）**国籍法**は1984年に、両系主義へ改正された（旧法には、当事者の性別ではなく、親の性別による差別があった点で、特異な問題を有していた。また、法例（現在の「法の適用に関する通則法」）の男系優位主義も改正された）。

＊　男性を主体とし女性を客体とする刑177条の強姦罪規定は合憲とされた（最大判昭28・6・24刑集7巻6号1366頁）。しかし、強姦罪は2017年の法改正で強制性交等罪となり、性差別は解消された（さらに2023年には、不同意性交等罪に改正された）。尼崎市売春等取締条例の売春罪も、明文が女性のみを対象としていないとして合憲とされた（最決昭32・6・8刑集11巻6号1638頁）。所得税法の寡婦控除と寡夫控除の要件の差異についても、合憲とされた（最判平7・12・15税務訴訟資料214号765頁）。

また、LGBT差別も「性別」か「社会的身分」の差別に含めうる（東京都青年の家事件＝東京高判平9・9・16判タ986号206頁参照）。トイレの制限を「重要な法的利益の制約」とした例もある（東京地判令元・12・12判タ1479号121頁）。

（**3**）　社会的身分・門地　　**門地**は家柄を意味し、先祖が大名や貴族であることなどが典型例である。「門地」による差別の禁止は、生来の偶然であっておよそ本人の能力とは無関係の事項による特別な取扱いを認めないということであり、日本国憲法の個人主義や平等保障の象徴的道標ともいえる。被差別部落出身者差別は、1969年の同和対策事業特別措置法以来の施策もありながら地方によってはなお根深いものがあるが、およそ許されない（その意味で、出身地や本籍地が「門地」に匹敵する場合があることに留意すべきである）。

社会的身分は、「出生によって決定される社会的な地位または身分」などと、生来のものに限定する狭義説、「人が社会において一時的ではなしに（ある程度継続的に）占めている地位または身分」などと後天性を示唆して広く解する広義説、「人が社会において一時的ではなく占めている地位で、自分の力ではそれから脱却できず、それについて事実上ある種の社会的評価が伴っているもの」と解する中間説がある。最高裁は広義説をとるとされる。

「門地」がおよそ生来的なものであるため、狭義説には、「社会的身分」の意味がそれと重複するという難点がある。しかし、広義説に従えば、他の列挙事由と異なり、「社会的身分」がほぼ唯一後天的性質のものとなり、統一性を欠く。そのため、現在の有力説は、「社会的身分」については狭義説をとる傾向にある。そして、有力説は、他の列挙事由が列挙される理由に匹敵する背景（先天性）を有する**非嫡出子**（婚外子）（本章Ⅳ参照）などは「社会的身分」であると主張することが多い。

4　貴族制度の廃止と栄典に伴う特権の禁止

日本国憲法14条2項は、貴族制度の廃止を特に謳っている。元藩主や明治維新の功労者等により構成されていた戦前の**華族**（公爵、侯爵、伯爵、子爵、男爵）、朝鮮王侯族・貴族などの貴族制度の廃止を明言するものであり、それによる公的な特権は認められない。43条は、**参議院**も「全国民を代表する選挙された議員」で組織することを明示し、**貴族院**の復活を阻止する。

14条3項は栄典に伴う特権の禁止をも謳い、あらゆる栄典の世襲化を禁ずることで、脱法的に貴族制度が出現することを防止している。同項は栄典に伴う特権も禁じている（1953年の文化功労者年金法、1964年の旧金鵄勲章年金受給者に一時金支給を行う特別措置法について議論があったが、いずれも立法された）。

＊　日本国憲法は第1章で世襲の**象徴天皇制**という大きな例外を明文で認めている。皇室典範が皇族を創出することについても、違憲論はほぼない（第17章参照）。

Ⅳ　家族に関する権利

憲法24条は、1項で**婚姻の自由**、2項で**家族**に関する立法が「**個人の尊厳と両性の本質的平等**」であるべきことを謳う。このため、家制度を定め、家督相続制度や妻の無能力制度を規定していた**大日本帝国（明治）憲法**下の明治民法の家族法部分は1947年に全面改正（親族編と相続編に分けて口語化）された。家制度の残滓といえる法制度（長男単独相続など）があれば、端的に違憲と考えられる（民法897条の祭祀・墳墓の単独相続容認の法定については、疑念もある）。

本条については、制度的保障に過ぎないとする説もあったが、現在では人権条項として認知されている。その性格について、分類不能とする説、社会権説、自由権説などがあったが、現在では**平等権**の特別条項と位置づける説が有力である。しかし、24条の内容は平等にとどまらないため、13条も含めた**包括的人権（基本権）**に密接に関わる人権と捉える説（家族関係の自律や平等の問題などは、13条や14条ではなく24条の問題となろう）も有力に唱えられている。

＊　本条および29条の存在は、憲法が公法のみの最高法規ではないことを裏打ちする。

1　婚姻の自由と家族の保護

一組の男女の合意により婚姻（法律婚）は成立する。性質上、年齢制限はある。「家」の存続を理由とした一夫多妻制は「個人の尊厳」を害し、否定される。本条は**一夫一婦制**を保障したと考えられ、重婚の禁止（民法732条）は当然とされる。保証人など、他者の同意は法的には原則として必要ない（未成年者の婚姻への父母の同意（民法737条）は削除された）。優生保護的な理由から近親者間の婚姻は禁じられる（民法734条）が、民法には家族秩序・道徳に踏み込んだ規制も多く、議論は残ろう。民法770条は破綻主義の下、裁判上の離婚を定めるが、判例は有責配偶者からの離婚請求を認めてこなかった（踏んだり蹴ったり判決＝最判昭27・2・19民集6巻2号110頁）が、別居が長期で未成熟の子がいないなどの条件付でこれを認めるに至った（最大判昭62・9・2民集41巻6号1426頁）。同条2項は裁判所に広汎な裁量を認め過ぎており、問題ある判決（うば桜判決＝東京地判昭30・5・6下民集6巻5号896頁など）の誘因にもなっている。

＊　女子結婚退職制度は婚姻の自由を事実上制限するので無効とする判決もある（住友セメント事件＝東京地判昭41・12・20判時467号26頁）。

事実婚の自由が憲法13条・24条から生じるかは微妙である。これに対し、近年、下級審で、同性婚を禁じていることは憲法14条違反（札幌地判令5・3・17判例集未登載）、憲法24条2項違反の違憲状態（東京地判令4・11・30判時2547号45頁、福岡地判令5・6・8判例集未登載）もしくはその両方で違憲（名古屋地判令5・5・30判例集未登載）とする判断が重なっており、「両性の」合意を婚姻の要素とする憲法24条1項を避けた点も含め、注目できる。同性パートナーに遺族給付金不支給としたことは憲法14条などに反しないとした裁判例（名古屋高判令4・8・26判タ1506号48頁）もある。

氏が代々受け継がれ、名は親が名付けることからも、氏名は家族と一体の制度と思われ、氏名権は本条の保護範囲と考えられる（呼称を歪められない権利につき、NHKの日本語読みに関する最判昭63・2・16民集42巻2号27頁も参照）。民法

750条は夫婦同氏を定め、例外（**選択的夫婦別姓**）を認めていないが、憲法の個人主義を基軸に違憲だとする意見も強い（民法767条2項が離婚後の復氏の例外を定めるが、片面的である）。明文上は性差別ではないが、実際は婚姻届の約96％が夫の姓を選択しており、夫婦別姓を認めていないことは憲法13条・14条・24条に反するという主張も強い。1996年に法務省法制審議会民法部会は、民法750条の改正も提言したが、旧保守層の抵抗が根強く、今日までそれは実現していない（なお、夫婦同氏は日本の伝統とする根拠は希薄）。**夫婦同氏強制違憲訴訟**最高裁判決（最大判平27・12・16民集69巻8号2586頁）もこれを合憲とした（ただし、違憲だとする複数の反対意見が付いている）。

	根拠	逆の立場への応答	支持層
賛成論	自己決定権、女性の社会進出	同姓も選択できる	大都市、専門職
反対論	伝統・慣行、家族の一体感	通称記載制度で十分	農村部、自営業者

＊　これに対し、ペンネームや芸名など、家族概念とは異なる呼称（個称）、あるいは法律上の氏名と異なる呼称（名のみを含む）を求める権利は13条にあろう。

他方、民法762条は**夫婦別産制**をとり、憲法の個人主義の建前からも合憲である（最大判昭36・9・6民集15巻8号2047頁）が、一般的に夫婦の一方の名義で登録された土地家屋などの財産はその者の特有財産としない判断が定着している（最判昭34・7・14民集13巻7号1023頁など）。

＊　出生により人は家族の一員となるが、第一義的には未成熟の子の揺りかごとして家族は憲法的保障の意義がある。法律上も、実の親の子となるのが基本である。だが、**嫡出推定**の規定（民法772条）が離婚後300日以内は及ぶため、実の父が推定されず、元夫の**嫡出否認**を必要とする（民法774条）などの問題もある。**非嫡出子**は親の認知で親子関係に入るが、忌避されれば認知の訴えを起こすことになる（民法787条）が、親の死後3年で訴権が消滅するとの問題もある（ただし、最大判昭30・7・20民集9巻9号1122頁は合憲論）。子の保護とは無関係の、親のエゴとしての認知は認めない趣旨で、成年者の認知には本人の承諾を要する（民法782条）。代理母や、凍結精子による死後生殖に親子関係を認めないのが判例（それぞれ、最決平19・3・23民集61巻2号619頁、最判平18・9・4民集60巻7号2563頁）だが、DNA鑑定等で父子関係を認定する現状とは矛盾する。親の側の自己決定と子の福祉との相克がある。

2　家族と平等

民法（親族・相続法）には違憲の疑いのある規定もある。民法731条の**婚姻適齢**の男女2歳差は性役割観（男は稼ぎ、女は家を守る）が強く違憲（かつ、女性の16歳は児童婚）との批判が強く、法改正で共に18歳となった。同じく733条の女性の6カ月の**再婚禁止期間**は、子の父の確定の目的を超え、不必要な性差別（相手男性も当該女性とは結婚できないが、女性は誰ともできない）だとして、①**中間審査**の下、その期間を100日に短縮すべき、もしくは②**厳格審査**の下、父子鑑定が容易となった今日、およそ違憲だ、と批判されていた。

〔判　例〕　**★再婚禁止期間違憲判決**（最大判平27・12・16民集69巻8号2427頁）
民法733条は、夫と離別・死別した女性に6カ月の再婚禁止期間を置いていた。最高裁は合憲判断をしていた（最判平7・12・5判時1563号81頁）が、2015年、民法772条の規定から、「女性の再婚後に生まれる子については、計算上100日の再婚禁止期間を設けることによって、父性の推定の重複が回避される」ことから、「上記当時において、」これを超える「部分は、憲法14条1項に違反するとともに、憲法24条2項にも違反する」とした（上記①意見に一致。ただし、当時の国会が「改廃等の立法措置を怠っていたと評価することはできない」として、**国家賠償**請求は棄却した）。

判決後、再婚禁止期間は100日に短縮され、2023年には嫡出否認（それまでは父のみが可能）を母や子に認める法改正で無用となり、廃止された。

民法900条4号但書は、**非嫡出子**の相続分を嫡出子の半分と定めていた。法律婚を守るためだといわれていたが、何の責任もない子が損失を被る前近代的な生来的差別であり、非嫡出子が憲法14条1項後段列挙事由の「社会的身分」に該当するとも考えられ（本章Ⅲ参照）、厳格審査の下、違憲だとの批判が強かった。以前に最高裁は合憲の立場を示していた（最大決平7・7・5民集49巻7号1789頁）が、2013（平成25）年には違憲判断に転じ、但書は削除された。

〔判　例〕　**★非嫡出子相続差別違憲訴訟**（最大決平25・9・4民集67巻6号1320頁）
2001年に亡くなった人の嫡出家族が、その非嫡出子に対し遺産分割を求めたところ、非嫡出子側が民法900条4号但書は違憲であるとして、相続分の見直しを求めて上告した事案である。最高裁は、「憲法14条1項は、法の下の平等を定めており、この規定が、事柄の性質に応じた合理的な根拠に基づくものでない限り、法的な差別的取扱いを禁止する趣旨のものである」とする**「合理性」の基準**を再確認した上で、「父母が婚姻関係になかったという、子にとっては自ら選択ないし修正する余地のない事柄を理由としてその子に不利益を及ぼすことは許されず、」「本件規定は、遅くとも」本件相続「当時において、憲法14条１項に違反していた」とした（なお、「本決定の違憲判断は、」本件「相続の開始時から本決定までの間に開始された他の相続につき、」「確定的なものとなった法律関係に影響を及ぼすものではない」とも述べた）。

最高裁は、戸籍法49条２項が出生届に「嫡出子」か「嫡出でない子」と記載を求めることは合憲とする（最判平25・9・26民集67巻６号1384頁）。だが、最高裁は、**国籍法**３条上、父が日本人で母が外国人の非嫡出子の生後認知では日本国籍を取得できないことを違憲と判示した。本条は改正された。

〔判　例〕　★国籍法違憲判決（最大判平20・6・4民集62巻６号1367頁）

国籍法３条１項は、日本国民の父と外国人母との間に出生した非嫡出子は、父から認知され、父母の婚姻により嫡出子たる身分を取得した（準正）場合に限り日本国籍の取得を認めていた（嫡出子、日本国民の母と外国人父の間の子、生前認知の場合は日本国籍を取得する）。2003年に国籍申請したが拒否された子が日本国籍の確認を求めた訴訟で、最高裁は、「立法目的との間における合理的関連性は、我が国の内外における社会的環境の変化等によって失われており、今日において、国籍法３条１項の規定は、日本国籍の取得につき合理性を欠いた過剰な要件を課するもの」であり、「遅くとも上告人が法務大臣あてに国籍取得届を提出した」「時点において、本件区別は合理的な理由のない差別となっていたといわざるを得ず、国籍法３条１項の規定が本件区別を生じさせていることは、憲法14条１項に違反する」として、「父母の婚姻により嫡出子たる身分を取得したという部分を除いた国籍法３条１項所定の要件が満たされるとき」には日本国籍を認めるとした。

【参考文献】

岩波講座『現代社会と法14――自己決定と法』（岩波書店、1998）
早瀬勝明『憲法13条解釈をどうやって客観化するか』（大学教育出版、2011）
君塚正臣『性差別司法審査基準論』（信山社、1996）
辻村みよ子『家族と憲法』（日本加除出版、2016）

第 7 章　精神的自由

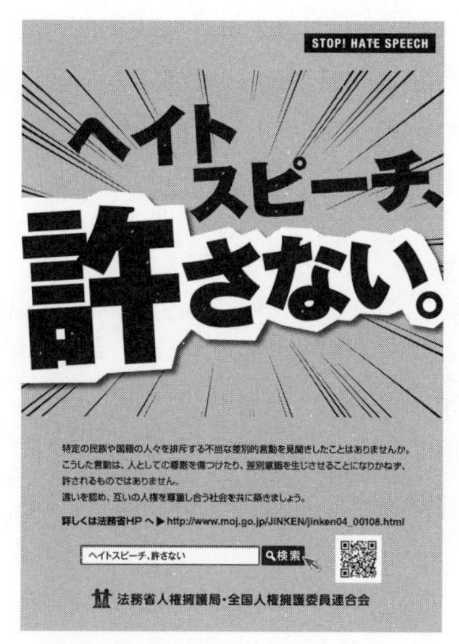

法務省が作成したポスター
ヘイト・スピーチを法的に規制すべきか否かは、各国でも対応が分かれる論点である。
出典：法務省ウェブサイト

Ⅰ　精神的自由総説

日本国憲法は、**思想・良心の自由**（19条）、**信教の自由**（20条）、**表現の自由**および**集会・結社の自由**（21条）、**学問の自由**（23条）をそれぞれ保障している。これらは**精神的自由**権と総称される。精神的自由権は憲法上の権利の中でも特に重要とされ、優越的地位を有すると考えられている（第５章Ⅲ２）。

Ⅱ　思想・良心の自由

1 沿　革

憲法19条が保障する**思想・良心の自由**は、大日本帝国（明治）憲法には規定が置かれていなかった。しかし、**治安維持法**の下での共産主義者に対する過酷な思想弾圧に象徴されるように、戦前の思想・良心の自由の保障は極めて不十分なものにとどまった。憲法19条の規定には、**全体主義**に転落した戦前の経験への反省が込められている。

コラム　諸外国の憲法では、思想・良心の自由を独立の条文で規定しない国も多い。アメリカでは、思想・良心の自由は、信教の自由や表現の自由の規定に吸収されると考えられている。他方、ドイツ基本法４条１項では、信教の自由と並んで、良心の自由が明文で保障されている。また、同条３項は良心的兵役拒否の権利を保障し、「何人も、その良心に反して、武器をもってする軍務を強制されてはならない」と定める（拒否を行う者には役務従事義務が課される（同12a 条（２））。もっとも、2011年以降、兵役義務は停止されている）。

2 思想・良心の概念と範囲

19条がいう「思想」と「良心」の概念については、両者を明確に区別せずに一体的に理解するのが判例・通説である。保障が及ぶ思想・良心の範囲については、内心の精神活動一般に広く及ぶのか（広義説）、あるいは世界観・人生観など個人の人格形成の核心をなす一定の精神活動に限定されるのか（狭義説）をめぐって議論がある。判例は明確な立場を示していないが、**謝罪広告事件**では個別意見の間でこの点に関する対立が見られた。

〔判　例〕　**★謝罪広告事件**（最大判昭31・7・4民集10巻7号785頁）

名誉毀損の救済手段として新聞への謝罪広告の掲載を裁判所が命じることが憲法19条に反しないかが争われた。多数意見は、謝罪広告は場合によっては「意思決定の自由ないし良心の自由を不当に制限すること」になりうるが、「単に事態の真相を告白し陳謝の意を表明するに止まる程度のもの」は合憲であるとした。田中耕太郎補足意見は19条の「良心」について狭義説をとり、宗教上の信仰に準じるような「世界観や主義や思想や主張」を含むが、「謝罪の意思表示の基礎としての道徳的の反省とか誠実さ」は含まないとした。藤田八郎反対意見は広義説をとり、「人の本心に反して、事の是非善悪の判断を外部に表現せしめ、心にもない陳謝の発露を判決をもって命ずる」ことは違憲であるとした。

3　保障内容

伝統的な考え方では、思想・良心の自由は**内心の自由**を保障し、個人の精神活動は内心にとどまる限り絶対的に保障されると解されてきた。保障内容として、第1に、政府は特定の思想を強制したり禁止してはならず、思想内容を理由に個人に不利益を与えてはならないこと、第2に、沈黙の自由が保障され、内心の告白は強制されてはならないこと（例えば、政府による強制的なアンケート調査などは禁止される）が挙げられる。

しかし、実際には、思想・良心は単に内面的な精神作用にとどまるばかりではなく、何らかの行動と結びつき、**外部的行為**として発露される場合が多い。19条をもっぱら内心の自由としてのみ捉える見解では、政府によって一定の外部的行為が強制されても、個人は「面従腹背」することができるため内心の自由は傷つかないとも解されうるが、これでは思想・良心の自由の保障は極めて限定的な内容に過ぎないものとなる。それゆえ、現在の学説では、思想・良心に基づく外部的行為の自由も19条の保障内容に含まれ、外部的行為の規制によって個人の内心は制限を受けうるとする見解が支配的になっている。その場合、外部的行為は社会との接点を有するため、絶対的保障を受ける内心の自由と同様に考えるわけにはいかない。ゆえに外部的行為の自由の制限がいかなる場合に正当化されるのかが問われるようになっている。

判例は、伝統的な考え方に従い、19条を内心の自由を中心に理解し、内心と外部的行為とを峻別するものが多かった（**謝罪広告事件**、**麹町内申書裁判**など）。

〔判　例〕 **★麹町内申書裁判**（最判昭63・7・15判時1287号65頁）
東京都の区立中学校の生徒Xは高校受験にことごとく失敗したが、その際に中学校が作成した調査書（内申書）には、「校内において麹町中全共闘を名乗り、機関紙『砦』を発行した。……大学生 ML 派の集会に参加している」などと記載されていた。最高裁は、本件調査書の記載はXの「思想、信条そのもの」を記載したものではなく、「右の記載に係る外部的行為によってはXの思想、信条を了知しうるものではない」と述べて、本件調査書の記載は思想・良心の自由の保障に反しないとした。

他方、一連の**君が代・日の丸訴訟**では、思想・良心に基づく外部的行為の自由の保障が争点化し、判例の展開が見られた。1989年の学習指導要領の改訂で、小学校・中学校・高等学校の入学式や卒業式などでの国旗掲揚と国歌斉唱について、「望ましい」としていた従来の記載が、「指導するものとする」と改められた。また、1999年には**国旗国歌法**が制定された。同法は日の丸を国旗、君が代を国歌と定める内容であり、国会審議では何らの強制を目的としないと説明されたが、しかし同法の制定を契機に公立学校の儀式的行事での国旗掲揚と国家斉唱が実際に徹底されるようになっていった。その中で、これに反対する行動をとる教職員に対してなされた職務命令などを争う訴訟が起こされた。

君が代ピアノ伴奏拒否事件（最判平19・2・27民集61巻1号291頁）では、市立小学校の音楽教諭Xが、入学式での国歌斉唱の際に君が代のピアノ伴奏を行うよう校長から職務命令を受けたが、これに従わなかったため戒告処分を受けたことが合憲と判断された。多数意見によれば、本件職務命令はXの「歴史観ないし世界観それ自体」を否定するものではなく、また入学式における君が代の伴奏は「音楽専科の教諭等にとって通常想定され期待されるもの」であって、「特定の思想を有するということを外部に表明する行為と評価することは困難」であるとされた。これに対して、藤田宙靖反対意見は、本件の「真の問題」は、入学式で君が代のピアノ伴奏をすることは「自らの信条に照らしXにとって極めて苦痛なことであり、それにもかかわらずこれを強制することが許されるかどうか」であり、より具体的な検討を要するとして差戻判決を下すべきとした。このように、当該事件では、多数意見が伝統的な内心と外部的行為の峻別論に立ったのに対して、藤田反対意見が外部的行為の強制による内心の「苦痛」

に焦点を当てたという構図で、思想・良心に基づく外部的行為の自由の保障をめぐる議論が展開した。

公立学校の儀式的行事における国歌斉唱を教員らに対して命じる職務命令の憲法適合性が争われた**君が代起立斉唱拒否事件**（最判平23・5・30民集65巻4号1780頁）では、君が代の起立斉唱行為は「一般的、客観的に見て、……式典における慣例上の儀礼的な所作」であり、起立斉唱命令は「個人の思想及び良心の自由を直ちに制約するものと認めることはできない」とされた。もっとも、起立斉唱行為は「教員が日常担当する教科等や日常従事する事務の内容それ自体には含まれないものであって、一般的、客観的に見ても、国旗及び国歌に対する敬意の表明の要素を含む」。それゆえ起立斉唱命令は、「個人の歴史観ないし世界観に由来する行動……と異なる外部的行為……を求められることになり、その限りにおいて、その者の思想及び良心の自由についての間接的な制約となる面がある」。そうした間接的制約が許されるかどうかは、職務命令の目的や制限の程度などを「総合的に較量」して決せられるべきであるとされ、結論として、起立斉唱命令は秩序の確保や式典の円滑な進行を図るものであり合憲とされた。このように、起立斉唱拒否事件では、起立斉唱命令が思想・良心の自由の間接的制約となりうるとされ、外部的行為の強制による思想・良心の自由の制限が正当化されるかどうかに焦点を当てた審査が行われたという点が重要である。

その後、最高裁は、起立斉唱命令に従わない教員に対する懲戒処分につき、一部の事例で違法と判断している（最判平24・1・16判時2147号127頁など）。とりわけ単なる戒告処分を超えて停職や減給などといった重い処分が下される場合は慎重さが求められるとされ、命令違反行為の具体的な態様や違反行為の回数などを考慮して司法審査がなされている。こうして一連の訴訟により、君が代のピアノ伴奏や起立斉唱などを命じる職務命令は合憲とされたが、教員らに対する行き過ぎた懲戒処分に対しては一定の歯止めがかかっている。

コラム　アメリカで1943年に下されたバーネット判決（West Virginia State Board of Education v. Barnette, 319 U.S. 624）は、公立学校での生徒に対する国旗への敬礼の強制を違憲と判断した事例である。合衆国最高裁は、当該州法は信条の告白の強制につながりかねないとして、表現の自由（アメリカでは思想・良心の自由を含むと解されている。前述Ⅱ 1）に反するとした。同判決は、「われわれの憲法という星座の中に恒星があるとすれば、それは、いかなる公権力も、……政治、ナショナリズム、宗教、その他の意見に関する問題について、何が正しいと定めることはできないこと、および市民に対して内心の信条を言葉や行動で告白するよう強制してはならないことである」と述べた。

Ⅲ　表現の自由

1　総　　説

（1）　意　義　　思想・良心、信仰などの内面的精神活動は、外部に表明されることができて初めてそれらの自由が保障された意味をもつ。憲法21条は、1項で、法律の留保をつけず、「集会、結社及び言論、出版その他一切の表現の自由は、これを保障する」と規定し、2項前段で「検閲は、これをしてはならない」と規定して、**表現の自由**を手厚く保障しようとしている。

☞表現の自由を手厚く保障する根拠としては、表現の自由には、表現活動を通じて個人の人格を発展させるという個人的な価値（**自己実現**）だけではなく、主権者である国民が言論活動を通じて政治的意思決定に関与するという、社会的な価値（**自己統治**）があることが挙げられる。最高裁も、表現の自由の価値について、「およそ各人が、自由に、さまざまな意見、知識、情報に接し、これを摂取する機会をもつことは、その者が個人として自己の思想及び人格を形成・発展させ、社会生活の中にこれを反映させていくうえにおいて欠くことのできないものであり、また、民主主義社会における思想及び情報の自由な伝達、交流の確保という基本的原理を真に実効あるものたらしめるためにも、必要なところである」と述べている（**よど号ハイジャック事件**＝最大判昭58・6・22民集37巻5号793頁）。また、表現の自由はもろく壊れやすい権利であることから、厚く保障すべきであるという主張もある。

☞このような理由から、表現の自由は憲法が保障する基本的人権の中でも特に重要なものであるとされ、表現の自由は人権の中で**優越的地位**にあるといわれている。また、表現の自由の保障は、国家によって干渉されることなく、自由な言論市場に委ねることにより、その競争の結果、人格の実現や民主主義過程の維持にとって良い結果が達成されうるという考え方に立っている（**思想の自由市場論**）。そのため、表現の自由を規制する立法の合憲性は厳格に審査されなければならない。

（２） 表現の自由の保障内容　　憲法21条は、「集会、結社及び言論、出版その他一切の表現の自由」を保障している。これは、手段、方法の如何を問わず、およそすべての表現的な行為を保障する趣旨である。そのため、口頭による言論や、新聞のような印刷物だけでなく、音楽、絵画、演劇、写真なども憲法が保障する表現に含まれる。また、テレビ、インターネットのような憲法制定時には存在していなかった媒体を利用した表現活動もまた、憲法21条によって保障される。さらには、通常は表現行為とは見なされない行為（例えば、国旗を焼くこと）であっても、それが特定の意見を伝えるために行われる場合には、表現行為と見なされることもある（**象徴的表現**）。裁判所は、日の丸旗の掲揚に反対するために日の丸旗に火をつけた者が器物損壊罪等により起訴された事件で、仮に、国旗を燃やす行為が象徴的表現に該当するとしても、規制目的・対象は表現効果に向けられておらず、表現の抑圧とは無関係であるとした（**日の丸焼却事件**＝福岡高那覇支判平７・10・26判時1555号140頁）。

コラム　アメリカでは、象徴的表現の規制が問題となる場合、その規制の目的が表現の抑圧にある場合は厳格審査が適用され、表現の抑圧に無関係な場合には、**オブライエン・テスト**が適用される。オブライエン・テストとは、徴兵カードを燃やす行為を禁止する州法が問題となったオブライエン事件（United States v. O'Brien, 391 U.S. 367 (1968)）で示された基準で、①政府の憲法上の権限内であり、②重要または実質的な政府利益を促進し、③政府利益が自由な言論の抑圧とは関連せず、④修正第１条の自由の付随的な制約がその政府利益の促進のために不可欠であるという限度を超えない、という条件を満たした場合に規制が正当化されるとするものである。国旗を燃やす行為を禁止する州法が問題となったジョンソン事件（Texas v. Johnson, 491 U.S. 397 (1989)）では、同法の目的は言論の抑圧にあるとされ、厳格な審査により違憲とされた。

☞表現の自由は、対等な市民が思想・意見を自由に交換するイメージが前提とされていた。そのため、表現の自由は、言いたいことを言う自由を保障するものと考えられていた。しかし、20世紀になると、マス・メディアが発達し、表現の「送り手」としてのマス・メディアと、「受け手」としての一般国民という役割が固定化されてきた。また、現代国家では、政府が膨大な情報を有するようになっている。そのため、表現の送り手の側から考えられてきた表現の自由の法理を、表現の「受け手」である国民が情報を受領する権利（**知る権利**）から再構成すべきであると主張されるようになってきた。そのため、現在では表現の自由は、情報の提供、収集、受領を含む、情報プロセス全体を保障すると解されている。

（3）　知る権利　「知る権利」は、多義的な権利であり、いくつかの異なる意味で用いられる。1つ目に、情報の受領を妨げられない権利（**情報受領権**）として用いられる。2つ目に、情報を収集する権利（**情報収集権**。報道機関の場合、この権利は**取材の自由**と呼ばれる。後述する）として用いられる。3つ目に、政府の情報を求める権利（**情報開示請求権**）として用いられる。情報開示請求権としての知る権利は、国家により妨げられないという消極な権利ではなく、国家に積極的な行為を要求する権利である。

＊　現代社会では、特定の情報の受領を強制される状況（**囚われの聴衆**）がしばしば存在する。このような場合に、情報を受領しない権利（知らない権利）が保障されるのかが問題となる。**大阪市営地下鉄車内放送事件**（最判昭63・12・20判時1302号94頁）では、最高裁は、地下鉄車内の商業宣伝放送は違法とはならないとした。同判決伊藤裁判官補足意見は、「自己の欲しない刺戟によって心の静穏を乱されない利益」は、「幸福追求権（憲法13条）に含まれると解することも」できるが、「精神的自由権の一つとして憲法上優越的地位を有するものとすることは適当ではない」とした。

☞国家が膨大な情報を有する現代では、主権者である国民が、国家を適切に監視・コントロールするためには、政府がどのような情報を有しているのかを知る必要がある。このような情報開示請求権は、いかなる情報をどのような範囲で開示するかについて法令により具体化されていない限り、憲法21条を根拠に直接裁判所に訴えることはできない（そのため、情報公開条例の例外規定が憲法21条に反しているとの主張は認められない。**京都府鴨川ダム地図面公開訴訟**＝最判平6・3・25判時1512号22頁）。1980年代から、多くの地方公共団体が情報公開条例を制定するようになり、国政レベルでは、1999年に**行政機関の保有する情報の公開に関する法律**（**情報公開法**）が制定された。ただし、情報公開法は、「知る権利」ではなく、「国民主権の理念」のみを目的規定に挙げており、この点については批判もある。

情報公開法や情報公開条例により、政府が保有する情報は原則として公開されるものとされているが、公開により第三者の権利利益を害する恐れがある場合や、行政の事業の適正な遂行に支障を及ぼす恐れがある場合など、一定の場合は非公開にすることが認められている（例えば、情報公開法5条）。最高裁は、**大阪府知事交際費公開請求訴訟**（最判平6・1・27民集48巻1号53頁）では、「交際の相手方が識別され得るもの」については「公開しないことができる文書に該当する」とした。これに対して、**大阪府水道部接待費公開請求訴訟**（最判平6・2・8民集48巻2号255頁）では、文書を公開することによって、「懇談会等の相手方等が了知される可能性」について、その「判断を可能とする程度に具体的な事実を主張、立証しない限り」は公開されるべきであるとした。

〔判　例〕　**★大阪府知事交際費公開請求訴訟**（最判平6・1・27民集48巻1号53頁）

知事の交際費について、その非公開決定が争われた事件。最高裁は、文書を非公開にできるか否かは、「これらの情報を公にすることにより、当該若しくは同種の交渉等事務としての交際事務の目的が達成できなくなるおそれがあるか否か」または「交際事務を公正かつ適切に行うことに著しい支障を及ぼすおそれがあるか否かによって決定される」とした。そして、交際の相手方を識別できる文書を公開することになれば、「相手方に不快、不信の感情を抱かせ」、また知事もそのような事態を懸念して、「必要な交際費の支出を差し控え」るなど、「知事の交際事務を適切に行うことに著しい支障を及ぼすおそれがある」ため、「その交際の性質、内容等からして交際内容等が一般に公表、披露されることがもともと予定されているもの」以外は非公開にすることができるとした。

知る権利が問題となる場面の一つとして、マス・メディアによる情報の寡占化をうけて、情報の受け手である国民が、情報の送り手であるマス・メディアに対して自己の意見を発表する場を求める権利（**アクセス権**）が主張されることがある。ヨーロッパでは、多くの国が、メディアにより批判された者が、無料で反論の機会を提供するようメディアに求める権利（**反論権**）を法律で認めている。アクセス権、反論権ともに、少数派の見解を、メディアを通じて流通させ、言論市場を多様化させようとする狙いがある。しかし、私企業であるマス・メディアは編集権を有しており、アクセス権、反論権を認めると、マス・メディアの編集権が侵害されることになる。**サンケイ新聞意見広告事件**（最判昭62・4・24民集41巻3号490頁）で最高裁は、反論権の制度は、意に反する記事の「掲載を強制されることになり、また、そのために本来ならば他に利用できたはずの紙面を割かなければならなくなる等の負担を強いられるのであって、これらの負担が、批判的記事、ことに公的事項に関する批判的記事の掲載をちゅうちょさせ、憲法の保障する表現の自由を間接的に侵す危険につながるおそれも多分に存する」として、具体的な成文法なしに反論権は認められないとした。ただし、最高裁は、法律によってアクセス権を認めることの合憲性については明言していない。

（**4**）　政府言論　　☞表現の自由に関する議論は、表現の自由を国家による不当な侵害からどのように保障するのかが重要な課題だった。しかし、現代では、国家は表現を規制するだけではなく、刊行物の刊行・配布や記者会見など、さまざまな方法によって積極的に広報活動を行っている。このような国家による表現を**政府言論**と呼ぶ。公権力は表現の自由の保護の対象とはならないが、政府が行っている活動について国民に情報提供することは、主権者である国民の**知る権利**に応えるために必要な活動である。他方で、圧倒的な資源（財的資源、人的資源等）をもつ国家が言論市場に参入すると、独占を許し、市場は大きく歪められる恐れもある。そのため、政府言論をどのように統制するのかが、表現の自由をめぐる新しい課題となっている。

国家は自らが表現主体となるだけでなく、資金や表現する場を提供するなど、私人の表現を「援助」することにより、間接的に言論市場に登場することもある。文化に対する財政援助などがその典型例である。表現の自由は、表現活動を国家によって妨害されない自由であるため、表現活動への援助を国家に対して求める権利は保障されていない。また、国家が助成対象を選別する際には、内容による区別をせざるをえない。しかし、国家がどのような条件を付してもよいとされると、圧倒的な資源をもつ国家により、言論市場は大きく歪められる。そのため、国家は表現を援助する際に、どのような条件を付してもよいわけではなく、憲法上の権利の放棄を求めるなど、一定の条件は憲法違反となるとされる（**「違憲な条件」の法理**）。

公権力が一部の図書を購入して、住民が無料で閲覧できるようにするサービスである公立図書館も政府言論の一種であるとされる。図書の購入に際しては内容による区別はやむをえず、図書館に広い裁量が認められる。**船橋市西図書館事件**（最判平17・7・14民集59巻6号1569頁）で最高裁は、「著作者は、自らの著作物を図書館が購入することを法的に請求することができる地位にあるとは解されない」としている。ただし、最高裁は、公立図書館は、「そこで閲覧に供された図書の著作者にとって、その思想、意見等を公衆に伝達する公的な場でもある」ため、「閲覧に供されている図書を著作者の思想や信条を理由とするなど不公正な取扱いによって廃棄することは、当該著作者が著作物によってその思想、意見等を公衆に伝達する利益を不当に損なうもの」であるとして、一旦購入した図書の管理については、公立図書館の裁量の幅は狭まるとしている。国際芸術祭「愛知トリエンナーレ2019」内の企画展「表現の不自由展・その後」が、展示内容に対する抗議等を理由に一時中止になり、また「表現の不自由展かんさい」では、公の施設であるギャラリーの利用承認が取り消されたことが問題となった。後者について、裁判所は取消処分の執行停止を認めた（最判令3・7・16LEX/DB25590538）。また、出演者の１人が麻薬取締法違反の罪で有罪判決が確定したことにより、内定していた補助金が不交付とされた事件では、東京高裁は不交付処分を適法とした（東京高判令4・3・3判タ1505号41頁）。これらの事件では、表現の自由が直接制約されたわけではないが、援助が撤回された事例であり、それが恣意的な理由でなされた場合には権利侵害が認められる場合がある。

2　表現の自由の制約形式

（1）　検閲・事前抑制の禁止　　☞表現行為がなされる前にそれを規制することを事前抑制と呼ぶ。ある表現が規制の対象になるかを発表前に審査されてしまうと、本当にそれを規制する必要があったのかを後から評価することが困難になること、また、規制する側の判断が抽象的・推測的になってしまうため、公権力にとって不都合な表現が妨害されやすくなることなどから、**事前抑制**は、表現の自由に対する特に強い規制といえる。そのため、表現の事前抑制は原則として許されない。

☞憲法21条２項前段は、「検閲は、これをしてはならない」と規定するが、ここでいう**検閲**が、事前抑制一般を指すのか（広義説）、事前抑制の中でも特に問題のあるものを指すのか（狭義説）について争いがある。広義説をとる場合、裁判所による事前差止めや**教科書検定**も検閲の問題となりうる。広義説によれば、憲法21条２項は検閲を絶対的に禁止するものではなく、裁判所による事前差止めなどは例外的に許容される。狭義説をとる場合、事前抑制一般は憲法21条１項によって原則として禁止されるとした上で、２項の検閲は「表現行為に先立ち行政権がその内容を事前に審査し、不適当と認める場合にその表現行為を禁止すること」のみを指し、そして、その禁止は絶対的であるとされる。

憲法が明文で検閲を特に禁止している点や、検閲は他の事前抑制とは規制の態様や強度が異なることなどから、狭義説が通説とされる。**税関検査事件**（最大判昭59・12・12民集38巻12号1308頁）で、最高裁は、狭義説に立ち、憲法21条２項は、「検閲の絶対的禁止を宣言した」規定であるとした。ただし、最高裁は、検閲を、「行政権が主体となって、思想内容等の表現物を対象とし、その全部又は一部の発表の禁止を目的として、対象とされる一定の表現物につき網羅的一般的に、発表前にその内容を審査した上、不適当と認めるものの発表を禁止することを、その特質として備えるもの」としている。絶対的な禁止という効果を発生させる以上、検閲の定義をある程度限定する必要はある。しかし、判例の定義を採用すると、戦前の出版取締りですら網羅的一般的に審査して発表を禁止するものではないため、検閲に該当しないことになってしまう。そのため、多くの学説は、判例の検閲概念は不当に狭すぎると批判する。

〔判　例〕 **★税関検査事件**（最大判昭59・12・12民集38巻12号1308頁）

男女の性交行為が描写されている８ミリ映画や雑誌等を輸入しようとしたところ、それらが旧関税定率法21条１項３号（当時）が輸入を禁止する「公安又は風俗を害すべき書籍、図画、彫刻物その他の物品」に該当する旨の通知をされ、それに対する異議申立ても棄却された者が、通知処分および異議申立て棄却決定の取消しを求めた事件。最高裁は、上記の検閲の定義を採用した上で、①「輸入が禁止される表現物は、一般に、国外においては既に発表済みのものであって」、「事前に発表そのものを一切禁止するというものではない」ことなどから、「税関検査は、事前規制そのものということはできない」、②「税関検査は、関税徴収手続の一環として、これに付随して行われるもので」、「思想内容等それ自体を網羅的に審査し規制することを目的とするものではない」、③「司法審査の機会が与えられているのであって、行政権の判断が最終的なものとされるわけではない」ことから、税関検査は検閲には該当しないとした。

税関検査事件以降、教科書検定や裁判所による事前差止め、**青少年保護育成条例**による有害図書指定などの検閲該当性が問題となったが、最高裁はいずれも検閲に該当しないとしている。

〔判　例〕 **★家永教科書裁判**（第１次訴訟＝最判平５・３・16民集47巻５号3483頁、第２次訴訟＝最判昭57・４・８民集36巻４号594頁、第３次訴訟＝最判平９・８・29民集51巻７号2921頁）

小学校、中学校、高等学校では、原則として文部科学大臣の検定に合格した教科書を使用しなければならない。家永三郎が執筆した高校教科書用図書『新日本史』が検定に不合格処分となったため、家永が処分の取消し（第２次）や損害賠償（第１次、第３次）を求めて提訴した。第２次家永訴訟第一審は、「公権力によって外に発表されるべき思想の内容を予じめ審査し、不適当と認めるときは、その発表を禁止するいわゆる事前審査を意味」するという、独自の検閲概念を採用し、「教科書検定制度自体が」検閲に該当するとはいえないものの、本件で問題となった検閲は、「教科書執筆者としての思想（学問的見解）内容を事前に審査するものというべきであるから、憲法21条２項の禁止する検閲に該当」し、違憲、違法であるとした（東京地判昭45・7・17行集21巻７号別冊１頁）。これに対し、第１次家永訴訟最高裁は、税関検査事件の検閲の定義を引用したうえで、不合格処分となった場合でも一般図書として発行することはできることやすでに刊行されている図書についても検定申請をすることができるなどから、教科書検定は検閲に該当しないとしている（最判平５・３・16民集47巻５号3483頁）。

＊　学説も、一般図書として出版可能であるので検閲には該当しないという立場が有力だが、教科書としての出版が閉ざされてしまう以上、「検閲」に当たるというべきであるとの批判もある。

〔判　例〕 **★岐阜県青少年保護育成条例事件**（最判平元・9・19刑集43巻8号785頁）
著しく性的感情を刺戟するなど、青少年の健全な育成を阻害する恐れのある図書等を有害図書として指定し、それを青少年へ販売・配布・貸付することや自動販売機へ収納することを禁止する岐阜県青少年保護育成条例の合憲性が争われた事件。最高裁は、税関検査事件などの趣旨に徴して有害図書への指定は検閲に該当しないとした。

☞憲法21条2項が禁止する検閲に当たらない場合でも、公権力が、憲法上保護される表現の発表や受領を妨げることは、憲法21条1項により原則的に禁止される。この点で、裁判所が**名誉**や**プライバシー**を保護するために、出版を事前に差し止めることができるのかが問題となる。**北方ジャーナル事件**（最大判昭61・6・11民集40巻4号872頁）で最高裁は、「厳格かつ明確な要件のもとにおいてのみ許容されうる」とした。

〔判　例〕 **★北方ジャーナル事件**（最大判昭61・6・11民集40巻4号872頁）
北海道知事選に立候補予定者を批判、攻撃する記事を掲載しようとした雑誌の差止めが争われた事件。最高裁は、「仮処分による事前差止めは、表現物の内容の網羅的一般的な審査に基づく事前規制が行政機関によりそれ自体を目的として行われる場合とは異な」るものであるため、検閲には該当しないと判断した。そして、公務員又は公職選挙の候補者に対する評価、批判等の表現行為に関する表現行為に対する事前差止めは、原則として許されないが、「その表現内容が真実でなく、又はそれが専ら公益を図る目的のものでないことが明白であって、かつ、被害者が重大にして著しく回復困難な損害を被る虞があるときは」例外的に事前差止めが許されるとした。

その後、プライバシー侵害などを理由とする事前差止めが問題となった**「石に泳ぐ魚」事件**（最判平14・9・24判時1802号60頁）で、最高裁は、個別的利益衡量により差止めを認めた控訴審判決を、ほとんど理由を述べずに是認した。名誉毀損・プライバシー侵害表現を差し止めるための実体的要件について、最高裁の立場は明確になっているとはいえない。

＊　名誉毀損とは異なり、プライバシーの場合はいったん侵害されると事後的な回復が困難であることから、事前差止めの要件を緩和するべきであるとの指摘もある。

（2）　漠然性ゆえに無効の法理・過度に広汎であるがゆえに無効の法理

☞一般に、刑罰法規は憲法31条によって明確性が要求される。しかし、表現を規制する法律は、刑罰法規でなくても明確性が厳格に要求される。なぜなら、何が禁止される表現なのかがわからないような不明確な規制の場合、処罰などの不利益を恐れて表現を差し控えてしまうという**萎縮効果**が生じるからである。そこで、規制の文言が漠然としており、いかなる表現が規制されるのか不明な法令の規定は、文面上無効とされる（**漠然ゆえに無効の法理**）。また、明確な規定であっても、規制の範囲が広汎すぎて違憲的に適用される可能性がある規定もまた文面上無効とされる（**過度に広汎ゆえに無効の法理**）。漠然とした規制の多くは同時に過度に広汎であることが多く、漠然性と過度の広汎性はしばしば重なり、訴訟においても両者が問題とされることが多い。しかし、明確であるが過度に広汎な場合などもありうることから、両者は一応区別される。

規制にはある程度一般性、抽象性が要請されること、また、立法技術の限界もあり、完全に明確であることは不可能である。そこで、どの程度の明確性が求められるかが問題となる。**徳島市公安条例事件**（最大判昭50・9・10刑集29巻8号489頁）で、最高裁は、「ある刑罰法規があいまい不明確のゆえに憲法31条に違反するものと認めるべきかどうかは、通常の判断能力を有する一般人の理解において、具体的場合に当該行為がその適用を受けるものかどうかの判断を可能ならしめるような基準が読みとれるかどうかによってこれを決定すべきである」としている。

〔判　例〕　**★徳島市公安条例事件**（最大判昭50・9・10刑集29巻8号489頁）

「交通秩序を維持すること」という道路使用許可条件が、不明確か否かが争われた事件。最高裁は、条例の義務内容の明確化が不十分であることを認めつつ、通常の判断能力を有する一般人が、自己がしようとする行為が「殊更な交通秩序の阻害をもたらすようなものであるか」について、「通常その判断にさほどの困難を感じることはないはず」であり、明確性を欠くとはいえないとした。

また、**税関検査事件**（最大判昭59・12・12民集38巻12号1308頁）では、「解釈により、規制の対象となるものとそうでないものとが明確に区別され、かつ、合憲的に規制し得るもののみが規制の対象となることが明らかにされる場合」であり、「一般国民の理解において、具体的場合に当該表現物が規制の対象となるかどうかの判断を可能ならしめるような基準をその規定から読みとることができる」場合には、**合憲限定解釈**により、規制の漠然不明確性は除去できるとした。

過度に広汎な規制の場合、訴訟当事者が問題となった規制の適用対象であることが明らかな場合であっても、その規制が第三者の憲法上の権利を侵害していることを理由に、当該規制の無効を主張できる。これに対して、漠然とした規制の場合、第三者の権利を主張することはできないとされる。

（**3**）　表現内容規制・内容中立規制二分論　　表現の自由の規制について、**表現内容規制**と**表現内容中立規制**とに二分して、前者は後者に比べてより厳格な審査に服するとされる。

☞表現内容規制とは、ある表現を、それが伝達するメッセージを理由に制限する規制である。表現内容規制は、特定の内容の表現が言論市場から締め出されてしまうことになり、また、公権力が自己に都合の悪い表現内容を規制したのではないかという疑いが強い。そのため、裁判所は、表現内容規制の合憲性については、厳格に審査しなければならないとされる。具体的には、やむにやまれぬ政府利益を達成するための必要最小限の規制のみが合憲であると判断される（**厳格審査基準**と呼ばれる）。表現内容規制には、特定の主題を規制するもの（主題規制）と、特定の見解を狙い撃ちするもの（見解規制）があり、後者の合憲性は特に厳しい基準で判断するべきである。

☞表現内容中立規制とは、表現をそれが伝達するメッセージの内容や伝達効果に直接関係なく、時、場所、方法などの表現の態様に着目した規制である。例えば、混雑する時間帯あるいは場所でのビラ配りの規制、大音量のスピーカー規制などがある。表現内容中立規制がなされても、表現のほかの回路（ほかの時間、場所、方法など）が存在すること通常であるため、公権力が都合の悪い表現を規制しているのではないかという疑いも小さい。そのため、通説は、表現内容規制と比べ、規制の審査基準は緩やかでよいとしている。具体的には、立法目的が重要なものであり、目的と手段との間に実質的な関連性が認められれば合憲とされるとするものである（**厳格な合理性の基準**、または**中間審査基準**と呼ばれる）。表現の時・場所・方法の重要性は人によって異なり、また、ある時・場所・方法が表現内容と結びついていることもある。法文上は内容中立的につくられていても、現実には特定内容の表現の規制に利用されることや、特定内容の表現に特に不利益に働くこともありうる（例えば、住居侵入罪が問題となった**立川反戦ビラ事件**＝最判平20・4・11刑集62巻5号1217頁や、御璽偽造罪（刑法164条）が問題となった**天皇風刺ビラ事件**＝最判平2・12・13判地85号93頁など）。また、内容中立規制が表現の全体量を減らしてしまうことの危険性も指摘される。有力説は、このような点から、表現内容規制・内容中立規制二分論を批判して、内容中立規制についても厳格審査基準を適用するべきであるとする。

3　表現の内容に基づく規制

（1）　定義づけ衡量　　表現の内容に着目した規制については、一般的に厳格審査が適用されると考えられているが、わいせつ表現、名誉毀損的表現などの一部の範疇の表現については、その内容自体が保護すべき法益を侵害するものであるため、憲法21条が保障する表現の範囲に入らないと考えられていた。しかし、そのように考えると、わいせつや名誉毀損を法律がどのように定義するかによって、本来許される表現まで規制されてしまう恐れが生じる。そのため、許される表現と許されない表現との境界を明確にする必要がある。

☞そこで、あらかじめ表現の自由の価値と規制する公共的利益のもつ価値とを類型的に衡量し、規制される表現の範囲をできるだけ限定して定義する必要があると考えられるようになった。このような手法を**定義づけ衡量**という。このような一定の限られた範疇の表現以外の表現に対して内容に基づく規制がなされた場合には、厳格審査が適用される。

（2）　違法行為の煽動　　**煽動**処罰とは、犯罪を教唆する行為の処罰とは異なり、犯罪の実行行為が現に行われなくても、独立に煽動行為を処罰するものである。例えば、単なる政治理論の主張が、内乱罪の実行行為を惹起する現実の危険がなくても、煽動罪として処罰の対象となることがある。

最高裁は、**食糧緊急措置例違反事件**（最大判昭24・5・18刑集3巻6号839頁）において、犯罪行為の煽動は、「言論の自由の限界を逸脱」するものであるから、これを犯罪として処罰する法規は「憲法第21条の条規に反するものではない」としている。

〔判　例〕　**★食糧緊急措置例違反事件**（最大判昭24・5・18刑集3巻6号839頁）
食糧緊急措置令による主要食糧の強制供出を批判する演説をした者が、「主要食糧ノ政府ニ對スル賣渡ヲ為サザルコトヲ煽動シタル者」を罰する旨定めた同措置令11条違反で起訴された事件。最高裁は、「国民が政府の政策を批判し、その失政を攻撃することは、その方法が公安を害せざる限り、言論その他一切の表現の自由に属する」としつつも、本件で問題となった言論は、「国民として負担する法律上の重要な義務の不履行を慫慂し、公共の福祉を害するもので」あり、「憲法の保障する言論の自由の限界を逸脱」するものであるとした。

その後も、**渋谷暴動事件**（最判平2・9・28刑集44巻6号463頁）において、最高裁は、破壊活動防止法40条が定める煽動について、「公共の安全を脅かす騒擾罪等の重大犯罪をひき起こす可能性のある社会的に危険な行為であるから、公共の福祉に反し、表現の自由の保護を受けるに値しないものとして、制限を受けるのはやむを得ない」としている。

しかし、このような表現は、それ自体では何ら害悪をもたらすものではないため、犯罪の実行と無関係に処罰するべきではないとの批判がある。そこで、多くの学説は、ある煽動表現が、重大な害悪を発生させる「明らかに差し迫った危険」がある場合に初めて、その表現を規制することが許されると考えるべきであると主張する（**明白かつ現在の危険の基準**）。

コラム　明白かつ現在の危険の基準とは、①ある表現行為がもたらす害悪が重大なものであり、②その害悪をもたらす蓋然性が明白であること、③その害悪の発生が時間的に切迫していること、の3要件を満たした場合に規制の合憲性が認められるとする基準である。同基準は1919年の Schenk v. United States, 249 U.S. 47 (1919) でホームズ裁判官が提唱し、広く使われるようになった。確かにこの基準は、表現保護的な基準であるといえる。しかし、表現の結果に着目する基準であったため、冷戦下では、表現の結果がもたらす弊害が重大なものであれば、その弊害の発生は差し迫ったものではなくても規制は正当化されるという形で用いられるようになってきた。それをうけて「明白かつ現在の危険」の基準を発展させたのが、1969年のBrandenburg v. Ohio, 395 U.S. 444（1969）で提唱された**ブランデンバーグ基準**である。この基準は、表現の規制が合憲といえるためには、①問題となった表現が、差し迫った違法な行為を煽動すること、②そのような結果が生じる蓋然性があること、という要件を満たさなければならないとする基準である。これは、表現の結果だけでなく、内容にも着目する基準で、明白かつ現在の危険の基準よりも表現保護的であるといえる。日本でも同基準を適用すべきであるとする主張も有力である。

（3）　わいせつ表現　　わいせつ表現の公表は、刑法175条により、ほぼ全面的に禁止されている。しかし、性に関する表現すべてが当然に処罰されるわけではない。そこで、どのような表現がわいせつ表現に該当するかが問題となる。**チャタレイ事件**（最大判昭32・3・13刑集11巻3号997頁）で、最高裁は、わいせつ表現とは、「徒に性欲を興奮又は刺戟せしめ、且つ普通人の正常な性的羞恥心を害し、善良な性的道義観念に反するもの」であるする大審院判決以来の定義を採用した。そして、ある表現がこの定義に該当するか否かは、社会通念に従って判断するとした。

〔判　例〕　**★チャタレイ事件**（最大判昭32・3・13刑集11巻3号997頁）
　D・H・ロレンスの『チャタレイ夫人の恋人』の翻訳を出版した出版社社長と翻訳者が刑法175条違反で起訴された事件。最高裁は、その「性的場面の描写は、社会通念上認容された限界を超えている」として、『チャタレイ夫人の恋人』はわいせつ文書に該当するとした。

チャタレイ事件で示された抽象的な定義や、社会通念という曖昧な判断基準では、具体的に何がわいせつ表現に該当するのか明確とはいえない。そこで最高裁は、チャタレイ判決以降、わいせつ表現の定義は維持しつつも、その判断基準を明確にし、わいせつ表現の範囲を限定しようとしている。

チャタレイ事件では、文書のわいせつ性の判断は、文書の一部だけを見て行うとされていたのに対し、**悪徳の栄え事件**（最大判昭44・10・15刑集23巻10号1239

頁）では、わいせつ性は文書が全体としてわいせつ性を有するか否かを検討するとした。さらに、**四畳半襖の下張事件**（最判昭55・11・28刑集34巻6号433頁）では、わいせつの定義に該当するか否かの判断にあたっては、「当該文書の性に関する露骨で詳細な描写叙述の程度とその手法、右描写叙述の文書全体に占める比重、文書に表現された思想等と右描写叙述との関連性、文書の構成や展開、さらには芸術性・思想性等による性的刺激の緩和の程度、これらの観点から該文書を全体としてみたときに、主として、読者の好色的興味にうったえるものと認められるか否かなどの諸点を検討することが必要であり、これらの事情を総合し、その時代の健全な社会通念に照らして」判断するとした。そして、**メイプルソープ写真集税関検査事件**（最判平20・2・19民集62巻2号445頁）では、このような総合考慮の手法によって、男性の性器を直接・具体的に写した写真を含む現代芸術家の写真集のわいせつ性を否定した。

＊　最高裁が示した総合考慮の手法は、事件ごとの衡量であり、定義づけ衡量とはいえない。これに対して、**ハード・コア・ポルノ**と準ハード・コア・ポルノとを区別し、前者は表現の自由の範囲外であるとする伊藤裁判官の補足意見（最判昭58・3・8刑集37巻2号15頁伊藤裁判官補足意見）があり、これを支持する学説もある。

このように、最高裁はわいせつの判断基準を明確化しようとしている。これに対して、そもそも、わいせつ表現の規制は正当化できず、違憲であるとの主張もある。チャタレイ事件で最高裁は、わいせつの規制根拠を、最低限の性道徳の維持としている。しかし、公権力が反道徳的であると考える表現を禁止することは、表現の自由の価値と対立するとの批判がある。学説では、見たくない人の見ないでいる自由や、青少年の保護を、わいせつ表現の禁止目的と捉える立場が有力である。しかし、そうであるならばわいせつ表現をほぼ全面的に規制する必要はなく、時・場所・方法の規制等で十分である。この点から、刑法175条は違憲であるとする立場も有力である。また、わいせつ表現は性差別的表現であり、規制は正当化されるとする立場もある。

ほとんどの各地方公共団体が制定している青少年保護育成条例が、わいせつに至らない性的な表現を、「有害図書」として未成年への販売、貸出等を禁止している。**岐阜県青少年保護育成条例事件**（最判平成元・9・19刑集43巻8号785頁）で、最高裁は、「有害図書が一般に思慮分別の未熟な青少年の性に関する価値観に悪い影響を及ぼし、性的な逸脱行為や残虐な行為を容認する風潮の助長につながるものであって、青少年の健全な育成に有害であることは、既に社会共通の認識になっている」として、「青少年の健全な育成を阻害する有害環境を浄化するための規制に伴う必要やむをえない制約」であるとする。しかし、表現の自由の規制である以上、有害図書が青少年の健全な育成に有害であることが科学的に証明されていなければならないなどの批判がある。

児童ポルノ（18歳未満の児童を相手方とする性交または性交類似行為や、衣服の一部または全部を着けない児童の姿態を撮影したもの等）は、具体的な児童という被害者が存在する点で、わいせつ表現とは性質の異なる問題だと考えられている。十分な判断能力をもたない児童を性的搾取、性的虐待から保護することは極めて重要な規制目的といえる。そのため、児童ポルノについては、頒布に至らない単なる提供行為や、そのための製造なども処罰の対象となるなど、刑法175条よりも広い範囲の行為が規制の対象となっている（児童買春、児童ポルノに係る行為等の規制及び処罰並びに児童の保護等に関する法律（児童ポルノ禁止法））。また、法定刑も刑法175条よりも重い。さらには、2014年には児童ポルノ禁止法が改正され、単純所持も規制の対象となった。しかし、児童ポルノの定義次第では、自分の子どもの水浴びや入浴の写真なども児童ポルノに該当することになりかねないことなどから、単純所持の違法化については、その合憲性や政策的妥当性について疑問の声もある。また、漫画やアニメ、CGによる児童ポルノの規制が主張されているが、これらには被害者がいないので、規制は許されないのではないかとの意見もある。

（4）　名誉毀損　　**名誉毀損**については、刑法235条で罰則が定められている。また、名誉毀損は不法行為となる（民法709条）。しかし、歴史的に見れば、名誉毀損法は政府批判を規制する口実として用いられてきたことを考えると、安易に規制を認めるべきではない。そこで、戦後、刑法230条の2が設けられ、①事実が公共の利害に関係し（事実の公共性）、②その表現がもっぱら公益を図る目的でなされた場合には（目的の公益性）、③事実が真実であることの証明がされれば（真実性の証明）、免責されるとした。

①の要件について、特に問題となるのが、私行に関する事実である。**月刊ペン事件**（最判昭56・4・16刑集35巻3号84頁）で、最高裁は、「私人の私生活上の行状であっても、そのたずさわる社会的活動の性質及びこれを通じて社会に及ぼす影響力の程度などのいかんによっては」「公共の利害に関する事実」に当たる場合があるとした。

②の要件について、刑法230条の2は、表現行為の「目的が専ら公益を図ることにあったと認める場合」としているが、主要な目的が公益を図ることにあればよいと解されている。

③の要件について、事実が真実であると証明することは非常に困難であるため、この要件を厳格に適用するならば、表現の自由に対する強い萎縮効果を生むことになる。**夕刊和歌山時事事件**（最大判昭44・6・25刑集23巻7号975頁）で、最高裁は、「事実が真実であることの証明がない場合でも、行為者がその事実を真実であると誤信し、その誤信したことについて、確実な資料、根拠に照らし相当の理由があるとき」は、名誉毀損の罪は成立しないとした（**相当性の法理**）。これに対して、相当性の法理では表現の保護が不十分であり、アメリカで用いられる**現実の悪意の法理**を導入すべきであるとの主張もある。

コラム　アメリカでは、1964年のNew York Times v. Sullivan, 376 U.S. 254 (1964)において、公務員や公人に対する名誉毀損については、表現者に現実の悪意があったこと――その表現内容が真実ではないと知っていた、あるいは真実であるか否かについて全く考慮していなかったこと――を原告（被害者側）が証明しない限り、名誉毀損は成立しないとした（現実の悪意の法理）。同法理は、表現の自由を強力に保護するものであり、日本でも導入するべきであるとの主張もある。しかし、アメリカでは懲罰的損害賠償が認められているために萎縮効果が大きい点や、日本には証拠開示（ディスカバリー）制度がないために、同法理を導入しても機能しないのではないかといった理由から、導入には慎重な意見が多い。

刑法上の名誉毀損罪は、事実の摘示がなければ成立しないが、民法上の不法行為については、事実の摘示ではなく意見や論評によっても成立する。論評による名誉毀損の場合、そもそも「事実の摘示」がないため、免責要件の一つである「真実性の証明」は問題にならない。そこで、事実の摘示による名誉毀損とは別個の調整法理が必要とされる。**長崎教師批判ビラ事件**（最判平元・12・21民集43巻12号2252頁）で、最高裁は、論評による名誉毀損につき、上記①「事実の公共性」、②「目的の公益性」に加え、③前提としている事実が重要な部分について真実であることの証明があったときには、④人身攻撃に及ぶなど論評としての域を逸脱したものでない限り免責されるとした。

＊ アメリカでは、論評それ自体が名誉毀損を成立させることは原則としてありえないとされ（**公正な論評の法理**）、この見解を支持する学説もある。

（**5**）　プライバシー侵害　　**プライバシー**は憲法13条により保護されており（第6章Ⅰ5参照）、プライバシーの保護と表現の自由との調整が必要となる。なお、プライバシー侵害については、名誉毀損と重なる部分も多いが、一部の職業についての秘密漏洩罪（刑法134条）やリベンジポルノ規制法を除いてはプライバシー侵害を処罰する規定はないため、民法上の不法行為に基づく損害賠償請求および差止めが問題となる（**『エロス＋虐殺』事件**＝東京高決昭45・4・13高民集23巻2号172頁）。

日本で初めてプライバシーの権利性を認めた**「宴のあと」事件**（東京地判昭39・9・28下民集15巻9号2317頁）において、東京地裁は、プライバシー権を、「私生活をみだりに公開されない権利」と定義して、その侵害に対して法的救済が与えられるための要件として、①私生活上の事実または事実らしく受け取られる恐れのある事柄であること、②一般人の感受性を基準として、当該私人の立場に立った場合、公開を欲しないであろうと認められる事柄であること、③一般の人々にいまだ知られていない事柄であること、という3要件を示した。

ノンフィクション「逆転」事件（最判平6・2・8民集48巻2号149頁）で、最高裁は、プライバシーという言葉は用いてはいないが、**前科照会事件**（最判昭56・4・14民集35巻3号620頁）を引用して、前科等を「公表されない利益が法的保護に値する場合がある」としつつも、「その公表が許されるべき場合もある」として、「その者のその後の生活状況のみならず、事件それ自体の歴史的又は社会的な意義、その当事者の重要性、その者の社会的活動及びその影響力について、その著作物の目的、性格等に照らした実名使用の意義及び必要性をも併せて判断すべき」であるとした。また、**長良川事件推知報道事件**（最判平15・3・14民集57巻3号229頁）では、「プライバシーの侵害については、その事実を公表されない法的利益とこれを公表する理由とを比較衡量し、前者が後者に優越する場合に不法行為が成立する」とした。

このように、最高裁は、「宴のあと」事件東京地裁判決とは異なり、個別事件ごとの比較衡量によって判断している。しかし、プライバシー侵害の判断にあたり、対象が公人か私人か、また、公の関心事か私的事項かは重要な考慮事項になるはずであるから、これらの点を取り入れて、もう少し詳しい基準を立てるべきであるとの指摘もある。

少年法61条が、少年事件の加害者の身元を推知させるような記事等を掲載してはならないとしているため、表現の自由との調整が問題となる（ただし同条には罰則はついておらず、報道機関の自主的な判断に委ねられていると解されている。これに対し、同条が実名推知報道を一律に禁止していることは憲法21条に違反するとする学説もある）。長良川事件推知報道事件で、名古屋高裁は、少年法61条は「少年の成長発達過程において健全に成長するための権利の保護とともに、少年の名誉、プライバシーを保護することを目的とするものであり、同条に違反して実名等の報道をする者は」、不法行為責任を負うとした（名古屋高判平12・6・29判時1736号35頁）。同事件の最高裁判決は、当該記事はプライバシーを侵害するものの、少年法61条に違反しないとした上で、不法行為が認められるか否かは比較衡量によるとした（最判平15・3・14民集57巻3号229頁）。

近年では、離婚した元配偶者や別れた元交際相手が、怨恨から相手方の私的な性的画像を公開する、いわゆる**リベンジポルノ**が問題となっている。特にこれらの画像がインターネット上で公開された場合には、削除が困難となる。2014年には、私事性的画像記録の提供等による被害の防止に関する法律（リベンジポルノ防止法）が制定され、第三者が撮影対象者を特定することができる方法で、電気通信回線を通じて私事性的画像記録を不特定または多数の者に提供した者は、3年以下の懲役または50万円以下の罰金に処するとした（同法3条）。

（6） ヘイト・スピーチ　**ヘイト・スピーチ**（差別的表現、憎悪表現）とは、一般に、人種、民族、宗教、性別等に基づく憎悪及び差別を正当化若しくは助長する表現と定義される。

一部のヘイト・スピーチについては、**名誉毀損**罪（刑法230条）や侮辱罪（刑法231条）が適用できるが、表現の対象が、人種、民族などの不特定多数の者である場合、名誉毀損罪や侮辱罪は適用できない。民法上の不法行為も同様である。在日特権を許さない市民の会（在特会）が京都朝鮮初級学校の前で示威行為を行い、その映像を動画サイトに公開した事件において、大阪高裁は、「私人間において一定の集団に属する者の全体に対する人種差別的な発言が行われた場合には、上記発言が、憲法13条、14条１項や人種差別撤廃条約の趣旨に照らし、合理的理由を欠き、社会的に許容し得る範囲を超えて、他人の法的利益を侵害すると認められるときは、民法709条にいう『他人の権利又は法律上保護される利益を侵害した』との要件を満たすと解すべき」であるとした上で、本件活動における発言は、民法709条所定の不法行為に該当すると同時に、人種差別撤廃条約１条１項にいう「人種差別」に該当する場合に当たるとして損害賠償を認めた（大阪高判平26・7・8判時2232号34頁。最高裁は上告を棄却した）。

2016年に制定された本邦外出身者に対する不当な差別的言動の解消に向けた取組の推進に関する法律（ヘイト・スピーチ解消法）は、ヘイト・スピーチは「許されない」としつつも、罰則は定めていない。最高裁は、ヘイト・スピーチが行われた場合に、表現内容の概要や表現活動を行ったものの氏名等を公表することなどを定める大阪市条例について、規制の必要性が高いことや、制裁や法的強制力を伴う手段がない強制力がないことなどを理由に、合理的で必要やむをえない制約であると判断した（最判令4・2・15民集76巻2号190頁）。

ヘイト・スピーチは、①犠牲者に身体的、精神的害悪を与える、②思想の自由市場の機能を歪めさせる、③平等保護の要請に反する、④人間の尊厳を侵害する、ことなどを理由に、規制は可能であるとの主張もなされている。これに対し、ヘイト・スピーチの定義が困難であり規制が濫用される危険性があること、言論には言論で対抗することが原則であることなどから、規制に消極的な立場が、憲法学界では有力である。

（7） 営利的表現　　商品の広告などの、**営利的表現**については、さまざまな規制がある。営利的表現については、そもそも表現の自由の保護を受けるものではなく、経済的自由の問題であるとする説（A説）、表現の自由に含まれるが、政治的表現と比べて保護の程度が低いとする説（B説）、政治的表現と同様の保障を受けるとする説（C説）が対立している。国民が消費者としてさまざまな情報を受け取ることの重要性や、商業広告の中に非営利的な情報も含まれていることがあることなどを考えると、営利的表現も憲法21条の保護を受けると解されるべきである。しかし、営利的表現は**自己統治**の価値とのつながりが薄いこと、国民の健康等に直接影響するところが大きいこと、表現内容が真実か否かについて政治的表現よりも客観的判断しやすいこと、政治的表現と比べて萎縮効果を受けにくいことなどから、B説が通説とされる。

あん摩・鍼・灸師法違反事件（最大判昭36・2・15刑集15巻2号347頁）で、最高裁は、広告の規制を合憲であるとしたが、同判決が営利的表現を表現の自由の範囲内としているのかどうかは明確ではない。同判決の垂水裁判官補足意見は、「業務上の広告の内容、方法を適正に制限することは、経済的活動の自由、少くとも職業の自由の制限」であるとする。他方で、同判決の奥野裁判官少数意見は、「広告が商業活動の性格を有するからといつて同条の表現の自由の保障の外にあるものということができない」として、問題となった規制が「真実、正当な適応症の広告までも一切禁止したことは不当に表現の自由を制限した違憲な条章であって無効である」とする。

〔判　例〕 **★あん摩・鍼・灸師法違反事件**（最大判昭36・2・15刑集15巻2号347頁）

旧あん摩師、はり師、きゆう師及び柔道整復師法7条による適応症の広告の禁止が問題となった事件。最高裁は、広告を「無制限に許容するときは、患者を吸引しようとするためややもすれば虚偽誇大に流れ、一般大衆を惑わす虞があり、その結果適時適切な医療を受ける機会を失わせるような結果を招来することをおそれたためであって、このような弊害を未然に防止するため一定事項以外の広告を禁止することは、国民の保健衛生上の見地から、公共の福祉を維持するためやむをえない」とした。

コラム　営利的表現の規制について、アメリカでは、Central Hudson Gas & Electric Corp. v. Public Service Commission of New York, 447 U.S. 557 (1980) で示された、①問題となる表現が、違法行為あるいは人と誤導するようなものか否か、②主張される政府利益が実質的なものか否か、③その規制手段が、政府が主張する利益を直接促進するか否か、④規制手段が必要以上に広すぎるものか否か、の４点により審査する基準が用いられる（セントラル・ハドソン・テスト）。日本でもこの基準を取り入れるべきであるとの主張が有力である。

（8）　選挙運動の規制　　選挙に関する表現活動は厳しい規制を受けている。例えば公職選挙法は、選挙運動期間を限定して事前運動を禁止し（129条）、戸別訪問を禁止し（138条１項）、選挙期間に配布する文書図画の枚数等を厳しく制限する（142条）など、選挙運動に関するさまざまな規制を設けている。

最高裁は、これらの規制の合憲性を一貫して支持している。**事前運動禁止違憲訴訟**（最大判昭44・4・23刑集23巻４号235頁）では、期間を限定しなければ、「不当、無用な競争を招き、これが規制困難による不正行為の発生等により選挙の公正を害するにいたるおそれがあるのみならず、徒らに経費や労力がかさみ、経済力の差による不公平が生ずる結果となり、ひいては選挙の腐敗をも招来するおそれがある」として、公選法129条の規定は、「このような弊害を防止して、選挙の公正を確保するために」「必要かつ合理的な制限である」とした。戸別訪問の禁止についても、下級審（広島高松江支判昭55・4・28判時964号134頁）で違憲判決が下されたものの、最高裁は一貫して合憲性を支持してきた。

〔判　例〕　**★戸別訪問全面禁止違憲訴訟**（最判昭和56・6・15刑集35巻４号205頁）

最高裁は、戸別訪問の禁止は、戸別訪問が買収、利害誘導等の温床になり易く、選挙人の生活の平穏を害するほか、候補者側も多額の出費を余儀なくされ、投票も情実に支配され易くなるなど、意見表明の手段方法のもたらす弊害を防止し、「もつて選挙の自由と公正を確保することを目的として」おり、その「目的は正当であり」、「戸別訪問を一律に禁止することと禁止目的との間に合理的な関連性があるということができる」とした。

4　内容中立規制

（１）　表現の時・場所・方法に関する規制　☞マス・メディア等を通じて意見を表明できない多くの人にとって、ビラ配りやビラ貼り、街頭演説、集団行進は比較的容易に行うことができる重要な表現手段である。しかし、これらの行為については、しばしば、表現の**時・場所・方法規制**（**表現内容中立規制**）がされる。これらの規制およびその合憲性を支持する最高裁に対しては、概して表現の自由の規制は必要最小限でなければならないとの姿勢が見られないとの批判がある。

ビラ貼りは、軽犯罪法１条33号前段や多くの地方公共団体が制定する屋外広告条例によって規制される。これらの規制は、他人の家屋などに対する財産権、管理権の保護や、美観風致の維持などを目的としている。**大阪市屋外広告物条例事件**（最大判昭43・12・18刑集22巻13号1549頁）や**大分県屋外広告物条例事件**（最判昭62・3・3刑集41巻２号15頁）で、最高裁は、公共の福祉のために許される必要かつ合理的な制限であるとして屋外広告物条例を合憲とした。これに対して、大分県屋外広告条例事件最高裁判決の伊藤裁判官補足意見は、「その地域の美観風致の侵害の程度と掲出された広告物にあらわれた表現のもつ価値とを比較衡量した結果、表現の価値の有する利益が美観風致の維持の利益に優越すると判断されるときに、本条例の定める刑事罰を科することは、適用において違憲となるのを免れない」として、適用違憲の可能性を示唆している。

〔判　例〕　**★大阪市屋外広告物条例事件**（最大判昭43・12・18刑集22巻13号1549頁）
大阪市屋外広告物条例により貼り紙等の表示を禁止された橋柱、電柱および電信柱にビラを貼りつけた者が同条例違反で起訴された事件。最高裁は、「都市の美観風致を維持することは、公共の福祉を保持する所以であるから、この程度の規制は、公共の福祉のため、表現の自由に対し許された必要且つ合理的な制限」であるとした。

鉄道係員の許可を受けることなく、駅構内でビラを配った者が鉄道営業法35条および刑法130条後段により起訴された**吉祥寺駅ビラ配布事件**（最判昭59・12・18刑集38巻12号3026頁）で、最高裁は、憲法21条１項は、「公共の福祉のため必要かつ合理的な制限を是認するものであって、たとえ思想を外部に発表するための手段であっても、その手段が他人の財産権、管理権を不当に害するごときものは許されない」として有罪を支持した。また、ビラ配りのために防衛庁（当時）宿舎の共用部分に立ち入った者が刑法130条後段により起訴された**立川反戦ビラ事件**（最判平20・4・11刑集62巻5号1217頁）では、最高裁は、本件は「表現そのものを処罰することの憲法適合性が問われているのではなく、表現の手段」を「処罰することの憲法適合性が問われている」として、被告人らの行為は「管理権者の管理権を侵害するのみならず、そこで私的生活を営む者の私生活の平穏を侵害するもの」であるとして有罪を支持した。

道路を利用した表現活動については、交通安全維持などを理由としたさまざまな規制がある。警察署長の許可を得ずに街頭演説を行ったため旧道路交通取締法により起訴された事件で、最高裁は、街頭演説は「場合によっては道路交通の妨害となり、延いて、道路交通上の危険の発生、その他公共の安全を害するおそれがないでもないから」、許可制は公共の福祉のために必要であるとした（最判昭35・3・3刑集14巻3号253頁）。道路での集団行進については、道路交通法や各地方公共団体の公安条例により、届出制や許可制が定められており、その合憲性が問題となる。**新潟県公安条例事件**（最大判昭29・11・24刑集8巻11号1866頁）では、最高裁は、「単なる届出制を定めることは格別、そうでなく一般的な許可制を定めてこれを事前に抑制することは、憲法の趣旨に反し許されない」が、「公共の秩序を保持し、又は公共の福祉が著しく侵されることを防止するため、特定の場所又は方法につき、合理的かつ明確な基準の下に」、許可制または届出制を設けることは憲法には違反しないとした。また、集団行進が、「公共の安全に対し明らかな差迫った危険を及ぼすことが予見されるときは、これを許可せず又は禁止することができる」とした。しかし、その後の**東京都公安条例事件**（最大判昭35・7・20刑集14巻9号1243頁）では、「平穏静粛な集団であっても」「一瞬にして暴徒と化」すような事態に発展することは「群集心理の法則と現実の経験に徴して明らかである」ため、そのような危険を防止するために必要な規制であるとして、許可基準が曖昧な同条例を合憲とした。また、**徳島市公安条例事件**（最大判昭50・9・10刑集29巻8号489頁）においても、最高裁は、条例の義務内容の明確化が不十分であることを認めながらも、条例の合憲性を支持した。

〔判　例〕 **★東京都公安条例事件**（最大判昭35・7・20刑集14巻9号1243頁）
　東京都公安条例が定める集団行動の許可制の合憲性が問題となった事件。最高裁は、「許可」か「届出」かというような、「用語のみによって判断すべきでな」く、「条例全体の精神を実質的かつ有機的に考察しなければならない」とした上で、本条例は、「不許可の場合が厳格に制限されている」ため、「その実質において届出制とことなるところがない」として、条例の合憲性を支持した。

（**2**） 付随的規制　　**付随的規制**とは、表現の規制を直接の目的とするのではなく、問題となった表現から生じる弊害を規制しようとした結果、たまたま表現が規制される場合をいう。アメリカでは、付随的規制は**表現内容中立規制**とされ、**中間審査基準**が適用される。

最高裁は、公務員の政治的意見表明の禁止（第5章Ⅳ参照）や戸別訪問の規制（第7章Ⅲ3（8）参照）は付随的規制であるとしているが、多くの学説はこれらの規制は内容規制であると主張する。

5　報道・取材の自由

（**1**） 報道の自由　　☞かつては、表現とは、内面で考えたり感じたりしたことを外部に表明する行為であり、単なる「事実」の伝達に過ぎない報道は、憲法21条が保障する表現には含まれないとの主張もあった。しかし、表現の「送り手」と「受け手」との分離が顕著である現在では、国民が**自己実現**や**自己統治**のための情報を得るためには、マス・メディアの役割が欠かせない。そのため、今日では、**報道の自由**も表現の自由に含まれることについて争いはない。

裁判所がテレビ局に取材フィルムの提出を命じることの合憲性が争われた**博多駅事件**（最大決昭44・11・26刑集23巻11号1490頁）で、最高裁は、「報道機関の報道は、民主主義社会において、国民が国政に関与するにつき、重要な判断の資料を提供し、国民の『知る権利』に奉仕する」と述べて、報道機関の報道の重要性を指摘している。

放送法は、公共放送事業者と民間放送事業者との二本立ての体制をとっている。最高裁は、前者の財政的基盤を支えるために受信契約の締結を強制する制度を構築することは憲法21条等に反しないとした（最大判平29・12・6民集71巻10号1817頁）。

〔判　例〕 **★博多駅事件**（最大決昭44・11・26刑集23巻11号1490頁）
博多駅で起きたとされる特別公務員暴虐罪事件等の付審判請求の審理のために、福岡地裁が民放3社とNHKに事件の状況を撮影したフィルムの提出を命じたことに対し、民放3社とNHKがその取消しを求めた事件。最高裁は報道の自由、取材の自由の重要性を指摘しつつも、「公正な刑事裁判の実現を保障するために、報道機関の取材活動によって得られたものが、証拠として必要と認められるような場合には、取材の自由がある程度の制約を蒙ることとなってもやむを得ない」として、本件の取材フィルムは「被疑者らの罪責の有無を判定するうえに、ほとんど必須のもの」であるのに対し、「報道機関が蒙る不利益は、報道の自由そのものではなく、将来の取材の自由が妨げられるおそれがあるというにとどまるもの」であり、「この程度の不利益は、報道機関の立場を十分尊重すべきものとの見地に立っても、なお忍受されなければならない程度のもの」であるとして、提出命令を認めた。

（2）　取材の自由　　報道のためには取材が不可欠だが、最高裁は当初、表現の自由の意義は、「公の福祉に反しない限り、いいたいことはいわせなければならないということである」ため、「未だいいたいことの内容も定まらず、これからその内容を作り出すための取材」については憲法の保障は及ばないとした（**石井記者事件**＝最大判昭27・8・6刑集6巻8号974頁）。その後、**北海タイムス事件**（最大決昭33・2・17刑集12巻2号253頁）で、最高裁は、「新聞が真実を報道することは、憲法21条の認める表現の自由に属し、またそのための取材活動も認められなければならないことはいうまでもない」とした。さらには、**博多駅事件**で、「報道機関の報道が正しい内容をもつためには、報道の自由とともに、報道のための取材の自由も、憲法21条の精神に照らし、十分尊重に値いするものといわなければならない」とした。このように、最高裁は、取材の自由をある程度は保障するようになってはいるものの、その保障の程度は報道の自由よりも一段低いことを示唆している。

＊　学説では、報道は、取材・編集・発表という一連の行為によって成立するものであり、取材は報道の不可欠の前提であることなどから、取材の自由も憲法21条によって保障されるとする見解が有力である。

（3）　取材の自由と国家機密　　国民に判断材料を提供するためには、政府機関に対する取材が必要になるが、このような取材は、公務員の守秘義務と衝突する。国家公務員法100条１項は、公務員は「職務上知ることのできた秘密を漏らしてはならない」とし、同法111条は、秘密を漏らすことの「そそのかし」行為を処罰対象としている。取材行為が、国家公務員法が禁止する秘密漏洩の「そそのかし」行為に該当するかが問題となる。

外務省機密漏洩事件（最決昭53・5・31刑集32巻３号457頁）で、最高裁は、「報道機関が公務員に対し根気強く執拗に説得ないし要請を続けることは、それが真に報道の目的からでたものであり、その手段・方法が法秩序全体の精神に照らし相当なものとして社会観念上是認されるものである限りは、実質的に違法性を欠き正当な業務行為というべきである」としている。2014年に制定された特定秘密の保護に関する法律（**特定秘密保護法**）25条１項は、特定秘密の漏洩の教唆、煽動を処罰する旨定めているが、同法22条２項は、「出版又は報道の業務に従事する者の取材行為については、専ら公益を図る目的を有し、かつ、法令違反又は著しく不当な方法によるものと認められない限りは、これを正当な業務による行為とするものとする」と定めている。

（4）　**取材源の秘匿**　　記者は取材源との信頼関係に基づいて、匿名を条件として情報を入手することがあるため、公権力により取材源の開示を強制されてしまうならば、将来の取材が困難になる。特に、裁判で記者が証人として取材源の開示を求められたときに、証言拒絶権が認められるのかが問題となる。

刑事訴訟法149条は、一定の職業の者について証言拒否を認めているが、記者はそこに含まれていない。**石井記者事件**（最大判昭27・8・6刑集６巻８号974頁）で、最高裁は、同条を厳格に解釈して、「公の福祉のため最も重大な司法権の公正な発動につき必要欠くべからざる証言の義務をも犠牲にして、証言拒絶の権利までも保障したものとは到底解することができない」として、新聞記者の証言拒絶権を否定した。

これに対して、民事訴訟法197条1項3号は、「職業の秘密に関する事項」について証言拒否を一般的に認めているので、取材源が記者にとって「職業の秘密に関する事項」と認められれば、証言拒否が認められることになる。この点について、**NHK嘱託尋問事件**（最決平18・10・3民集60巻8号2647頁）で、最高裁は、「当該報道が公共の利益に関するものであって、その取材の手段、方法が一般の刑罰法令に触れるとか、取材源となった者が取材源の秘密の開示を承諾しているなどの事情がなく、しかも、当該民事事件が社会的意義や影響のある重大な民事事件であるため、当該取材源の秘密の社会的価値を考慮してもなお公正な裁判を実現すべき必要性が高く、そのために当該証言を得ることが必要不可欠であるといった事情が認められない場合」には、取材源の秘密が原則として「職業の秘密」に該当するとして、証言の拒否を認めた。

（**5**）　取材資料の押収　　捜査や裁判の証拠として、取材過程を記録したフィルム等の提出が求められることもある。放送済みの取材テープの裁判所への提出が求められた**博多駅事件**（最大判昭44・11・26刑集23巻11号1490頁）では、公正な刑事裁判を実現するにあたっての必要性や報道機関の取材の自由が妨げられる程度およびこれが報道の自由に及ぼす影響の度合その他諸般の事情の比較衡量により、提出命令は憲法21条に反しないとされた。

その後、最高裁は、検察官（**日本テレビ・リクルート事件**＝最判平元・1・30刑集43巻1号19頁）や警察官（**TBSギミア・ぶれいく事件**＝最決平2・7・9刑集44巻5号421頁）による取材テープの押収が問題となった事件でも、博多駅事件と同じく利益衡量により、取材テープの押収を支持している。

＊　多くの学説は、裁判所の提出命令と捜査機関による差押えとでは性格が異なるため、後者はより慎重に考えるべきだと指摘する。

（**6**）　法廷内での取材の制限　　刑事訴訟規則215条と民事訴訟法規則77条は、公判廷における写真の撮影、録音などについては、裁判所の許可が必要であると規定している。**北海タイムス事件**（最大決昭33・2・17刑集12巻2号253頁）で、最高裁は、たとえ取材活動であっても、「公判廷における写真の撮影等は、その行われる時、場所等のいかんによっては」、「公判廷における審判の秩序を乱し被告人その他訴訟関係人の正当な利益を不当に害する」ような「好ましくない結果を生ずる恐れがあるので」、写真撮影の許可等を裁判所の裁量に委ねた刑事訴訟規則215条は合憲であるとした。

写真撮影などのような明文の禁止規定はないが、法廷内における傍聴人のメモをとる行為も、司法記者クラブ所属の報道機関の記者を除き、禁止されてきた。**レペタ訴訟**（最大判平元・3・8民集43巻2号89頁）で、最高裁は、「筆記行為の自由は、憲法21条1項の規定の精神に照らして尊重される」としつつ、「その制限又は禁止には、表現の自由に制約を加える場合に一般に必要とされる厳格な基準が要求されるものではない」とした。そして、メモを取る行為が、「法廷における公正かつ円滑な訴訟の運営を妨げる場合には」禁止されうるが、そのような事態は「通常はあり得ないので」、「特段の事情のない限り」傍聴人の自由に任せるべきであるとした。

6　放送、インターネットにおける表現の自由

（1）　放送の自由　　マス・メディアの中でも、「放送」については、新聞などの印刷メディアと比べ、さまざまな制約が課されている。最も問題となるのが、放送法4条が定める、放送は政治的に公平でなければならず、意見が対立している問題については、できるだけ多くの角度から論点を明らかにしなければならないとする**公正原則**である。通説は、同条を倫理的規定と解しており、同法違反を根拠に法的制裁を科すことは憲法違反であるとする。

＊　放送の規制は行政機関が行うものであり、行政機関を信じるべき根拠が明らかでないことから、公正原則は憲法違反であるという見解も有力である。

特別な制約がある理由としては、放送用の電波が限られていることや、強い社会的影響力をもつことが挙げられる。しかし、衛星放送やケーブルテレビなどの新しいメディアの出現や、放送と内容面で類似したサービスが通信の分野で提供される、「放送と通信の融合」と呼ばれる現象など、近年、メディア環境が大きく変わってきているため、放送にのみ特別な規制を課すことが必要か

否かは問い直されている。近年では、自由な印刷メディアと規制される放送とを併置することで、少数意見が取り上げられたり、放送に対する過度の規制が批判されたりすることにより、多様な意見が言論市場に登場することができるとする**部分規制論**により、放送の規制を正当化できるとする見解が有力である。

（**2**）　インターネット　☞インターネットは、誰でも容易に情報を発信することができるため、一般国民が「表現の送り手」の地位を回復する可能性をもつものとして注目されている。その反面で、名誉毀損、プライバシー侵害などの情報が大量に発信されるようになり、しかも、それらの情報は容易に拡散するため、その規制のあり方が問題となっている。

ラーメンフランチャイズ事件では、東京地裁は、①被害者が反論することが容易であること、②情報の信頼性が低いこと、というインターネットの特殊性に着目し、摘示した事実が真実であると誤信したことに相当の理由が認められるかにつき、従来よりも緩やかな判断基準を適用して被告人を無罪とした（東京地判平20・2・29判時2009号151頁）。しかし、最高裁は、「インターネット上に載せた情報は、不特定多数のインターネット利用者が瞬時に閲覧可能であり、これによる名誉毀損の被害は時として深刻なものとなり得ること、一度損なわれた名誉の回復は容易ではなく、インターネット上での反論によって十分にその回復が図られる保証があるわけでもない」という、インターネットの別の側面に着目して、インターネット上の名誉毀損については、従来と同様の基準が適用されるとした（最決平22・3・15刑集64巻2号1頁）。

また、プロバイダ（インターネットへの接続機能を提供する者や、不特定の利用者を相手にホームページや電子掲示板を開設してサービスを提供する者）が、自らが提供したサービスを利用してなされた違法な表現に対して、どのような責任を負うかが問題となる。**ニフティ事件**（東京高判平13・9・5判時1786号80頁）で、東京高裁は、「標的とされた者から当該発言をした者に対する民事上の不法行為責任の追及又は刑事責任の追及により、本来解決されるべき」であるとしつつ、「対策を講じても、なお奏功しない等一定の場合」には、フォーラムの管理運営を委託された者は、問題となった表現を「削除すべき条理上の義務を負う」とした。2002年には、特定電気通信役務提供者の損害賠償責任の制限及び発信者情報の開示に関する法律（**プロバイダ責任制限法**）が制定され、名誉毀損などの被害者に対しては、①他人の権利が侵害されることを知っていたとき、または、②他人の権利が侵害されていることを知ることができたと認めるに足りる相当の理由があるときに該当しない限り、プロバイダは責任を負わないとされた（3条1項）。また、同法により、一定の場合には、プロバイダは発信者情報の開示ができるようになったが、通信の秘密（本章Ⅳ参照）を考慮して、開示が認められるためには厳しい要件が定められていた。しかし、近年、インターネット上の誹謗中傷が大きな社会問題となったため、2021年には同法が改正され（2022年施行）、発信者情報の開示請求を行うことができる範囲の見直しおよび発信者を特定するための新たな裁判手続の創設が行われた。

インターネットでは、情報は容易に拡散し、また、半永久的に残る。そのため、近年は、インターネット上における自己の情報を削除することを要求する権利（**忘れられる権利**）が主張される。検索事業者に対して自己の犯罪歴に関する検索結果の削除を求めることができる否かが問題となった事件（最判平29・1・31民集71巻1号63頁）で、最高裁は、「当該事実を公表されない法的利益と当該URL等情報を検索結果として提供する理由に関する諸事情を比較衡量して」、「当該事実を公表されない法的利益が優越することが明らかな場合には」、検索事業者に対する削除請求権が認められるとした。

Ⅳ　通信の秘密

1　通信の概念と保障根拠

憲法21条2項後段は**通信の秘密**を保障する。通信とは、特定者間の情報のやり取りを指す。郵便、電話、電子メール、SNSのメッセージ機能などは通信に当たる。他方、インターネット上のホームページや電子掲示板は、不特定多数に閲覧可能であることから通信に当たらない。

比較法的に見れば、通信の秘密は表現の自由とは別個の条文で規定されることが多い。通信の秘密は、**表現の自由**の実効的保障に資する面もあるが、主たる保障根拠は**プライバシー権**の保護にあると考えるのが一般的である。

2　保障内容

通信の秘密によって保護される情報の範囲は、通信に関するすべての事項に及ぶ（通信の内容のみならず、発信者・受信者の氏名、住所、電話番号、メールアドレス、通信が行われた日時・発信場所などにまで、広く保護が及ぶ）。保障内容として、第1に、公権力は通信に関する情報を探索して取得してはならないこと（積極的知得行為の禁止）、第2に、通信業務事業者は職務上知りえた情報を漏洩してはならないこと（漏洩行為の禁止）が挙げられる。

3　通信の秘密の限界

通信の秘密の保障は絶対的ではなく、必要最小限度の制約を受ける。既存の法律による制約の例として、刑事手続に関連した郵便物の押収（刑事訴訟法100条・222条）、刑事収容施設法に基づく郵便物の検閲（同法126条以下）、関税法に基づく郵便物の差押え（同法122条）、破産法に基づく郵便物の開封（同法82条）、プロバイダ責任制限法に基づく権利侵害情報の発信者情報開示（同法5条）などがある。なお、上記の刑訴100条は、被告人・被疑者が発受する郵便物の差押えをあまりに広く認めており、違憲の疑いが強いと指摘される。

☞犯罪捜査のための**通信傍受**が許されるかどうかにつき、**通信傍受合憲決定**（最決平11・12・16刑集53巻9号1327頁）は、「電話傍受は、通信の秘密を侵害し、ひいては、個人のプライバシーを侵害する強制処分であるが、一定の要件の下では、捜査の手段として憲法上全く許されないものではない」とし、「電話傍受を行うことが真にやむを得ないと認められるときには、法律の定める手続に従ってこれを行うことも憲法上許される」と述べ、検証許可状による電話傍受を認めた。これに対しては、通信傍受を認めるには明確な立法を要する、検証手続では不十分であり傍受には令状を要すると解すべきであるなどの批判がある。なお、同決定の4カ月前に制定された**通信傍受法**は、薬物関連犯罪、銃器関連犯罪などの特定犯罪に関する捜査に限って、一定の実体的要件の充足および裁判官の発する令状の取得を条件として、通信傍受を合法化した。同法は2016年に改正され、殺人、窃盗、詐欺などの通常の犯罪でも組織性が疑われる場合には傍受が可能とされた。

V　集会・結社の自由

1 概　要

憲法21条1項は、表現の自由と並んで、**集会・結社の自由**を保障する。集会とは、人々が共通の目的のために一定の場所に一時的に集まることである。デモなどの集団行動（集団行進・集団示威運動）も集会に含まれる（動く集会）（公安条例等によるデモ規制については、本章Ⅲ4（1）を参照）。結社とは、人々が共通の目的のために継続的な団体を結成することである。特定の種類の結社については、ほかの条文で保障が及ぶ（例えば、宗教団体については20条、労働組合については28条により保障される）。

2 集会の自由

（1） 保障内容　　**集会の自由**の保障とは、集会を開催したり、集会に参加したりするなどの行為を公権力によって妨害または強制されないことを意味する。

もっとも、集会の自由は、一定の場所を前提にして初めて実現される。しかし、集会のための場所を私人が所有していることは稀であり、民間施設を安価に借りることができるとも限らない。そのため、公共の場所の使用は、集会の自由の実質的保障にとって重要な意味をもつ。

コラム　一般市民が広く利用できる公共の場所は、学説上、**パブリック・フォーラム**と呼ばれる。アメリカの判例では、①道路・公園・広場などの「伝統的パブリック・フォーラム」では、内容に基づく制限には厳格審査、内容中立的な制限には中間審査が適用される。②市民会館・公会堂などの「指定的パブリック・フォーラム」では、これらの場を提供する義務を政府は負わないが、いったん提供した場合には①と同様とされる。③公立病院・軍事施設などの「非パブリック・フォーラム」では、集会のために使用を認める必要はないが、見解に基づく差別は禁止される。日本の判例では、**吉祥寺駅ビラ配布事件**（最判昭59・12・18刑集38巻12号3026頁。本章Ⅲ4（1）参照）の伊藤正己補足意見が、道路・公園・広場などの一般公衆が自由に出入りできる場所を「パブリック・フォーラム」と呼び、そこでは「表現の自由の保障を可能な限り配慮する必要がある」と述べた。後掲の**泉佐野市民会館事件**は、集会の自由の保障の見地から公共施設の管理権に厳格な制限を加える点で、この理論と同趣旨の発想を前提にしていると言える。

（**2**）　公共施設での集会　☞一般的に、公共施設は、管理権者の許可を受けなければ使用できない。しかし、市民会館、公会堂、広場、公園など、一般市民の利用に開かれた性質を有する公共施設については、その使用の可否は管理権者の自由裁量で決せられるべきものではない。地方自治法244条２項は「正当な理由がない限り、住民が公の施設を利用することを拒んではならない」と規定しているが、この趣旨は国の公共施設についても同様と解される。

判例では、**皇居外苑使用不許可事件**は、国の公共施設の管理権者の裁量は無限定ではないとした。**泉佐野市民会館事件**は、英米の判例法理を参考にして、集会の自由の実質的保障の観点から公共施設の使用拒否に対して厳格な司法審査を行った事例として重要である。**金沢市庁舎前広場事件**では、当該広場は一般市民に開かれた性格を有していないとされ、護憲派団体に対する使用不許可処分が合憲と判断された。**広島市暴走族追放条例事件**では、広場や公園などにおける集会の方法・態様に関する規制があまりに広汎でないかが争われた。

〔判　例〕　**★皇居外苑使用不許可事件**（最大判昭28・12・23民集７巻13号1561頁）

労働組合団体によるメーデー記念集会のための皇居外苑の使用を不許可とした厚生大臣の処分につき、最高裁は、公共の用に供せられる施設の利用の可否の判断は単なる自由裁量に属するものではなく、管理権の適正な行使を誤った場合には違法となりうるとし、表現の自由や団体行動権といった基本的人権を侵害したと認められる場合は違憲の問題が生じうると述べた。結論的には本件不許可処分は合憲とされた。

〔判　例〕　**★泉佐野市民会館事件**（最判平７・３・７民集49巻３号687頁）

過去に爆破事件や火炎放射事件を起こしていた過激派団体が、関西国際空港建設に反対する趣旨の集会を開催するために泉佐野市民会館の利用を申請したが、市は不許可とした。最高裁は、結論としては本件不許可処分を合憲としたが、「本件会館の使用を拒否することによって憲法の保障する集会の自由を実質的に否定することにならないかどうかを検討すべきである」とし、公共施設の利用制限が合憲か否かは比較衡量によって決せられるが、精神的自由の制約に対する司法審査は「経済的自由の制約における以上に厳格な基準の下にされなければならない」と述べた（**二重の基準論**。第５章Ⅲ２参照）。その上で、市の条例（「公の秩序をみだすおそれがある場合」には使用を不許可としうると定めていた）を限定解釈し、不許可処分には、集会が開かれることによって人々の生命・身体・財産や公共の安全が損なわれる「明らかな差し迫った危険」の発生が具体的に予見されることが必要とした（**明白かつ現在の危険の基準**。本章Ⅲ３（２）参照）。また、「主催者が集会を平穏に行おうとしているのに、その集会の目的や主催者の思想､信条に反対する他のグループ等がこれを実力で阻止し、妨害しようとして紛争を起こすおそれがあることを理由に公の施設の利用を拒むことは、憲法21条の趣旨に反する」とされた（**敵意ある聴衆の法理**）。なお、敵意ある聴衆の法理に関して、**上尾市福祉会館事件**（最判平８・３・15民集50巻３号549頁）は、平穏な集会を妨害しようとする反対派の存在を理由に公共施設の使用を不許可とするのは、「警察の警備等によってもなお混乱を防止することができないなど特別な事情がある場合に限られる」と述べた。

〔判　例〕　**★金沢市庁舎前広場事件**（最判令５・２・21民集77巻２号273頁）

石川県憲法を守る会が「憲法施行70周年集会」を開催するために金沢市庁舎前広場の使用申請をしたところ、市長から不許可処分を受けた。不許可の理由は、本件広場での禁止事項を定める金沢市庁舎等管理規則５条のうち、「特定の政策、主義又は意見に賛成し、又は反対する目的で個人または団体で威力又は気勢を他に示す等の示威行為」（同条12号）に該当するというものであった。最高裁は、「普通地方公共団体の庁舎は、飽くまでも主に公務の用に供するための施設であって、その点において、主に一般公衆の共同使用に供するための施設である道路や公園等の施設とは異なる」こと、市庁舎で特定の政策などを訴える示威行為を認めれば、市が特定の立場の者を利するかのような「外観」が生じ、これにより「外見上の政治的中立性」に疑義が生じうること、および一般市民の利用に開かれたほかの公共施設の利用は妨げられないことなどを指摘し、本件不許可処分を合憲と判断した。

〔判　例〕　**★広島市暴走族追放条例事件**（最判平19・９・18刑集61巻６号601頁）

広島市暴走族追放条例は、「何人も」「公共の場所において……公衆に不安又は恐怖を覚えさせるような」集会を行ってはならないと定め、「特異な服装をし、顔面の全部若しくは一部を覆い隠し、円陣を組み、又は旗を立てる等威勢を示すことにより行われたとき」は、市長は中止・退去を命令しうると規定していた。最高裁は、条例全体の趣旨に照らせば禁止の対象となるのは暴走族およびその類似集団による集会に限られるとし、こう解することができる限りで当該規定は合憲であるとした。他方、２名の裁判官による反対意見は、多数意見が採用した合憲限定解釈は不可能であり、当該規定は過度広汎であり違憲無効であるとした。

3　結社の自由

結社の自由の保障内容には、団体を結成する自由、団体に加入する自由、結成された団体の活動の自由が含まれる。

結社の自由に対する制約の例として、**破壊活動防止法**がある。同法は、暴力主義的破壊活動を行った団体に対して、公安審査委員会は一定期間の集会の禁止などを命じることができ（５条）、場合によっては**解散指定**を通じて結社の存在そのものを否定しうると定める（７条）。同法に対しては、裁判所ではなく公安審査委員会という行政機関が団体の解散を命じうるのは妥当かなどの批判がある。実際に解散指定を受けた団体はいまだ存在しない。

地下鉄サリン事件などを起こしたオウム真理教に対しては、破防法に基づく解散指定が初めて請求されたが、公安審査委員会は1997年に請求を棄却した。なお、オウム真理教に対しては、1996年、宗教法人法81条１項に基づく解散命令（宗教法人の法人格を失わせる効果をもつ）が、最高裁により命じられた（**オウム真理教解散命令事件**＝最決平８・１・30民集50巻１号199頁）。最高裁は、解散命令を受けても信者は法人格を有しない宗教団体を存続させることが可能であり、信教の自由への制約は間接的で事実上のものにとどまるとし、解散命令制度を合憲とした。その後、オウム真理教およびその後継団体に対しては、団体規制法（1999年制定）に基づく観察処分が続けられている。

団体の内部的紛争に関する事例は数多く存在する（法人の人権については第５章Ⅱ３、団体の内部問題の司法審査については第15章Ⅲ３（５）を参照）。**日中旅行社事件**（大阪地判昭44・12・26労民20巻６号1806頁）では、政党や宗教団体の出版事業など特定のイデオロギーを存立条件とした事業（**傾向企業**）では、政治的・宗教的信条を理由とする解雇が例外的に認められる場合があると述べられた。政党の内部秩序にどこまで法的規律が及ぶかにつき、**共産党袴田事件**は、政党の内部自律権を尊重する姿勢を示した。

〔判　例〕 **★共産党袴田事件**（最判昭63・12・20判時1307号113頁）
　日本共産党に所属していた袴田里見が、反党的表現活動などを理由に同党から除名処分を受けた事例で、最高裁は、「政党の内部自律権に属する行為は、法律に特別の定めのない限り尊重すべき」であり、処分が「一般市民法秩序と直接の関係を有しない内部的な問題にとどまる限り、裁判所の審判権は及ばない」と述べた。処分が「一般市民としての権利利益を侵害する場合」も、特段の事情のない限り、裁判所は「適正な手続」に従って処分が下されたかどうかを審査しうるにとどまるとされた。

Ⅵ　信教の自由

1　歴　　史

信教の自由を保障する条文は明治憲法にも存在した。しかし、天皇を「神聖」と定める明治憲法の下で（3条)、日本政府は、天皇の祖先を崇める神社・神道に特別な権威を認め（**国家神道**)、「神社は宗教にあらず」という論理に基づき、人々に対して神社参拝を事実上強制した。また、日本政府は、異端と見なした宗教（大本教など）に対して暴力的な弾圧を行った。こうした戦前の経緯を踏まえて、日本国憲法では、個人の信教の自由を保障するとともに（20条1項前段、2項)、国家と宗教の関係に関する制度として**政教分離**原則を採用した（20条1項後段、3項、89条)。1945年にGHQから**国教分離の指令**が発せられ、翌年の「天皇の人間宣言」によって天皇の神格が否定され、国家神道は解体された。日本国憲法では、政教分離という制度を保障することにより、個人の信教の自由の保障を確実にすることが目指されているのである。

コラム　歴史的に、信教の自由は、近代憲法が制定される重要な原動力となった。ヨーロッパでは、中世における血みどろの宗教戦争を抜け出し、神々をめぐる争いにピリオドを打つために、憲法による信教の自由の保障が希求された。アメリカでは、イギリス政府による宗教弾圧から逃れるために海を渡った移民たちによる自由を求める動きが、各邦の憲法や人権宣言の制定へと結実していった。信教の自由は人権の花形といわれる所以である。

2　信教の自由

（1）概　要　　宗教の概念につき、判例は確たる定義を示していない。下級審では、「超自然的、超人間的本質（すなわち絶対者、造物主、至高の存在等、なかんずく神、仏、霊等）の存在を確信し、畏敬崇拝する心情と行為」（**津地鎮祭事件**第二審判決＝名古屋高判昭46・5・14行集22巻5号680頁）と定義するものがある。

信教の自由の保障内容としては、①内心における信仰の自由（どの宗教を信ずるかを決定する自由、信仰告白の自由）、②宗教的行為の自由（宗教上の儀式、行事、布教などを行う自由）、③宗教的結社の自由（宗教団体を結成する自由）の3点が挙げられる。このうち、内心の信仰には絶対的な保護が及ぶ。他方、信仰が外部的行為の形をとり社会との接点をもつに至った場合には、具体的な事案に即してその限界が見定められなければならない。

（2）判　例　　☞以下では、信教の自由の保障のありようについて、具体的な判例に照らして見ていきたい。

まず、宗教的行為の自由も、他人の生命や身体に危害を加える自由を含まないことは当然である。**加持祈祷事件**（最大判昭38・5・15刑集17巻4号302頁）は、僧侶が除霊として少女を線香の火と煙に曝すなどした結果、少女が心臓マヒで死亡した事例であったが、最高裁は、僧侶の行為を「著しく反社会的」であり「信教の自由の保障の限界を逸脱したもの」とし、傷害致死罪で有罪判決を下した。次に、法的規制が信教の自由を制約するかどうかが争われた事例として、**京都市古都保存協力税条例事件**（京都地判昭59・3・30行集35巻3号353頁）では、指定社寺の文化財を鑑賞する者に課された1回当たり50円の税は、鑑賞者の信仰を制限しないとされた。また、宗教的行為が一般的な法的義務と衝突する場合には、義務免除が認められるかどうかが問題になる。**牧会活動事件**（神戸簡判昭50・2・20判時768号3頁）では、警察から逃走中の高校生を1週間にわたって教会でかくまい、労働を行わせ自己反省を促した牧師の行為は、正当な業務行為であり犯人蔵匿罪に当たらないとされた。**日曜学校事件**（東京地判昭61・3・20行集37巻3号347頁）では、礼拝を理由に公立小学校の日曜授業に参加できなかった生徒が「欠席」として扱われたことにつき、不利益がごく軽微であることなどを理由に合憲と判断された。

エホバの証人輸血拒否事件では、患者の治療行為の選択の自由が憲法13条に基づく**自己決定権**として保障されるかどうかが一つの争点になった（第6章I3参照）。この事件は、信仰に基づく輸血拒否が問題になったことから、宗教的行為の自由の保障のありようが問われたという面もある。最高裁は、宗教的信仰に基づく輸血拒否を「**人格権**の一内容」として尊重する姿勢を示した。

〔判　例〕 **★エホバの証人輸血拒否事件**（最判平12・2・29民集54巻2号582頁）

「エホバの証人」の信者が、信仰に反する輸血を受けたことを理由に、病院に対して損害賠償を求めた。第一審（東京地判平9・3・12判タ964号82頁）は、人の生命は「崇高な価値」を有し、絶対的無輸血手術契約を公序良俗（民法90条）に反するものと述べ、病院側を勝訴させた。第二審（東京高判平10・2・9高民集51巻1号1頁）は、手術に対する患者の同意は「各個人が有する自己の人生のあり方（ライフスタイル）は自ら決定することができるという自己決定権に由来するものである」とし、患者側を勝訴させた。最高裁は、「患者が、輸血を受けることは自己の宗教上の信念に反するとして、輸血を伴う医療行為を拒否するとの明確な意思を有している場合、このような意思決定をする権利は、**人格権**の一内容として尊重されなければならない」とし、本件事実関係の下では、病院側は万一の場合には輸血するという方針をとっていたことを患者に説明して、その方針の下で手術を受けるかどうかを患者自身の意思決定に委ねるべきであったと述べて、患者側を勝訴させた。同判決は**インフォームド・コンセント**の法理（医師が患者に医療行為を行うにあたっては、十分な説明と患者の同意が必要であるという原則）を認めたものとして重要である。他方、同判決は、世俗的信条による輸血拒否の可否などの点には答えておらず、その射程は狭いものにとどまっている。

宗教的結社の自由に関して、**オウム真理教解散命令事件**（最判平8・1・30民集50巻1号199頁）では、宗教法人法81条の解散命令は信教の自由に反しないとされた（本章V3参照）。宗教団体の内部紛争に関しては多くの事例があるが、司法権の限界との関係で法的判断が可能か否かが問題になる（第15章Ⅲ1参照）。

板まんだら事件（最判昭56・4・7民集35巻3号443頁）や**蓮華寺事件**（最判平元・9・8民集43巻8号889頁）では、信仰の対象の価値や宗教上の教義に関する問題は法的解決可能性を有しないため、「法律上の争訟」（裁判所法3条）に当たらないとされた。**日蓮正宗管長事件**も同様である。

〔判　例〕 **★日蓮正宗管長事件**（最判平5・9・7民集47巻7号4667頁）
日蓮正宗の最高権威者である管長・代表役員に就任した者に対して、これに異議を呈する者がその地位の不存在確認を求めた。最高裁は、宗教上の地位の存否について判断するに際して、教義ないし信仰の内容に立ち入って審理、判断することが必要不可欠である場合には、裁判所の審判権は及ばないと述べ、本件は法律上の争訟性を欠くとして却下判決を下した。

3　政教分離

（**1**）　概　要　　**政教分離**原則の保障内容として、①宗教団体への特権付与禁止（20条1項後段）、②国家による宗教教育・宗教的活動の禁止（同条3項）、③宗教団体への財政援助の禁止（89条）が挙げられる。その法的性格としては、人権そのものではなく、個人の**信教の自由**を間接的に確保するための**制度的保障**であると解するのが判例・通説である。

コラム　立憲主義国家が国家と宗教の関係をどのように扱うかは、その国の歴史と文脈に応じて多様である。イギリスは国教の存在を是認するものの、国教以外の宗教に対しても寛容な態度をとる。ドイツは国教を認めないが、教会に租税徴収権などの特権的地位を認め、また、国家と教会は競合事項について和親条約（コンコルダート）を締結できる。他方、政教分離を採用する国として、フランスは「ライシテ」と呼ばれる国家の非宗教性原理を採用し、アメリカも国教樹立禁止条項を憲法で定めている。

（**2**）　政教分離と司法審査　　☞政教分離といっても、国家と宗教との接点を完全に消失させることは現実には不可能である。公共施設における七夕やクリスマスイベントの開催、特定宗教と関係がある私立学校への助成金の交付、神社や寺院の文化財を保護するための補助金支出など、国家と宗教が接点を有する場面には枚挙に暇がない。判例は、国家と宗教との関わり合いが「相当とされる限度」を超えた場合には、政教分離原則に違反するという立場をとっている。個々の行為が相当限度を超えたかどうかを判定するための基準として判例が長らく採用してきたのが、**津地鎮祭訴訟**で示された**目的効果基準**である。

〔判　例〕 **★津地鎮祭訴訟**（最大判昭52・7・13民集31巻4号533頁）
三重県津市が市営体育館の工事の際に挙行した地鎮祭への公金支出が政教分離に反しないかが争われた。第二審（名古屋高判昭46・5・14行集22巻5号680頁）は、神社・神道のしきたりに則った本件地鎮祭は非宗教的な習俗行事とはいえず、宗教的活動に当たり違憲であるとした。最高裁は、「政教分離原則は、国家が宗教的に中立であることを要求するものではあるが、国家が宗教とのかかわり合いをもつことを全く許さないとするものではなく、宗教とのかかわり合いをもたらす行為の目的及び効果にかんがみ、そのかかわり合いが……相当とされる限度を超えるものと認められる場合にこれを許さないとするものであると解すべきである」とし、20条3項が禁止する宗教的活動とは、「目的が宗教的意義をもち、その効果が宗教に対する援助、助長、促進又は圧迫、干渉等になるような行為をいう」と述べた。その上で、「わが国においては……宗教意識の雑居性が認められ、国民一般の宗教的関心度は必ずしも高いものとはいいがたい」とし、地鎮祭は「一般人の意識」に照らせば「慣習化した社会的儀礼」であり、目的・効果の両面から見てもその宗教的意義は希薄であるとして、市の本件支出行為を合憲と判断した。

津地鎮祭訴訟で示された目的効果基準は、それ以降の判例で踏襲された。合憲判決の例として、**自衛官合祀訴訟**（最大判昭63・6・1民集42巻5号277頁）では、殉職自衛官の夫を護国神社に合祀された未亡人が、合祀を推進した自衛隊山口地方連絡部（地連）の行為は政教分離原則に違反すると主張したが、最高裁は、合祀申請は隊友会山口県支部連合会の単独の名義でなされたものであり、地連の行為は事務的な協力にとどまり宗教的意識も希薄であるとし、合憲とした。**大阪地蔵像事件**（最判平4・11・16判時1441号57頁）では、地蔵像の建立のために市有地を町内会等に無償で使用させた大阪市の行為が合憲とされた。**箕面忠魂碑事件**（最判平5・2・16民集47巻3号1687頁）では、箕面市が小学校の建替えのために忠魂碑を市有地に移設し、その土地を遺族会に無償貸与した行為が合憲とされた。**即位の礼・大嘗祭訴訟**（最判平14・7・11民集56巻6号1204頁）では、皇位継承に伴う大嘗祭への県知事の参列は、天皇への社会的儀礼を尽くすものであり合憲であるとされた。他方、**愛媛玉串料訴訟**では、県による玉串料の継続的な支出が目的効果基準の下で違憲と判断された。

〔判　例〕 **★愛媛玉串料訴訟**（最大判平９・４・２民集51巻４号1673頁）

1981年から86年にかけて、愛媛県が、**靖国神社**の例大祭に玉串料（5000円を９回）を、みたま祭に献灯料（7000円または8000円を４回）を、そして護国神社の慰霊大祭に供物料（１万円を９回）を、それぞれ公金から支出したことが政教分離原則に違反しないかが争われた。最高裁は、上記の玉串料などの奉納は、「時代の推移によって既にその宗教的意義が希薄化し、慣習化した社会的儀礼にすぎないものなっているとまでは到底いうことができず」、また、「県が他の宗教団体の挙行する同種の儀式に対して同様の支出をしたという事実がうかがわれないのであって、県が特定の宗教団体との間にのみ意識的に特別のかかわり合いを持ったことを否定することができない」と述べ、本件支出は、「一般人に対して、県が当該特定の宗教団体を特別に支援しており、それらの宗教団体が他の宗教団体とは異なる特別のものであるとの印象を与え、特定の宗教への関心を呼び起こすものといわざるを得ない」とし、目的効果基準の下で政教分離原則違反と判断した。

☞以上の政教分離分野の判例は、目的効果基準を一貫して適用してきた。他方、**空知太訴訟**と**那覇孔子廟訴訟**は、目的効果基準を使用せずに、**総合判断**の基準を適用し、その上でいずれも違憲判決を下した。

〔判　例〕 **★空知太訴訟**（最大判平22・１・20民集64巻１号１頁）

北海道砂川市が、市有地を連合町内会に無償で提供し、町内会館および空知太神社の敷地として利用させていたことが政教分離に反しないかが争われた。最高裁は、市の行為と宗教との関わり合いが「相当とされる限度」を超えるか否かを判断するに際しては、「当該宗教的施設の性格、当該土地が無償で当該施設の敷地としての用に供されるに至った経緯、当該無償提供の意義、これらに対する一般人の評価等、諸般の事情を考慮し、社会通念に照らして総合的に判断すべき」であると述べた。その上で、本件における市の行為は憲法89条の禁止する公の財産の利用提供行為に当たり、ひいては憲法20条１項後段の禁止する宗教団体への特権付与にも当たるとし、違憲判断を下した。最高裁は、違憲性を解消するための適切な方法を検討させるために事案を原審に差し戻したが、その後の再上告審では、氏子集団による神社施設の一部移転などとあわせて、市が市有地の一部を氏子総代長に有償貸与する措置が合憲と判断された（最判平24・2・16民集66巻2号673頁）。

〔判　例〕 **★那覇孔子廟訴訟**（最大判令3・2・24民集75巻2号29頁）

那覇市が孔子などを祀った施設を都市公園内に設置することを一般社団法人である久米崇聖会（本件補助参加人）に許可した上で、その敷地使用料を全額免除していたことが政教分離に反しないかが争われた。儒教が宗教に当たるかといった点などに関しても議論があった中、最高裁は、総合判断の基準を適用し、本件施設は外観等に照らして社寺との類似性があること、本件施設では「霊の存在を前提として、これを崇め奉るという宗教的意義を有する儀式」が行われていることなどを考慮して、本件施設の宗教性を肯定した。その上で、本件免除は「参加人が本件施設を利用した宗教的活動を行うことを容易にするものであるということができ、その効果が間接的、付随的なものにとどまるとはいえない」と述べ、本件免除は20条3項が禁止する宗教的活動に当たり違憲であると判断した。

このように、政教分離分野の判例の判断基準には、近時、新たな展開が見られる。もっとも、空知太訴訟の半年後に下された**白山ひめ神社事件**（最判平22・7・22判時2087号26頁）では、神社の記念事業の発会式に市長が出席して祝辞を述べた行為が目的効果基準の下で合憲と判断された。判例が目的効果基準を使う場合と使わない場合をどのように使い分けようとしているのかに関しては議論がある。一つの見解によれば、目的効果基準が適用されるのは、問題となる行為に宗教性と世俗性が同居しており、どちらを重視するかの判断が微妙である時だとされる。また、一回限りの作為的行為には目的効果基準を適用し、長期間にわたる継続的行為には総合判断基準を適用すべきだという見解もある。他方、総合判断基準は、目的・効果基準に代わって、より柔軟かつ事案に即した新たな基準を展開したものだという見解もある。政教分離分野の判例における判断基準がどのように展開していくのかは、今後の事例の蓄積を待つほかないというべきだろう。

コラム　学説では、アメリカの判例を参照して、違憲審査基準の具体化が試みられてきた。例えば、1970年代の判例で展開されたレモン・テストは、①争われた行為の目的が世俗的か、②その行為の主要な効果が宗教を振興あるいは抑圧していないか、③その行為が宗教との過度のかかわり合いを有していないか、という3点のうち1つでもクリアできなければ違憲となるという基準である。また、1990年代以降の判例で展開されたエンドースメント・テストは、争われた行為が特定宗教を是認もしくは否認するメッセージを発していないか、特定宗教の信者ではない者を政治的共同体のアウトサイダーとして扱っていないかを問うものである。

（3）　靖国神社への首相参拝　　戦没軍人を英霊として祀る**靖国神社**への首相参拝は、実態として戦後初期から行われてきた。そうしたなか、1985年8月15日、中曽根康弘首相（当時）は、靖国神社への公式参拝を戦後初めて行った。1980年の時点で、日本政府は、公式参拝は「違憲ではないかとの疑いをなお否定できない」という統一見解を示していたが、中曽根公式参拝はこの見解を変更して行われた（その際、有識者懇談会は報告書を示し、略式化された公式参拝は20条3項に違反しないと述べたが、これには、公式参拝を違憲とする芦部信喜による反対意見が併記された）。これに対しては各地で国家賠償訴訟が提起され、いずれの判決も結論的には国家賠償を命じなかったが、傍論で違憲の疑いを述べる例もあった（**関西（大阪）靖国訴訟**＝大阪高判平4・7・30判時1434号38頁など）。**岩手靖国訴訟**（仙台高判平3・1・10行集42巻1号1頁）では、岩手県議会が行った天皇・首相の公式参拝要望決議をめぐって提起された住民訴訟で、公式参拝は20条3項に違反すると述べられた（県議会側は判決主文で勝訴していたため上告は認められなかった）。首相の靖国参拝が政教分離原則に違反するか否かに関して、最高裁はいまだ判断を示していない。

〔判　例〕　**★小泉首相靖国参拝違憲訴訟**（最判平18・6・23判時1940号122頁）
　小泉純一郎首相はその在任中に6度の靖国神社参拝を挙行した（小泉首相は当初は公式参拝か否かを明言していなかったが、後に私的参拝であることを強調するようになった）。これに対する国家賠償訴訟が各地で提起され、いずれも国家賠償は命じられなかったものの、下級審では傍論で政教分離違反を宣言する例もあった（福岡地判平16・4・7判時1859号125頁、大阪高判平17・9・30訟月52巻9号2979頁）。最高裁は、憲法判断に一切立ち入らずに、法的利益の侵害はないとして上告を斥けた。

4　信教の自由と政教分離の衝突

☞前述のように、政教分離は、個人の信教の自由を間接的に確保することを目的とした制度であると解されている。しかし、厳格な政教分離を追求して国家と宗教との間に壁を設置しようとすれば、逆説的に個人の信教の自由が犠牲にされる可能性があることには注意が必要である。つまり、政教分離を国家の非宗教性と解し、公共空間から宗教を排除しようとするならば、個人の信仰が実質的に損なわれる恐れがあるのである。このような信教の自由と政教分離の衝突問題に関して、最高裁は、政教分離を国家の宗教的中立性に重点を置いて解釈し、その根本目的である個人の信教の自由の保障を損なわないよう、個別の事案に即して慎重な解決を図っているといえよう。

〔判　例〕 **★神戸市高専事件**（最判平8・3・8民集50巻3号469頁）

神戸市立工業高等専門学校の学生は、「エホバの証人」の教義に基づき剣道の実技を拒否し、代わりに見学とレポートの提出による受講認定を希望した。しかし学校側はこれを認容せず、結果として学生は体育科目が赤点となり原級留置となり、翌年度も同様の状況であったため退学処分を受けた。第一審判決（神戸地判平5・2・22判タ813号134頁）は、剣道に代替する単位認定の措置をとるならば、公教育の宗教的中立性に反する恐れがあると述べた。これに対して、最高裁は、剣道実技は必須のものではなくほかの方法によっても代替可能であること、学生の拒否の理由は信仰に基づく真摯なものであること、本件処分によって学生の被る退学という不利益は極めて大きいこと、さらに適切な方法による代替措置は特定の宗教を援助・助長する目的・効果があるとはいえないことなどを指摘し、結論として本件処分は「考慮すべき事項を考慮しておらず、又は考慮された事実に対する評価が明白に合理性を欠き、……裁量権の限界を超える違法なものといわざるをえない」と判断した。

コラム 「ライシテ」を定めるフランスでは、公立学校においてムスリム女生徒にスカーフの着用を認めることが政教分離に反しないか否かが論争となり、2004年に公立学校における宗教的シンボルの着用を禁止する法律が制定され、また2010年には、公的な場所におけるブルカなどの着用を禁止する法律が制定された。こうした法律は、フランスで政教分離原則が国家の非宗教性に重点を置いて解釈されている結果であるといえよう。他方、日本では、**神戸市高専事件**では信仰を理由とする義務免除が認められたほか、**空知太訴訟**では違憲性を解消する手段の選択に際して神社施設の撤去以外の方法がありうるとされ、地域住民や氏子集団の信教の自由に配慮がなされた。日本の判例は政教分離原則を国家の宗教的中立性に重点を置いて解釈しており、この点でフランスと対照的であるといえよう。

Ⅶ　学問の自由

1 沿　革

☞憲法23条は**学問の自由**を保障する。明治憲法はこれに関する明文規定を欠いていたが、**滝川事件**（京大の刑法学者の滝川幸辰が、その学説があまりにも自由主義的であるという理由で文部大臣から休職処分を受け、これに対して教授団が職を辞して抗議した事件）や**天皇機関説事件**（天皇を国家という法人の一機関と見なす美濃部達吉の学説が「国体」に反すると見なされ、その著書が発売禁止となり、貴族院議員であった美濃部は公職追放を受けた事件）に象徴されるように、戦前は軍国主義の下で異端と見なされた学説が抑圧された。23条にはこうした過去を繰り返してはならないという反省が込められている。

コラム　諸外国の憲法では、学問の自由を明文で規定しないものも多い。イギリスやアメリカでは、伝統的に、研究者に一般市民とは異なる特権を与えることは平等原則に反すると解された。他方、ドイツでは、学問の自由が19世紀半ばから憲法上定められてきた。ドイツの大学は伝統的に国立であり、公務員である教員が研究・教育において指揮命令を受けないことを保障する必要があったことが背景にある。

コラム　**日本学術会議**は「わが国の科学者の内外に対する代表機関」（日本学術会議法2条）であり、会議は独立して職務を行い（同3条）、政府に勧告をする権限（同5条）などを有する。会員は同会議の推薦に基づき首相が任命する（同7条2項）。2020年、菅義偉首相（当時）は、同会議が新たな会員として推薦した105名のうち6名の任命を拒否した。これに対しては、学問共同体の自律性を損なう、学問研究の強い萎縮を生むといった批判がある。政府に対して提言を行う学術機関は諸外国にも存在し、その多くでは人事などに関して政府からの独立性が重んじられている（アメリカ科学アカデミー、王立協会（イギリス）、レオポルディーナ（ドイツ）など）。

2　学問の自由の保障内容

学問の自由の保障内容としては、①学問研究の自由（真理の発見・探究を目的とする研究の自由）、②研究発表の自由（研究成果を対外的に発表する自由）、③教授の自由（研究成果に基づく教育の自由）が挙げられる。

学問研究の自由の今日的課題として、遺伝子技術やクローン技術などの先端科学技術研究が、結果として人間の尊厳を揺るがす事態を招来しかねない場合に、法的規制を加えることが許されるかという問題がある。現行法による規制の例として、「ヒトに関するクローン技術等の規制に関する法律」は、ヒトクローン胚の人または動物の胎内への移植を禁止している（同法3条）。加えて、学会や研究機関のガイドラインに基づく自主規制や、所轄官庁のガイドラインに基づく行政指導の形がとられる場合もある。

教授の自由については、従来の通説・判例（後掲の**東大ポポロ事件**など）は、教授の自由は大学その他の高等研究教育機関においてのみ保障され、初等中等教育機関（小・中学校および高等学校）の教師には認められないと解してきた。一方、**旭川学力テスト事件**（最大判昭51・5・21刑集30巻5号615頁。第9章Ⅲ参照）は、普通教育の場でも「一定の範囲における教授の自由が保障されるべきことを肯定できないではない」としたが、教育の機会均等や全国的な教育水準の確保などの要請から「普通教育における教師に完全な教授の自由を認めることは、とうてい許されない」と述べている。

3　大学の自治

☞**大学の自治**は条文上明記されていないが、大学が学問研究の中心としての役割を果たしてきた歴史に照らして、学問の自由の保障に含まれると解されている。判例も、**東大ポポロ事件**で、大学の自治の憲法上の保障を認めている。

〔判　例〕 **★東大ポポロ事件**（最大判昭38・5・22刑集17巻4号370頁）
東京大学の学生団体による松川事件を題材にした演劇発表会が学内の教室で行われた。公演中に会場に私服警官がいることが発見され、退出しようとした警官の身柄を学生が拘束したため、暴力行為等処罰法違反で起訴された。第一審・第二審は、特定の犯罪捜査を目的としない警備のために大学に無断で立ち入り情報収集活動を行った本件の警官の行為は、学問の自由の要請を看過した違法な行為であるとした。最高裁は、「大学における学問の自由を保障するために、伝統的に大学の自治が認められている」と述べた。他方、「学生の集会が真に学問的な研究またはその結果の発表のためのものではなく、実社会の政治的社会的活動に当る行為をする場合には、大学の有する特別の学問の自由と自治は享有しない」と述べ、本件における警官の立入りを合法と判断した。

大学の自治の保障内容として、①人事の自治、②大学の施設の管理の自治、③学生の管理の自治が挙げられる。

人事の自治は、大学の学長や、教授その他の研究者が、外部の指示に従って選任されるのではなく､大学の自主的判断に基づいてなされることを意味する。**九大井上事件**（東京地判昭48・5・1訟月19巻8号32頁）では、国立大学から学長事務取扱への任命申出があった教授について、文部大臣には例外的事情のない限り大学から申出のあった者を任命する義務があると述べられた。

大学の施設および学生管理の自治については、大学といえども治外法権の場ではないため､安全の維持や衛生設備などに関して一般と同様の規制を受ける。警察権との関係については、まず、裁判官が発する令状に基づく犯罪捜査などを大学が拒否することはできない。次に、警備公安活動（将来起こるかもしれない犯罪の危険を見越して行われる警察活動）のための大学構内への立入りについては、原則的に大学側の許諾を要すると解するのが多数説である。前掲の**東大ポポロ事件**が警察官の立入行為が大学の自治に対して与える危険性を十分に考慮していないことに対しては、学説から強い批判がある。

大学の自治に関連する今日的課題として、**国立大学法人化**をめぐる問題がある。かつての国立大学は国の行政機関であったが、その内部にあっては各部局の教授会の自治が慣行として尊重されてきた。しかし、2003年に国立大学法人法が制定され、学長のリーダーシップが強化された。現行法では、学長の任命は学内教員と学外有識者を含む学長選考・監察会議（国立大学法人法12条）の選考に基づき行われるが、同会議に先立って行われる教員による意向投票の形骸化が懸念されている。また、2014年の学校教育法93条の改正により、教授会の基本的な職務は学長に対して「意見を述べる」ことにあると定められた（旧法では「重要な事項を審議する」こととされていた）。法人化を契機に、国立大学では学長を中心としたトップダウン型の自治が形成されるようになっており、従来の教授会を中心としたボトムアップ型の自治が大きく変容している。

【参考文献】

渡辺康行『「内心の自由」の法理』（岩波書店、2019）
芦部信喜『宗教・人権・憲法学』（有斐閣、1999）
市川正人『表現の自由の法理』（日本評論社、2003）
奥平康弘『なぜ「表現の自由」か』〔新装版〕（東京大学出版会、2017）
阪口正二郎ほか編『なぜ表現の自由か――理論的視座と現況への問い』（法律文化社、2017）
松井茂記『表現の自由に守る価値はあるか』（有斐閣、2020）
毛利透『表現の自由』（岩波書店、2008）
井上武史『結社の自由の法理』（信山社、2014）
曽我部真裕＝林秀弥＝栗田昌裕『情報法概説』〔第2版〕（弘文堂、2019）
高柳信一『学問の自由』（岩波書店、1983）

第 8 章　経済的自由

公認小売市場の一例
阪急淡路駅商店街（大阪市東淀川区）の宝来市場。
撮影：大江一平

I　経済的自由総説

1　経済的自由の性質

職業選択の自由、営業の自由、居住・移転の自由、財産権などの総称を**経済的自由**という。封建制社会の下では、人々の職業・身分は固定され、職業選択の自由や移動の自由は認められていなかった。近代市民革命の主役となったブルジョワジーは自由な経済活動を求め、封建制の拘束を打破した。

近代立憲主義の憲法は、経済的自由を重視した。**フランス人権宣言**17条は、財産権が「神聖かつ不可侵の権利」である旨を規定している。しかし、**資本主義**の急激な発展に伴う**貧富の差**の拡大により、20世紀以降の現代立憲主義に基づく福祉国家においては、経済的弱者を保護するために、必要な限度で国家による経済的自由の制約が行われるようになった。例えば、1919年の**ワイマール憲法**153条3項は、「所有権は義務を伴う。その行使は、同時に**公共の福祉**に役立つべきである」と規定している。

2　経済的自由と「公共の福祉」

現代立憲主義の系譜に属する日本国憲法は、**経済的自由**権として、22条で居住移転の自由、職業選択の自由、29条で財産権を保障する。本来、**精神的自由**と経済的自由は相互補完的なものである。しかし、もっぱら**内在的制約**を規定する12条・13条の「公共の福祉」とは異なり、22条1項・29条2項の「公共の福祉」は、経済活動の社会的関連性の強さと**福祉国家**の観点から、公権力による規制を前提とする趣旨であると考えられている。

経済的自由の規制は、経済的・社会的弱者を保護するための**社会国家的規制**（**政策的規制、積極目的規制**）と、公共の安全と秩序を維持するための**自由国家的規制**（**内在的規制、消極目的規制**）に大別される。前者の場合、**明白性の原則**が適用され、規制が著しく不合理であることが明白でなければ違憲とされない。後者の場合、立法事実に基づいて規制の必要性と合理性を審査する**厳格な合理性の基準**が適用される（**社会国家的規制・自由国家的規制二分論**）。ただし、こうした規制二分論には批判も多い。

3　二重の基準論

司法審査に関する**二重の基準論**によれば、**表現の自由**などの**精神的自由**の規制立法の合憲性は厳しく審査されるが、**経済的自由**の規制立法の合憲性は比較的緩やかに審査される。

二重の基準論の根拠としては、まず、精神的自由が傷つきやすく壊れやすいデリケートな権利であり、民主政のプロセスを保護するために、裁判所が精神的自由の規制立法を厳しく審査する必要のあることが挙げられる。次に、経済的自由の規制には社会経済政策に関する専門性が要求されるが、裁判所はそうした専門性に欠けるので、明白に違憲と認められる場合以外には、立法府の判断を尊重すべきであることが挙げられる。

最高裁は、経済的自由の規制について、後述の**小売市場距離制限事件**と**薬局距離制限事件**において、二重の基準論を前提とした立場を採用している。

Ⅱ　居住移転・国籍離脱の自由

1　居住移転の自由

22条１項は、自己の住所または居所を自由に決定・移動する**居住・移転の自由**を保障する。一時的な旅行の自由もここに含まれる。

居住・移転の自由は経済的自由に分類されるが、人の**移動の自由**を保障する点で人身の自由と、コミュニケーションという点で**表現の自由**と、人的交流を可能にするという点で個人の人格形成と密接に関連する。そのため、居住・移転の自由について一律に緩やかな審査を行うのではなく、個別の事例の性質に応じて、厳格度の高い審査を行う必要があるとの主張が強まっている。

居住・移転の自由の制限の事例として、夫婦の同居義務と親権者の子に対する居所指定権（民法752条、821条）、破産者の居住制限（破産法147条、153条）、被告人の居住制限（刑事訴訟法95条）、自衛官の居住制限（自衛隊法55条）、感染症の患者に対する強制入院・隔離（感染症予防法18〜20条）、精神障害者に対する強制入院・隔離（精神保健福祉法29条）が挙げられる。これらの措置は一般的に合憲であると考えられている。ただし、**身体的拘束**を伴う移動の禁止は13条や18条に抵触する恐れがある。

なお、**熊本ハンセン病訴訟**（熊本地判平13・5・11判時1748号30頁）は、らい予防法（1996年廃止）による隔離政策が「ハンセン病予防上の必要を超えて過度な人権の制限を課すもの」であり、13条に由来する人格権の侵害であると判示している。また、名古屋市によるアーレフ信者の転居届不受理が違法と判断された**アーレフ信者転入拒否事件**（最判平15・6・26判時1831号94頁）、暴力団員に対する市営住宅の明渡請求を認める条例の規定が憲法14条１項、同22条１項に違反しないとされた**西宮市市営住宅条例事件**（最判平27・3・27民集69巻２号419頁）が注目される。

2　外国移住の自由・国籍離脱の自由

（**1**）　外国移住の自由　　22条２項は、「何人も、外国に移住……する自由を侵されない」として、**外国移住の自由**を保障する。**海外旅行の自由**もここに含まれる（**帆足計事件**＝最大判昭33・9・10民集12巻13号1969頁）。

帆足計事件では、元参議院議員がモスクワで開催される国際会議に出席するために旅券を請求したところ、「著しくかつ直接に日本国の利益又は公安を害する行為を行うおそれがあると認めるに足りる相当の理由がある者」に対して、外務大臣が旅券発給を拒否できると規定する旅券法13条１項７号に基づいて発給を拒否されたことが争われた。最高裁はこれを公共の福祉に基づく合理的な制限であるとして合憲としたが、海外旅行の自由は**精神的自由**としての側面をもち、また、当該規定の文言が不明確であることから違憲の疑いが強い。

（**2**）　国籍離脱の自由　　国籍とは特定の国家の構成員としての資格を指す。大日本国帝国（明治）憲法では国籍の離脱には政府の許可を必要としたが、22条２項は**国籍離脱の自由**を規定する。無国籍になる自由や重国籍（複数国籍）の自由は保障されないと一般的に考えられている。**国籍法**11条１項は、「外国の国籍を取得したときは、日本の国籍を失う」と規定する。また、国籍法は重国籍の解消を規定する（11条２項、12条、15条３項、16条）。ただし、「国籍唯一の原則」は国際化の進展によって変容しており、今後、無国籍の自由や重国籍の自由の可否が議論となりうる。

Ⅲ　職業選択の自由・財産権

1　職業選択の自由

（**1**）　職業選択の自由の法的性質　　22条１項は、自分の就職・転職・退職を決定する**職業選択の自由**を保障する。職業選択の自由が保障されるのは、資本主義の前提として労働力が市場で自由に売買される必要があること、職業には自己実現の価値が含まれることがあげられる。最高裁も**薬局距離制限事件**において、職業が「個人の人格的価値とも不可分の関連を有する」と指摘している。

通説・判例によれば、22条1項には、職業遂行の自由と営利事業を開始・遂行・廃業する**営業の自由**が含まれる（**小売市場距離制限事件**、薬局距離制限事件）。営業の自由の根拠を22条1項と29条の双方に求める有力な見解もある。

なお、営業の自由については、これを人権ではなく、政府が独占を排除して確立した公共的秩序を意味するとする経済史学者（岡田与好）の問題提起によって、営業の自由は人権か公序かという**営業の自由論争**が生じた。ただし、憲法学では、営業の自由を対国家的な自由権として位置づける見解が有力である。

（**2**）　職業選択の自由に対する規制　　職業選択の自由の規制は、**社会国家的規制**と**自由国家的規制**に大別される。

社会国家的規制の例として、**特許制**（電気、ガス、鉄道等）、中小企業保護のための競争制限（大規模小売店舗法（2000年廃止）、小売商業調整特別法3条1項）が挙げられる。国家収入の確保のためのかつてのタバコ・塩の**専売制**や、安価・公平な全国一律のサービス提供のための郵便事業株式会社による郵便事業の国家独占もここに含まれる。

自由国家的規制の例として、行政庁の許可を必要とする**許可制**（薬局開設、飲食業、風俗営業、貸金業、古物営業等）、有資格者に限定する**資格制**（医師、薬剤師、弁護士等）、行政庁の公簿への登録が求められる**登録制**（建築業、毒劇物営業者等）、届出を必要とする**届出制**（クリーニング業、理容業等）がある。

犯罪予防のための古物商の許可制（最大判昭28・3・18刑集7巻3号577頁）、無資格者による医療類似行為の禁止（**医療類似行為禁止判決**＝最大判昭35・1・27刑集14巻1号33頁）、売春の禁止（最判昭36・7・14刑集15巻7号1097頁）、タクシー営業の免許制（**白タク営業事件**＝最大判昭38・12・4刑集17巻12号2434頁）について、最高裁は合憲と判断している。

＊　近年、各自治体で、都心部の空洞化を防ぎ、高齢者等のいわゆる「買い物難民」を保護するために、郊外型大型店舗の出店規制が行われている。例えば、静岡市の「静

岡市良好な商業環境の形成に関する条例」(2011年10月施行) は、いわゆるコンパクトシティの実現や良好な買い物環境の創出のために、一定規模以上（売り場面積が1000m²以上）の店舗に対して、開発構想の段階で市への届出を行い、市民向けの説明会を開催することを求めている（同7、9条)。市は、良好な商業環境の形成のために、業者に対して、指導、助言、勧告を行い、業者が勧告に応じない場合はその旨を公表することができる（同13、14、15条)。こうした都市政策のための規制は、一種の社会国家的規制といえよう。

(3)　職業選択の自由に関する判例　　社会国家的規制の事例としては、**小売市場距離制限事件**が挙げられる。最高裁は、本件の距離制限が過当競争による小売商の共倒れ防止のための社会国家的規制であり、合憲であると判断した。

〔判　例〕 **★小売市場距離制限事件**（最大判昭47・11・22刑集26巻9号586頁）

本件では、小売市場の開設には都道府県知事の許可が必要である旨を規定する小売商業調整特別措置法3条1項と、同法に基づき、小売市場の新規開設には、既存の市場から700m以上離れていなければならないとする大阪府の小売市場許可基準内規が22条1項に違反するとして争われた。最高裁は、「憲法は、国の責務として積極的な社会経済政策の実施を予定しているものということができ、個人の経済活動の自由に関する限り、個人の精神的自由等に関する場合と異なつて、右社会経済政策の実施の一手段として、これに一定の合理的規制措置を講ずることは、もともと、憲法が予定し、かつ、許容するところと解するのが相当」であるとした上で、「社会経済の分野において、……どのような対象について、どのような手段・態様の規制措置が適切妥当であるかは、主として立法政策の問題」であり、「立法府がその裁量権を逸脱し、当該法的規制措置が著しく不合理であることの明白である場合に限つて、これを違憲」とすると判断した。

西陣ネクタイ訴訟（最判平2・2・6訟月36巻12号2242頁）でも、最高裁は、生糸輸入制限を行う繭糸価格安定法が国内の養蚕絹生産者保護のための社会国家的規制であるとして、小売市場判決を踏襲し、**明白性の基準**に基づいて合憲と判断した。ただし、特定業種を保護するために、他業種に大きな負担（織物業者は輸入品の2倍の価格で国内産生糸を購入することになる）を強いる規制に対し、社会国家的規制だからとして緩やかな基準を用いた点には批判がある。

これに対して、自由国家的規制の合憲性が争われたのが**薬局距離制限事件**である。最高裁は、健康被害の防止を目的とする距離制限について、必要性と合理性に欠けるとして、**厳格な合理性の基準**に基づき、違憲であると判断した。

〔判　例〕 **★薬局距離制限事件**（最大判昭50・4・30民集29巻4号572頁）
本件では、新規薬局を開設するには、旧薬局から一定距離（既存薬局から100m 以上）離れていなければならないとする旧薬事法6条2項および広島県条例による適正配置（**距離制限**）が22条1項に違反するとして争われた。最高裁は、職業の許可制は、「原則として、重要な公共の利益のために必要かつ合理的な措置であることを要し、また、それが社会政策ないしは経済政策上の積極的な目的のための措置ではなく、自由な職業活動が社会公共に対してもたらす弊害を防止するための消極的、警察的措置である場合には、許可制に比べて職業の自由に対するよりゆるやかな制限である職業活動の内容及び態様に対する規制によつては右の目的を十分に達成できないと認められることを要する」とした上で、「薬局等の設置場所の地域的制限の必要性と合理性を裏づける理由として被上告人の指摘する薬局等の遍在―競争激化――部薬局等の経営の不安定―不良医薬品の供給の危険又は医薬品乱用の助長の弊害という事由は、いずれもまだそれによつて右の必要性と合理性を肯定するに足り」ないとして、当該距離制限が違憲であると判断した。

（4） 規制二分論への批判　　社会国家的・自由国家的**規制二分論**は基本的に支持されているが、両者の区別は相対的である点に注意する必要がある。

公衆浴場の距離制限については、判例は当初、公衆衛生のための自由国家的規制であるとの理由で合憲としていた（最大判昭30・1・26刑集9巻1号89頁）。しかし、後に零細業者保護のための社会国家的規制であるとの理由で合憲と判断した（最判平元・1・20刑集43巻1号1頁）。自由国家的規制と社会国家的規制の双方の観点から、距離制限を合憲とした判決（最判平元・3・7判時1308号111頁）もある。

〔判　例〕 **★公衆浴場距離制限事件**（最判平元・1・20刑集43巻1号1頁）
本件では、公衆浴場の新規開設にあたって距離制限を規定する公衆浴場法2条と、それに基づく大阪府公衆浴場施行条例の距離制限（約200m）が22条1項に違反するとして争われた。最高裁は、自家風呂の普及による公衆浴場経営の困難性、自家風呂のない住民・旅行者への浴場確保のために公衆浴場の経営を保護する社会国家的規制であるとして、**明白性の原則**を適用し、合憲であると判断した。

財政目的の規制の場合、2つの類型に当てはまらない場合がある。経営基盤が薄弱であることを理由に、酒税法10条10号に基づいて酒類販売免許を拒否したことが争われた**酒税販売業免許事件**（最判平4・12・15民集46巻9号2829頁）において、最高裁は租税に関する**立法裁量**を広く認め、規制二分論を明示しなかった。その他、登記等の業務を司法書士に限定する司法書士法19条1項が争われた**司法書士事件**（最判平12・2・8刑集54巻2号1頁）、農作物共済への強制加入が争われた**農業共済組合事件**（最判平17・4・26判時1898号54頁）でも規制二分論は明示されなかった。

司法審査基準との関連では、社会国家的・自由国家的規制の双方の性質をもつ規制や財政目的の規制について、いかなる基準を適用するのかが問題となる。また、社会国家的規制に比べて自由国家的規制に厳格な審査基準が適用される理由が不明確であるとの批判がなされる。

自由国家的規制が厳格に審査される理由として、規制の前提となる立法事実の認定が裁判所にとって比較的容易であることが挙げられる。有力説によれば、社会国家的規制の立法は国会における利害調整の結果であるから、裁判所が立ち入った審査を行う必要はないが、自由国家的規制の場合、社会への害悪防止を口実に反対意見を封じて不当な立法が行われる恐れがあるので、厳格な審査が必要であるとされる（長谷部恭男）。

なお、新規参入の規制については、職業選択の自由それ自体の規制であり、職業遂行の自由に対する制限よりも、規制目的とその手段を厳格に審査すべきである。本人の能力に関係しない要件に基づく規制についても同様である。

2　財 産 権

（**1**）　財産権の法的性質　　**財産権**とは、土地や金銭等、財産的価値を有するすべての権利である。29条1項は、「財産権は、これを侵してはならない」と規定する。同条同項は個人の財産だけでなく、**資本主義**を前提とする**私有財**

産制度を保障する**制度的保障**と理解するのが通説である。多数説は、財産権の核心は生産手段の私有であるとする。

（**2**）　財産権に対する規制　　29条2項は、「財産権の内容は、公共の福祉に適合するやうに、法律でこれを定める」と規定する。本条についても、22条の場合と同様に、**社会国家的規制**や**自由国家的規制**が認められる。社会国家的規制の例としては、高速道路建設のための土地の買い上げや借地借家人の保護のための家主の権利の制限が挙げられる。自由国家的規制の例としては、民法や建築基準法による相隣関係の規制が挙げられる。

しかし、**森林法違憲判決**は規制二分論を明示せず、森林法の分割禁止規定が森林経営の安定や森林の荒廃防止には役立たない不必要な規制であるとして違憲と判断した。ただし、本件については、社会国家的規制とした上で、合理性の基準ではなく、より厳格な審査を行ったとする指摘もある。

〔判　例〕　**★森林法違憲判決**（最大判昭62・4・22民集41巻3号408頁）

本件では、森林の共有者について、共有持分が過半数でなければ分割請求権を認めていなかった森林法186条（当時）が29条2項に違反するとして争われた。最高裁は、森林法の立法目的について、「森林の細分化を防止することによつて森林経営の安定を図り、ひいては森林の保続培養と森林の生産力の増進を図り、もつて国民経済の発展に資することにある」が、「持分の価額が相等しい2名の共有者間において、共有物の管理又は変更等をめぐつて意見の対立、紛争が生じるに至つたときは、各共有者は、共有森林につき、……保存行為をなしうるにとどまり、管理又は変更の行為を適法にすることができないこととなり、ひいては当該森林の荒廃という事態を招来することとなる」ので、規制目的との関連で、当該規定について、「合理性と必要性のいずれをも肯定することのできないことが明らか」であるとして、違憲であると判断した。

インサイダー取引を規制する旧証券取引法164条1項の合憲性が争われた事例（**短期売買益の返還請求訴訟判決**＝最大判平14・2・13民集56巻2号331頁）において、最高裁は森林法違憲訴訟の枠組みを踏襲し、規制二分論を明示することなく、合憲判決を下している。**建物区分所有法合憲判決**（最判平21・4・23判時2045号116頁）でも規制二分論は明示されなかった。

なお、29条2項は、財産権の規制は法律による旨を規定する。**地方公共団体**

の**条例**による財産権の制約の可否について、財産権が全国的な取引の対象となることを理由に、これを否定する見解もあるが、条例が地方議会の民主的な手続によって制定される自主法であることから、これを肯定するのが通説・判例の立場である。**奈良県ため池条例事件**では、条例による私有のため池堤とうでの耕作禁止が合憲とされた。

〔判　例〕 **★奈良県ため池条例事件**（最大判昭38・6・26刑集17巻5号521頁）
本件では、ため池の損壊、決壊等による災害防止のために、ため池の堤とうでの耕作を禁止する奈良県の条例の合憲性が争われた。最高裁は、条例による財産権の規制を認め、ため池の破損や決壊の原因となる堤とうの使用行為が憲法・民法の保障する財産権行使の対象外であり、29条3項に基づく補償を要しないと判断した。

（3） 財産権の制約とその補償　　29条3項は、「私有財産は、正当な**補償**の下に、これを公共のために用ひることができる」と規定する。「公共のために用ひる」とは、病院、鉄道、道路、ダム、空港等の公共事業のために私有財産を強制的に取得する**収用**だけでなく、広く社会公共の利益のために財産権を制約することを意味する。自作農創出のための農地改革に伴う農地買収のように、特定個人が受益者であってもよい。**食糧緊急措置令違反事件**（最大判昭27・1・9刑集6巻1号4頁）では、第二次世界大戦後の食糧難に対処するための食糧供出が29条3項に該当するとされている。

補償が必要とされるのは、相隣関係や**内在的制約**を除く、個人の私有財産に対する「特別な犠牲」が生じた場合であるとする**特別犠牲説**が通説的見解である。「特別の犠牲」といえるか否かは、（i）財産権の制限対象が特定の個人か否か（形式要件）、（ii）制限の程度が財産権の内在的制約か否か（実質要件）、という2つの要件を総合的に判断すべきとする**形式・実質二要件説**が従来の有力説である。判例もこの立場をとっていると考えられている（**河川附近地制限令事件**＝最大判昭43・11・27刑集22巻12号1402頁）。

<table>
<tr><td rowspan="2">形式・実質二要件説</td><td>（i）制限対象が特定個人か否か（形式要件）</td><td rowspan="2">（i）（ii）を総合的に判断</td></tr>
<tr><td>（ii）制限の程度が内在的制約か否か（実質要件）</td></tr>
</table>

これに対して、（ⅰ）財産権を剥奪または本来的な効用を妨げる侵害については、原則として補償を必要とするが、その程度に至らない規制については、（ⅱ）建築基準法による建築制限のように、社会的共同生活との調和を保つための規制であれば補償は不要であり、（ⅲ）重要文化財の保護のように、他の特定の公益目的のために、当該財産権の本来の社会的効用とは無関係に偶然に課せられる規制であれば補償が必要であるとする**実質要件説**が近年有力である（文化財保護法43条は、現状変更に制限を加えられた文化財所有者への補償を規定している）。

実質要件説	（ⅰ）財産権を剥奪または本来的な効用を妨げる侵害	補償要
	（ⅱ）社会的共同生活との調和を保つための規制	補償不要
	（ⅲ）他の特定の公益目的のために、当該財産権の本来の社会的効用とは無関係に偶然に課せられる規制	補償要

適法な国家の行為によって生命・身体に対する重大な侵害が生じた場合、国家補償（「賠償」ではない点に注意。「国家補償の谷間」の問題）を請求できるかどうかが問題となる。予防接種による健康被害が問題となった**予防接種禍訴訟**では、29条3項に基づいて補償請求を行いうるか否かが争点となった。補償を肯定する見解が有力であるが、予防接種に伴う公共のための特別犠牲であるとする29条3項の類推適用説（東京地判昭59・5・18判時1118号28頁）、財産権の侵害に補償が行われるのであれば生命・身体への補償がなされるのは当然であるとする勿論解釈説（大阪地判昭62・9・30判時1255号45頁）がある。なお、国の過失責任を認めた判決もある（東京高判平4・12・18高民集45巻3号212頁など）。

29条3項の「正当な補償」の範囲については、当該財産の客観的な市場価格を全額補償すべきとする**完全補償説**と、合理的に算出された相当額であれば足りるとする**相当補償説**が対立している。最高裁は、**農地改革事件**（最大判昭28・12・23民集7巻13号1523頁）で相当補償説をとった。しかし、農地改革のような特殊な場合を除き、完全補償説を原則とすべきとする見解が有力である。最高裁は土地収用法をめぐる事件（最判昭48・10・18民集27巻9号1210頁）で完全補償説の立場をとっている。ただし、土地収用法71条の損失補償金額の算定方法が合憲と判断された事例において、最高裁は、憲法上の「正当な補償」の解釈について相当補償説を維持している（最判平14・6・11民集56巻5号958頁）。

相当補償説	合理的に算出された相当額であれば足りる
完全補償説	当該財産の客観的な市場価格を全額補償すべき

なお、収用の場合、対象となった財産のほか、移転料や営業上の損失も補償対象となる（土地収用法77、88条）。ただし、完全補償といっても、ダム建設に伴う離村・転業等、生活再建のための**生活権補償**まで29条3項によって憲法上保障されるか否かについては争いがある。実際には、立法によって解決されることが多い（都市計画法74条、水源地域対策特別法8条）。

コラム　アメリカ合衆国憲法修正5条は、収用の際に正当な補償を要する旨を規定する（同条は修正14条を通じて州にも適用される）。連邦最高裁は、何が公共目的であるかについて立法府の判断を尊重するが、収用の要件については類型的に判断している。近年の Lingle v. Chevron, 544 U.S. 528 (2005) の基準によれば、（1）土地所有権の物理的剥奪、土地利用に対する恒久的な物理的制約（例：私有地へのケーブルテレビ施設設置）、（2）土地の経済的利用の完全な妨害（例：浜辺の土地における永続的建造物の建築禁止）が典型的な収用に該当し、（1）（2）以外の場合は総合的に考慮して判断される。

【参考文献】

小島和司『憲法学講話』（有斐閣、1982、復刊2007）
中島徹『財産権の領分――経済的自由の憲法理論』（日本評論社、2007）
棟居快行『人権論の新構成』（信山社、2008）第4章
中村孝一郎『アメリカにおける公用収用と財産権』（大阪大学出版会、2009）

第 9 章　社　会　権

支給される保護費のイメージ

最　低　生　活　費	
年金、児童扶養手当等の収入	支給される保護費

生活扶助基準額の例（令和５年10月１日現在）

	東京都区部等	地方郡部等
３人世帯（33歳、29歳、4歳）	164,860円	145,870円
高齢者単身世帯（68歳）	77,980円	68,450円
高齢者夫婦世帯（68歳、65歳）	122,460円	108,720円
母子世帯（30歳、４歳、２歳）	196,220円	174,800円

※児童養育加算等を含む。

生活保護費支給の一例

社会権の中核となる生存権を具体化し、「最後の砦」となるのが生活保護制度である。

出典：厚生労働省ウェブサイト（「生活保護制度」に関するQ＆A）（令和５年度版）より一部引用

Ⅰ　社会権総説

　貧困や失業等、社会的・経済的弱者の自由や平等を確保するために国家の積極的な施策を要求する権利を**社会権**という。

　19世紀の近代国家は、A・スミスなどの自由放任主義（レッセ・フェール）に基づき、国防と国内の治安維持を主たる任務とし、国民の経済活動への介入を最小限とする**夜警国家**（消極国家）であり、そこで保障される人権はもっぱら自由権であった。しかし、夜警国家は、急速な資本主義の発展による深刻な貧困や失業問題に対処できなかった。

　そのため、20世紀以降の先進資本主義国は、社会主義思想の台頭を警戒しつつ、資本主義の弊害を緩和するために、1919年のドイツ・**ワイマール憲法**等、国民の経済活動に積極的に介入し、各種の社会保障を行う**福祉国家**（積極国家）として社会権を保障するに至った。自由権と社会権を保障する現代立憲主義の系譜に属する日本国憲法は、**生存権**（25条）、**教育を受ける権利**（26条）、**労働基本権**（27・28条）を社会権として規定している。

II　生　存　権

1　生存権の法的性質

日本では、1874年に、重度障害者や老衰者に米代を給付する恤救（じゅつきゅう）規則、1929年に救護法が制定されたが、国家による恩恵的な制度にとどまった。日本国憲法制定の際、当時の日本社会党の提案によって25条1項が付加され、GHQ草案24条の「社会保障の提供」が25条2項の原型となった。

25条の法的性質について、かつての通説であった**プログラム規定説**は、**生存権**の具体的内容と実現方法が不明確であること、生存権の保障には予算の裏付けが必要であること等を理由に、生存権が国家の努力目標に過ぎないとする。しかし、25条で生存権が「権利」と規定されているにもかかわらず、**裁判規範**性を否定するプログラム規定説には批判が多い。

> コラム　ワイマール憲法151条1項は、「経済生活の秩序は、すべての人に、人たるに値する生存を保障することを目指す正義の諸原則に適合するものでなければならない」と規定していた。ただし、同条は立法の指針を示したプログラム規定であると理解されており、これは日本国憲法25条の解釈にも大きな影響を与えた。高い理想を掲げたワイマール憲法であったが、当時のドイツは経済不況と左右勢力の激しい対立に直面しており、ヒトラーの台頭と授権法の制定（1933年）によって、同憲法は事実上効力を失ってしまった。

抽象的権利説は、25条が抽象的な規定にとどまるので、裁判で主張するには、生存権を具体化する法律を制定する必要があるとする。**具体的権利説**は、25条が立法府を拘束する程度には明確な規定であるので、生存権を具体化する法律が存在しなければ、立法不作為の違憲確認訴訟を行うことが可能であるとする。ただし、両説の違いはそれほど大きくない。

最近では、特に生活保護制度との関連で、何が「健康で文化的な最低限度の生活」であるのかを客観的に確定することは可能であり、それを明らかに下回る給付水準であれば、25条に基づいて金銭給付を直接請求できるとする**ことばどおりの意味における具体的権利説**（棟居快行）が有力に主張されている。

なお、25条1項と2項の関係について、後述の**堀木訴訟**の第二審判決（大阪高判昭50・11・10行集26巻10＝11号1268頁）は、25条1項が救貧政策を、同2項が防貧政策を規定しており、後者には広範な立法裁量が認められるとする。しかし、救貧政策と防貧政策を区別することは困難であり、救貧政策を生活保護に限定した点で批判が多い。学説では、1項と2項を一体のものとして捉え、前者が生存権保障の意義を、後者がその目的を達成するための国家の責務を規定したものと理解する見解が有力である。

2 生存権をめぐる判例

生存権をめぐる初期の判例として、戦後の食糧難の時期における闇米の取り締まりが争われた**食糧管理法違反事件**（最大判昭23・9・29刑集2巻10号1235頁）が挙げられるが、最高裁は、25条1項について、個々の国民の国家に対する具体的、現実的な権利を直接保障したものではないと判断した。

社会保障制度との関連では、まず、生活保護費の減額が25条に違反するとして争われた**朝日訴訟**が挙げられる。同判決で最高裁は厚生大臣（当時）の裁量を幅広く認めている。

〔判 例〕 **★朝日訴訟**（最大判昭42・5・24民集21巻5号1043頁）

原告（朝日茂氏）は、重度の肺結核のため国立の療養所に入所中であったが、実兄からの仕送りを理由とした生活保護の変更決定（月額600円の生活扶助の打ち切り）が違法であるとして争った。最高裁は、原告の死亡により本件訴訟が終了したとしつつ、「なお、念のために」として傍論で、「健康で文化的な最低限度の生活なるものは、抽象的な相対的概念であり、その具体的内容は、文化の発達、国民経済の進展に伴つて向上するのはもとより、多数の不確定的要素を綜合考量してはじめて決定できるも」

のであり、「何が健康で文化的な最低限度の生活であるかの認定判断は、いちおう、厚生大臣の合目的的な裁量に委されて」いるが、「憲法および生活保護法の趣旨・目的に反し、法律によつて与えられた裁量権の限界をこえた場合または裁量権を濫用した場合には、違法な行為として司法審査の対象となることをまぬかれない」と述べた。

次に、障害福祉年金と児童扶養手当の併給禁止が25条に違反するとして争われた**堀木訴訟**が挙げられる。同判決で最高裁は広範な立法裁量を認めている。

〔判　例〕 **★堀木訴訟**（最大判昭57・7・7民集36巻7号1235頁）

原告（堀木フミ子氏）は、視力障害者として障害福祉年金を受給していたが、離婚後、子どもを養育するために、児童扶養手当の受給資格認定を兵庫県知事に請求した。しかし、児童扶養手当法（当時）の下で、障害福祉年金と児童扶養手当の併給が禁止されているとして却下された。そこで、原告は、同法の併給禁止規定が25条等に違反するとして争った。最高裁は、「健康で文化的な最低限度の生活」が「きわめて抽象的・相対的な概念」であり、「その具体的内容は、その時々における文化の発達の程度、経済的・社会的条件、一般的な国民生活の状況等との相関関係において判断決定されるべきものである」とした上で、具体的な立法に際しては、「国の財政事情を無視することができず、また、多方面にわたる複雑多様な、しかも高度の専門技術的な考察とそれに基づいた政策的判断を必要とする」ので、当該立法が「著しく合理性を欠き明らかに裁量の逸脱・濫用と見ざるをえないような場合を除き、裁判所が審査判断するのに適しない事柄である」と述べて、原告の訴えを退けた。

ただし、受給者の選定基準が不合理であれば、14条違反となりうる。**牧野訴訟**（東京地判昭43・7・15行集19巻7号1196頁）では、国民年金法による老齢福祉年金の夫婦受給制限規定が14条1項に違反すると判断されている。とはいえ、**旭川市介護保険条例事件**（最判平18・3・28判時1930号80頁）において、最高裁は、生活保護受給者の減免措置を規定せず、老齢基礎年金から特別徴収を行う旭川市の条例について、堀木訴訟の最高裁判決を踏襲して、著しく合理性を欠くとはいえないとして合憲であると判断している。国民年金法の下で、20歳未満の者を対象とした強制加入制度を設けなかったこと等が25条、14条1項違反であるとして争われた**学生無年金障害者訴訟**（最判平19・9・28民集61巻6号2345頁）

でも、広範な立法裁量を認め、訴えを退けている。

最高裁は、堀木訴訟に見受けられるように、生存権の保障について、立法府の幅広い裁量を認めつつも、その裁量の明らかな逸脱・濫用の場合には司法審査が及ぶとしているので、純粋なプログラム規定説をとっているわけではない。そのため、近年の学説では、生存権の裁判規範性を前提とした上で、立法裁量をどのように統制するかが活発に議論されている（既存の社会保障制度の縮小・後退を禁止する**制度後退禁止原則**が注目されている）。

なお、生活困窮者に対する重税や生活保護費の給付切り下げ等、「最低限度の生活」を脅かし、生存権の実現を妨げる立法は、生存権を侵害するものであるとする有力見解がある（生存権の「**自由権**的側面」と称される）。**総評サラリーマン税金訴訟**（最判平元・2・7判時1312号69頁）では、最低限度の生活に必要な費用（最低生活費）の控除を認めない旧所得税法が25条に違反するとして争われたが、最高裁は**立法裁量**論に基づいて訴えを退けた。生活困窮者に対する保険料の賦課・徴収が争われた**旭川市国民健康保険条例事件**（最大判平18・3・1民集60巻2号587頁）においても、25条違反の訴えを退けている。

3 生活保護制度をめぐる判例

生存権を具体化し、「最後の砦」となるのが**生活保護制度**である。生活保護法1条は、25条の理念に基づき、「国が生活に困窮するすべての国民に対し、その困窮の程度に応じ、必要な保護を行い、その最低限度の生活を保障するとともに、その自立を助長することを目的とする」旨を規定する。生活保護は、困窮に至った原因を問わず、無差別平等に受給することができる（同2条）。生活保護法によって保障される最低限度の生活は、健康で文化的な生活水準を維持することができるものでなければならない（同3条）。

行政上の特例措置として、永住資格を持つ在日外国人は生活保護を受給することが可能である。しかし、保護請求権がなく、不服申立は認められていない。判例（最判平26・7・18判地386号78頁）によれば、外国人は生活保護法に基づく受給権を有しておらず、行政庁の通達等に基づく行政措置により事実上の保護の対象となりうるに過ぎないとされている。

生活保護をめぐる近時の主要な判例としては、**秋田生活保護費貯金訴訟**が挙げられる。

〔判　例〕 **★秋田生活保護費貯金訴訟**（秋田地判平5・4・23判時1459号48頁）
原告は、将来の入院時の付添看護費用のために生活保護費と障害年金を貯蓄していた。しかし、福祉事務所が、約80万円の預貯金のうち、約27万円を収入と認定して保護費を減額し、残額を弔意の用途に限定したために、原告はこれが違法であるとして争った。秋田地裁は、「生活保護費を支給した目的に反するものとはいえず、また、その額も国民一般の感情からして違和感を覚えるほど高額のものでないことは明らか」であるとして、預貯金全額の保有を認めた。

なお、最高裁は、**福岡学資保険訴訟**（最判平16・3・16民集58巻3号647頁）において、生活保護法上、保護金品等を「貯蓄等に充てることは本来同法の予定するところではない」が、近年の高校進学率の高さや、「高等学校に進学することが自立のために有用であること」を考慮すると、「被保護世帯において、最低限度の生活を維持しつつ、子弟の高等学校修学のための費用を蓄える努力をすることは、同法の趣旨目的に反するものではない」と判断した（同判決を受けて、2005年から生業扶助に高等学校等就学費が盛り込まれた）。

Ⅲ　教育を受ける権利

1　教育を受ける権利の法的性質

教育は個人の人格形成に大きな役割を果たす。また、次世代を担う国民の育成という意味をもつ。明治憲法下では教育を受ける機会が満足に保障されない場合も多かった。そこで、日本国憲法は26条1項で「すべて国民は、法律の定めるところにより、その能力に応じて、ひとしく教育を受ける権利を有する」と規定し、国民の**教育を受ける権利**を保障する。

教育を受ける権利は社会権に分類される。しかし、教育基本法や学校教育法等に基づいて国家が教育者の養成、教育制度・施設の整備を行わなければならないという社会権的側面だけでなく、国家が教育を受ける権利を妨害したり、不適切な教育を強制したりしない自由権的側面を併せもつ点に留意する必要がある。

教育を受ける権利は、国家による経済的配慮（就学援助等）だけでなく、子どもが教育を受けて学習し、人間的に発達成長していく**学習権**を念頭に置いている。これを公民的権利として理解する有力説もある。最高裁も後述の**旭川学力テスト事件**において、「国民各自が、一個の人間として、また、一市民として、成長、発達し、自己の人格を完成、実現するために必要な学習をする固有の権利を有すること、特に、……子どもは、その学習要求を充足するための教育を自己に施すことを大人一般に対して要求する権利を有するとの観念が存在していると考えられる」として、学習権に言及している（今日では、生涯学習（教育基本法3条）との関連で、成人教育についても念頭に置く必要があろう）。

26条1項の「その能力に応じて、ひとしく教育を受ける権利」とは、各人の適性や能力の違いに応じて異なった内容の教育を認める趣旨である。14条の平等原則が教育の機会均等にもあてはまる。公正な学力選抜試験は許容されるが、家庭的事情や経済的事情によって差別することは許されない。教育基本法4条3項は経済的理由によって修学が困難な者への支援を、教育基本法4条2項、学校教育法72条は心身に障害をもつ子どもへの特別支援教育を規定している。実質的平等の観点から、心身に障害をもつ子どもに対する教育条件整備を積極的に要請する有力な見解がある。

26条2項前段は、「すべて国民は、法律の定めるところにより、その保護する子女に教育を受けさせる義務を負ふ」と規定する。親権者は子どもに小中学校計9年間の普通教育を受けさせる義務を負う（学校教育法17条も参照）。同条2項後段は「**義務教育**は、これを無償とする」と規定する。同条で無償となるのは授業料までであり、教科書は無償とはならないとする**授業料無償説**が通説・判例（**教科書国庫負担請求事件**＝最大判昭39・2・26民集18巻2号343頁）の立場である。教科書については、1963年以降、立法（義務教育諸学校の教科用図書の無償措置に関する法律）によって無償措置がとられている。

2010年には、高校無償化法（公立高等学校に係る授業料の不徴収及び高等学校等就学支援金の支給に関する法律）により、公立高校の授業料が無償化された。国立高校・私立高校については、公立校の授業料を上限として就学支援金が支給されることになった。

2　教育権の所在をめぐる問題

教育を受ける権利について、最も問題となるのが、子どもへの具体的な教育内容を決定・実施する**教育権**（教育の自由）の所在をめぐる問題であり、かつて**教育権論争**として激しく争われた。

国家教育権説は、教育権の主体は国であり、国が教育内容について決定・関与するとする。これに対して、**国民教育権説**は、教育権の主体は親を中心とする国民全体（実質的には教育現場の教師が主体となる）であり、国家の介入は教育の諸条件の整備に限定され、教育内容への関与は認められないとする。ただし、国家教育権説が国の権限を問題としている点、国民教育権説が教師の権限と教師個人の権利を併せて主張している点に注意が必要である。教師の教育の自由は、「権利」ではなく、むしろ「職務権限」であると見なす見解や、対生徒との関係では「権限」であり、対国家との関係では「権利」であるとする見解が近年有力となっている。

判例は、国家教育権説をとるもの（**家永教科書裁判第1次訴訟第一審**（高津判決）＝東京地判昭49・7・16判時751号47頁）と、国民教育権説をとるもの（**家永教科書裁判第2次訴訟第一審**（杉本判決）＝東京地判昭45・7・17行集21巻7号別冊1頁）に分かれていた。最高裁は、教育権の所在が争われた**旭川学力テスト事件**において、いずれの立場も「極端かつ一方的」であるとして退けた。

〔判　例〕　**★旭川学力テスト事件**（最大判昭51・5・21刑集30巻5号615頁）

本件では、文部省（当時）による全国中学校一斉学力調査（学力テスト）実施を阻止しようとして中学校に立ち入り、校長を取り囲んだ教員らが建造物侵入、公務執行妨害罪等で起訴され、その際に教育権の所在が争われた。最高裁は、国家教育権説も国民教育権説も「極端かつ一方的であり、そのいずれをも全面的に採用することはできない」とした上で、普通教育（初等中等教育機関）の教師にも一定の教授の自由（教育の自由）が認められうるが、教師の児童生徒への強い影響力・支配力、学校選択の余地が乏しさ、教育の機会均等・教育水準の維持を理由に、「普通教育における教師に完全な教授の自由を認めることは、とうてい許されない」とした。また、親の教育の自由は、学校選択の自由や家庭教育の自由として保障されること、国は「必要かつ相当と認められる範囲において」教育内容について決定することができると判断した。

国、教師、親権者の役割分担によって教育内容を決定するという旭川学力テスト事件最高裁判決のアプローチは基本的に妥当なものとの評価が多い。しかし、本判決が親や教師の教育の自由を限定し、教科・科目の種類や授業時数等の学校制度的基準の設定を超えて、教育内容への国の介入を幅広く認めているとの批判もある。

伝習館高校事件（最判平2・1・18民集44巻1号1頁）では、指定教科書を使用せず、**学習指導要領**を逸脱した指導を行ったこと等を理由に教育委員会によって懲戒免職処分とされた公立高校の教員らが、その取消を求めて争った。最高裁は、学習指導要領の法的拘束力を認め、当該処分が適法であるとした。

教育権については、児童生徒に直接接する親権者や教育現場の教師の教育権が基本であり、教育内容の決定に国家が関与するのは慎重であるべきといえよう。最高裁も旭川学力テスト事件において、「子どもが自由かつ独立の人格として成長することを妨げるような国家的介入、例えば、誤つた知識や一方的な観念を子どもに植えつけるような内容の教育を施すことを強制するようなことは、憲法26条、13条の規定上からも許されない」と述べている。また、親権者や教師の教育権といえども、あくまでも子どもの学習権に仕える限度での自由であることに注意が必要である。

教育権をめぐる事件は、**麹町内申書裁判**（最判昭63・7・15判時1287号65頁）や**君が代伴奏職務命令事件**（最判平19・2・27民集61巻1号291頁）のように、もっぱら**精神的自由**に関連する事例であり、厳格度の高い審査が求められる。

2007年に教育基本法が改正され、道徳教育（同2条1号）や愛国心教育（同2条5号）が新しく盛り込まれ、法律による教育の実施を強調する同16条によって、学習指導要領や各種通達の役割が増大することになった。教育現場においては、多様な価値観を持つ児童生徒や教師がいることから、**思想・良心の自由**に密接に関連する**日の丸・君が代問題**等に見受けられるように、国による教育内容の介入には一層の慎重さが求められよう。

コラム　アメリカ合衆国では、保守派とリベラル派の価値観の対立、移民の増加、貧困問題、共同体の衰退、社会の複雑化による若者の無力感といった要因を背景として、市民性を育成するシティズンシップ教育が盛んである。日本でも、「良識ある公民として必要な政治的教養は、教育上尊重されなければならない」と規定する教育基本法14条1項に基づき、憲法学・教育法学の分野において、「主権者教育権論」という形で、シティズンシップ教育の意義が説かれてきた。ただし、特定の政権・団体にとって都合のよいことを押し付けるのではなく、個人の尊重や思想・良心の自由を踏まえた上でのシティズンシップ教育でなければならないのは当然のことである。初等・中等教育におけるシティズンシップ教育の場合、教員の児童・生徒に対する強い影響力・支配力に留意しなければならない。大学のシティズンシップ教育においても、学生の多様な価値観に対する配慮が求められよう。

Ⅳ　労働に関する権利

近代以降の**契約自由の原則**の下では、使用者（経営者）と労働者は対等な立場であるとされている。しかし、19世紀以降の急速な資本主義の発展により、労働者は、低賃金、長時間労働といった劣悪な労働環境に置かれることとなった。そこで、20世紀以降の現代立憲主義の憲法は、使用者と労働者の現実の力関係を是正し、労働者を保護するために、**労働に関する権利**（勤労の権利および労働基本権）を保障するに至った。

1　勤労の権利

27条1項は、「すべて国民は、勤労の権利を有し、義務を負ふ」と規定する。**勤労の権利**には、個人が働く際に国から妨害されないという**自由権**的側面と、職業安定法、雇用対策法、障害者雇用促進法等、職場の提供や労働条件の整備を求める**社会権**的側面がある。ただし、「勤労の義務」とは、法律によって国民に労働を強制できるという趣旨ではない。

27条2項は「賃金、就業時間、休息その他の勤労条件に関する基準は、法律でこれを定める」として、**勤労条件法定主義**を規定する。これは、**契約自由の原則**を修正し、**労働基準法**、最低賃金法、労働安全衛生法等、基本的な勤労条件の最低基準を法律で定めることを意味する。

2 労働基本権

28条は、「勤労者の団結する権利及び団体交渉その他の団体行動をする権利は、これを保障する」と規定し、**団結権**、**団体交渉権**、**争議権**からなる**労働基本権**（労働三権）を保障する。ここでいう「勤労者」とは、労働力を提供してその対価として賃金を得て生活する者を指し、**労働組合法**3条の「労働者」と同じ意味である。これらの権利を侵害すると、**不当労働行為**となる。

（**1**） 団結権　労働者の団体である労働組合を結成する権利を**団結権**という。労働組合を結成することで、使用者と対等な立場で交渉を行うことが可能になる。

労働組合は使用者と交渉を行うために、一定の範囲で加入や団結の強制を行いうる。結社の自由とは別に団結権の規定が設けられていることから、こうした組織強制は一般的に合憲であるとされている。

ただし、**労働組合**（過半数組合）への強制加入を義務づける**ユニオンショップ協定**（労組法7条1項但書）について、**三井倉庫港運事件**（最判平元・12・14民集43巻12号2051頁）では、過半数組合を脱退して新組合に加入した労働者の解雇は無効であるとされた。

また、**国労広島地本事件**（最判昭50・11・28民集29巻10号1698頁）では、労働組合が組合員に支持政党や統一候補の応援を強制することは許されないと判断された。**三井美唄労組事件**（最大判昭43・12・4刑集22巻13号1425頁）では、組合の統一候補に対抗して市議会選挙に立候補した組合員の権利停止は、組合の統制権の限界を超えるもので違法であると判断された。

（**2**） 団体交渉権　労働組合が使用者側と対等の立場で交渉する権利を**団体交渉権**という。使用者は正当な理由なく団体交渉を拒否してはならない（労組法7条2項）。労使間の団体交渉に基づいて、賃金や労働時間、休暇等の労働条件等について**労働協約**が締結される（労組法14条）。労働協約に違反する労働契約は無効である（労組法16条）。

（**3**）　団体行動権　　**ストライキ**（同盟罷業）、サボタージュ（怠業）などの争議行為を行う権利を、憲法上、**団体行動権**という。労働法（特に、労組法）上は、**争議権**と呼ばれる。正当な争議行為について、労働者は刑事責任も民事責任も負わない（労組法1条2項、8条）。ただし、暴力の行使は認められない（労組法1条2項但書）。生産管理は使用者の所有権を侵害するので許されない（**山田鋼業事件**＝最大判昭25・11・15刑集4巻11号2257頁）。

政治目的のストライキ（いわゆる**政治スト**）について、判例は28条の対象ではないとしている（**全逓東京中郵事件**＝最大判昭41・10・26刑集20巻8号901頁、**全農林警職法事件**＝最大判昭48・4・25刑集27巻4号547頁など）。学説では、労働立法等、労働者の経済的地位の向上のためのストライキであれば正当な争議行為と見なす見解が有力である。

【参考文献】

内野正幸『社会権の歴史的展開——労働権を中心にして』（信山社、1992）
棟居快行「生存権の具体的権利性」長谷部恭男編『リーディングス現代の憲法』（日本評論社、1995）155頁
内野正幸『表現・教育・宗教と人権』（弘文堂、2010）
米沢広一『憲法と教育15講』〔第3版〕（北樹出版、2011）
尾形健『福祉国家と憲法構造』（有斐閣、2011）
大江一平「福祉と法―生活保護をめぐる法的問題」榎透＝大江一平＝大林啓吾編著『時事法学』〔新版〕（北樹出版、2012）137頁
孝忠延夫＝大久保卓治編『憲法実感！ゼミナール』（法律文化社、2014）134頁

…の憲法〔第2版〕 2640円

…新版〕 2750円
…紀・相澤直子 編

…いのための社会統計学〔第3版〕
…寛・山口 洋・田邊 浩 編 2970円

社会統計学の入門書として、「数学嫌い」の人でも取り組みやすいように、実際のデータを利用して、分析の手順を丁寧に説明する。社会調査士資格取得カリキュラムC・Dに対応。

改訂版

憲法〔第四版〕 3850円
加藤一彦 著

ベーシックテキスト憲法〔第4版〕
君塚正臣・森脇敦史 編 2860円

公務員をめざす人に贈る 行政法教科書〔第2版〕
板垣勝彦 著 2750円

行政法の基本〔第8版〕 2970円
●重要判例からのアプローチ
北村和生・佐伯彰洋・佐藤英世・高橋明男 著

新プリメール民法5 家族法〔第3版〕［αブックス］
床谷文雄・神谷 遊・稲垣朋子・小川 惠・幡野弘樹 著 2750円

新ハイブリッド民法
1 民法総則〔第2版〕 3410円
小野秀誠・良永和隆・山田創一・中川敏宏・中村 肇 著
2 物権・担保物権法〔第2版〕 3300円
小山泰史・堀田親臣・工藤祐巌・澤野和博・藤井徳展・野田和裕 著

ユーリカ民法3 債権総論・契約総論〔第2版〕
田井義信 監修／上田誠一郎 編 3080円

18歳からはじめる民法〔第5版〕［〈18歳から〉シリーズ］
潮見佳男・中田邦博・松岡久和 編 2420円

家族法〔第3版〕 2860円
中川 淳・小川富之 編

これからの消費者法〔第2版〕 2860円
●社会と未来をつなぐ消費者教育
谷本圭子・坂東俊矢・カライスコス アントニオス 著

ベーシックスタディ民事訴訟法〔第2版〕
越山和広 著 3300円

ハイブリッド刑法各論〔第3版〕
松宮孝明 編 3960円

刑事訴訟法の基本〔第2版〕 3520円
中川孝博 著

いまから始める地方自治〔改訂版〕
上田道明 編 2750円

社会を考え、変える

子どもの「貧困の経験」

●構造の中でのエージェンシーとライフチャンスの不平

子どもは貧困による不利と困難をどのように認識し、主体的に対処していくのか。量的調査と8年の継続的インタビュー調査に基づいて、子どもの視点から「貧困の経験」を理解するとともに、貧困の継続性と世代的再生産を捉え、支援・政策のあり方を考える。

序　章　子ど
第１章　資源
　　　　——
第２章　量的調
　　　　——ケ
第３章　子ども
第４章　子ども期
第５章　貧困の世
　　　　——ジェン
終　章　貧困の世代
　　　　のアプローチ
　　　　——子どもの貧

ひとり親家庭はなぜ困窮するのか

●戦後福祉法制から権利保障実現を考える

金川めぐみ 著　　5280円

国会議事録にみる国家の
の権利化」の２つの視点
考察し、政治哲学の人間像
基に「公的ドゥーリア」の概念
策のあり方を示唆する。

序　章　本書の目的と構成
第１章　日本におけるひとり親家庭研究の動向
第２章　ひとり親家庭の“把握”と支援施策の動向
第３章　母子及び寡婦福祉法成立までの関連法制定過程
第４章　母子家庭の母及び父子家庭の父の就業の支援に関する特別措置法成立までの関連法制定過程
第５章　法における家族の眼差しと、ひとり親家庭の視座
第６章　「福祉の権利化」の視点からみたひとり親家庭の福祉法政策
第７章　ひとり親家庭の福祉法政策における今後の方向性
終　章　本書での結論と今後の課題
補　論　コロナ禍におけるひとり親家庭対策の素描

デンマーク発 高齢者ケアへの挑戦

●ケアの高度化と人財養成

汲田千賀子 編著　2530円

いま日本の高齢者介護の現場では人材不足が大きな問題となっており、それは介護の質的水準の低下に直結する。限られた人材で対応するには、ケアの高度化が必須となる。本書は一足早くケアの高度化を実現したデンマークの現場を知る著者が、その実際を詳解する。

第１章 高齢者介護に求められる「ケアの高度化」とはなにか
第２章 デンマークの高齢者ケアの高度化を支える社会システム
第３章 デンマークの認知症ケア実践にみる高度化
第４章 デンマークの高齢者ケアの高度化を担う人財養成
第５章 デンマークの福祉現場におけるキャリア形成と求められるスキル
第６章 デンマークから学ぶ福祉・介護政策への示唆と展望

第10章　国務請求権・手続的権利

ニュルンベルク裁判
戦時中のナチスの行為を裁くために開かれた国際軍事裁判。連合国が戦後に定めた処罰規定の適用が、罪刑法定主義、とりわけ遡及処罰の禁止に反しないかが、争点の一つとなった。
出典：バイエルン州立図書館ウェブサイト

Ⅰ　行政に対する権利

1　適正手続の沿革

適正手続の考え方は、1215年の**マグナ・カルタ**に遡る。すなわち、マグナ・カルタは、39条において、「いかなる自由人も、その同輩の合法的裁判によるか、又は国法によるのでなければ」、逮捕、監禁、差押などの措置を受けないことを規定していた。この思想は、その後、イギリスにおいて発展し、**アメリカ合**

衆国憲法において受容された。

> コラム　アメリカ合衆国憲法修正5条は、「何人も、……法の適正な手続（due process of law）によらずに、生命、自由又は財産を奪われることはない」ことを、修正14条は、「いかなる州も法の適正な手続（due process of law）に拠らずに、何人からも生命、自由又は財産を奪ってはならない」ことを規定している。これらは、適正手続条項、またはデュー・プロセス条項と呼ばれている。

大日本帝国（明治）憲法は、「日本臣民ハ法律ニ依ルニ非スシテ逮捕監禁審問処罰ヲ受クルコトナシ」（23条）と規定し、罪刑法定主義および人身の自由の保障を定めていた。しかし、緊急勅令による罰則の制定（明治憲法8条）や法律による命令への罰則の包括的委任が認められるなど、罪刑法定主義は不徹底であった。また、人身の自由の保障は基本的に法律に委ねられたが、その内容は十分であるとは言い難かった。これに対して、日本国憲法は、31条以下において適正手続に関する詳細な保障規定を設けている。

2　行政手続の保障

☞憲法31条は、「何人も、法律の定める手続によらなければ、その生命若しくは自由を奪はれ、又はその他の刑罰を科せられない」ことを規定する。本規定は、アメリカ合衆国憲法の適正手続条項を模範として制定したといわれている。憲法31条が、その文言および条文の位置からして、刑事手続を対象としているのは明らかだが、それが**行政手続**にも適用され得るかについては問題となってきた。というのも、行政活動は、国民の権利利益に密接に関係するにもかかわらず、憲法には行政手続を明文で規定した条文が存在しないからである。通説は、憲法31条を直接的には刑事手続に関する規定であるとする一方で、それを行政手続に適用または準用することを肯定する（**31条説**）。他方で、行政手続の憲法上の根拠を、憲法13条に求める説も有力である（**13条説**）。この説は、憲法13条を、アメリカ合衆国憲法の適正手続条項に相当する規定と見なし、実体的な人権の一般規定であるのみならず、手続的権利の一般規定でもあるとする。その他、憲法の法治国家原理を手続法的に理解し、国民の権利利益の手続的保障を憲法上の要請であるとする説もある（**手続的法治国説**）。

☞判例には、行政手続に関して、告知・聴聞の必要性（**個人タクシー事件**＝最判昭46・10・28民集25巻7号1037頁）、審議会や公聴会の必要性（**群馬中央バス事件**＝最判昭50・5・29民集29巻5号662頁）を認めたものがある。だが、最高裁は、憲法31条の行政手続への適用または準用について、一般的な見解を明示するのを避けている。例えば、**成田新法事件**（最大判平4・7・1民集46巻5号437頁）は、行政手続について、「そのすべてが当然に同条〔31条〕による保障の枠外にあると判断することは相当でない」としつつも、行政手続と刑事手続はその性質を異にし、行政手続はその目的に応じて多種多様であるため、常に処分の相手方に告知、弁解、防禦の機会を与えなければならないわけではない、と判示した。

〔判　例〕 **★成田新法事件**（最大判平4・7・1民集46巻5号437頁）

新東京国際空港（現・成田国際空港）建設の反対闘争に対抗するべく新法が制定され、同法に基づいて工作物使用禁止命令が発出されたが、相手方に告知、弁解、防禦の機会を与える旨の規定がなかったことが、憲法31条に反するかが争われた事件。最高裁は、「行政処分の相手方に事前の告知、弁解、防禦の機会を与えるかどうかは、行政処分により制限を受ける権利利益の内容、性質、制限の程度、行政処分により達成しようとする公益の内容、程度、緊急性等を総合衡量して決定される」とし、本件法律に告知等の規定のなかったことを、憲法31条の法意に反しないとした。

1993年に**行政手続法**が制定され、原則としてすべての行政領域に適用される手続の一般法が制定された。同法には、処分、行政指導、届出、命令等の手続について、行政機関が守るべき共通のルールが定められている。2005年の法改正では、意見公募手続（**パブリック・コメント**）制度が導入され、行政機関が命令等を制定するにあたり、事前に広く一般の意見を求めることが義務付けられた。

3　国家賠償請求権

憲法17条は、「何人も、公務員の不法行為により、損害を受けたときは、法律の定めるところにより、国又は公共団体に、その賠償を求めることができる」

と規定し、**国家賠償請求権**を保障している。明治憲法下においては、**国家無答責の原則**によって、権力的活動に対する国の責任は一般的に否定されていた。日本国憲法は、17条において、すべての国家活動について国の賠償責任を認めた。1947年には、憲法17条を具体化するべく、**国家賠償法**が制定された。

憲法17条の性格について、通説は当初、それをプログラム規定と見なしていた。しかし、現在では、この規定は抽象的権利を定めたものと理解されており、法律による具体化は必要であるとしても、その法規範性は失われないと考えられている。このことは、**郵便法違憲判決**（最大判平14・9・11民集56巻7号1439頁）において、最高裁によっても認められた。

〔判　例〕　**★郵便法違憲判決**（最大判平14・9・11民集56巻7号1439頁）

書留郵便物の損害賠償について国の責任を免除・制限する郵便法の規定が、憲法17条に違反するかが問題となった事件。最高裁は、憲法17条の性格について、「立法府に無制限の裁量権を付与するといった法律に対する白紙委任を認めているものではない」とした。問題となった責任の免除・制限については、「当該行為の態様、これによって侵害される法的利益の種類及び侵害の程度、免責又は責任制限の範囲及び程度等に応じ、当該規定の目的の正当性並びにその目的達成の手段として免責又は責任制限を認めることの合理性及び必要性を総合的に考慮」した結果、違憲とされた。

☞国家賠償法１条１項は、「国又は公共団体の公権力の行使に当る公務員が、その職務を行うについて、**故意**又は**過失**によつて違法に他人に損害を加えたときは、国又は公共団体が、これを賠償する責に任ずる」と定めている。また、同条２項によれば、損害を加えた公務員に故意または重過失がある場合には、国等は、その公務員に対して**求償権**を有するとされている。公務員と国との関係について、通説は、公務員個人の責任を前提として、それを国が代位するという、**代位責任説**をとる。これに対して、公務員個人の責任にかかわらず、行政活動の危険性について国は直接に責任を負うとする、**自己責任説**も有力である。自己責任説は、無過失責任主義をとる。しかし、それは国家賠償法１条１項の要件に合致しないことはもとより、それを憲法17条の要請だと考えることも困難であるとされている。この点、判例には、故意・過失の要件を緩やかに解し、被害者の救済を図ったものがある（例えば、**定期健康診断事件**＝最判昭57・4・1民集36巻4号519頁では、一連の職務上の行為の過程で被害を生じさせた場合、加害公務員や加害行為の特定は必ずしも必要ではないとされた)。

＊　国家賠償法1条1項にいう「公権力の行使」には、行政のみならず、立法および司法も含まれる。ただし、立法に対する賠償責任について、判例は、「国会議員は……原則として……個別の国民の権利に対応した関係での法的義務を負うものではな」いとし、これを否定してきた（**在宅投票制訴訟**＝最判昭60・11・21民集39巻7号1512頁)。しかし、近年では、これを肯定する判例も現れている（**在外邦人選挙権訴訟**＝最大判平17・9・14民集59巻7号2087頁)。また、司法に対する賠償責任については、「裁判官がその付与された権限の趣旨に明らかに背いてこれを行使したものと認めうるような特別の事情」が必要であるとされている（最判昭57・3・12民集36巻3号329頁)。

国家賠償法2条1項は、「**公の営造物**」の設置・管理の瑕疵に基づく損害賠償請求についても定めている。同条は、公務員の故意・過失を請求権成立の要件としておらず、**無過失責任**を定めたものと解されている。判例にも、道路の設置・管理に関して無過失責任を認めたものがある（**国道56号線落石事件**＝最判昭45・8・20民集24巻9号1268頁)。その他、河川による水害についても、国家賠償訴訟が数多く提起されたが、河川は自然発生的な公共用物であることから、国の責任の有無が問題となってきた。判例は、未改修の河川については過渡的安全性をもって足りるとする一方（**大東水害訴訟**＝最判昭59・1・26民集38巻2号53頁)、改修済みの河川については高度の安全性を要求した（**多摩川水害訴訟**＝最判平2・12・13民集44巻9号1186頁)。

Ⅱ　民事・行政裁判における権利

1　裁判を受ける権利の沿革

裁判を受ける権利は、絶対王政下の欧州諸国において、専断的な裁判から市民の権利を守るために要求された。行政機関による裁判の禁止、例外裁判所の禁止、公正・独立な裁判所の常設といった、近代司法の諸原則が確立されるのと並行して、これらの原則に基づく裁判所の裁判を受けることが権利として主張され、各国の憲法で保障されるようになった。

明治憲法24条は、「日本臣民ハ法律ニ定メタル裁判官ノ裁判ヲ受クルノ権ヲ奪ハルヽコトナシ」と規定していた。しかし、明治憲法下における裁判を受ける権利の保障は、極めて不十分であった。とりわけ行政事件は、通常の裁判所と異なる**行政裁判所**の管轄に属するものとされ（同61条）、出訴事項が厳しく制限されるなど、さまざまな制約が認められていた。

＊　行政裁判所は、東京に１つしか設置されず、第一審にして終審の裁判所とされ、上訴は認められていなかった。また、行政裁判所の評定官には、裁判官のほか、行政官の出身者も含まれていた。さらに、行政裁判所の出訴事項は、列記主義に従って、法律（明治23年法律106号）に定められた５つの事柄に限定されていた。

日本国憲法は、32条において「何人も、裁判所において**裁判を受ける権利**を奪はれない」と定めている。この規定は、憲法76条以下の裁判制度を前提に、この制度の下で裁判を受ける権利を保障したものである。明治憲法と異なり、行政裁判所は廃止され、行政事件は、民事・刑事事件とともに通常の裁判所の管轄に属することとなった。また、憲法81条によって違憲審査制が導入され、憲法32条は、人権保障のための手続的権利としての性格も付与された。なお、刑事裁判を受ける権利は、憲法37条１項によっても保障されている（後述Ⅲ）。

2　「裁判所」の意味

憲法32条にいう**裁判所**は、憲法76条１項に定められた最高裁判所および下級裁判所を指す。もっとも、憲法32条が、訴訟法上の管轄権を有する裁判所で裁判を受けることまで保障しているかについては、意見が分かれている。消極説によれば、憲法にいう「裁判所」は、具体的な裁判所を指すものではないとされる。初期の判例には、この説と同様に、管轄違いの裁判は違法だが違憲ではないとした例がある（最大判昭24・3・23刑集３巻３号352頁）。今日では、憲法32条をあらかじめ法律によって設置され、権限を定められた裁判所において裁判を受ける権利を保障するものであると解する、積極説が有力である。

審級制度が憲法32条の保障の範囲に含まれるかについては、争われてきた。

民事訴訟の流れ

出典：法務省ウェブサイト

判例は、審級制度について、広範な立法裁量を認めるが（例えば、民事訴訟法312条および318条による上告の制限に関する、最判平13・2・13判時1745号94頁）、学説においては、憲法32条から立法者の制度形成に一定の限界を導き出そうとする試みも見られる。

3 「裁判」の意味

憲法32条にいう「裁判」とは、**公開・対審**の手続による裁判を指す。これに対して、当事者間の権利義務に関する紛争ではなく、紛争の予防のために法律関係を形成する**非訟事件**は、判例によれば、「裁判」にあたらず、公開・対審の手続は要請されないとされている（例えば、最大決昭40・6・30民集19巻4号1089頁）。学説においては、訴訟事件と非訟事件を形式的に分けるのではなく、事件の性質・内容に応じて、公開・対審の原則の適用を実質的に判断すべきだとする見解が有力である。

Ⅲ　刑事手続上の権利

1　憲法31条の保障内容

（1）　総　説　☞憲法31条は、刑事手続に関する人権の一般規定である。憲法31条の保障内容については、諸説がある。すなわち、同条を文字通り読み、科刑の手続の法定を要求しているだけであるとする説がある一方（**手続法定説**）、法律で定めればどのような手続でもよいわけではなく、その内容の適正さも保障の範囲に含まれるとする有力な説がある（**適正手続説**）。さらに、手続の法定のみならず、手続を通じて科される刑罰の実体も、法律で定めることを要求する説（**手続・実体法定説**）、手続と実体の法定および手続の適正さを求める説（**適正手続・実体法定説**）、手続と実体の法定および手続と実体の適正さを要求する説（**適正手続・適正実体説**）が、唱えられてきた。通説は、適正手続・適正実体説をとる。

（2）　手続の法定　憲法31条によれば、刑事手続は、**法律**によって定められなければならない。もっとも、憲法上の例外として、最高裁判所は刑事訴訟に関する規則（刑事訴訟規則）を定めることができる（77条）。

（3）　手続の適正　☞手続の適正に関しては、憲法32条以下の諸規定がすでに詳細な基準を定めている。もっとも、憲法31条の内容は、憲法32条以下の要求に尽きるものではなく、そのうち特に重要な手続として、**告知・聴聞**がある。最高裁も、**第三者所有物没収事件**（最大判昭37・11・28刑集16巻11号1593頁）において、所有物の没収に関して、所有者に告知、弁解、防禦の機会を保障した規定がなかったことを、憲法31条および29条に反するとした。

〔判　例〕　**★第三者所有物没収事件**（最大判昭37・11・28刑集16巻11号1593頁）
密輸出をしようとした被告人に、附加刑として輸出に係る貨物を没収する判決が下されたが、その貨物は第三者の所有物であったため、その者に財産権を擁護する機会を与えないまま処罰を下すことが、憲法31条に反するかが争われた事件。最高裁は、

「所有物を没収せられる第三者についても、告知、弁解、防禦の機会を与えることが必要であつて、これなくして第三者の所有物を没収することは、適正な法律手続によらないで、財産権を侵害する制裁を科するに外ならない」と判示した。

（4）　実体の法定　　実体の法定とは、刑罰があらかじめ法律によって規定されていなければならないこと、すなわち**罪刑法定主義**を意味する。罪刑法定主義は、国家による刑罰権の恣意的な行使を抑止し、市民に予見可能性を与えることに役立つ。その具体的内容は、行政命令や慣習法を処罰の直接の根拠とすることの禁止、遡及処罰の禁止、類推解釈の禁止などである。

（5）　実体の適正　　実体の適正に関しては、通常、**刑罰規定の明確性**、**刑罰の謙抑**、そして**罪刑の均衡**が挙げられてきた。刑罰規定の明確性とは、ある行為が犯罪行為に該当するかを、明確に規定しなければならないことを意味する（この点が争われた事例として、**徳島市公安条例事件**＝最大判昭50・9・10刑集29巻8号489頁、**福岡県青少年保護育成条例事件**＝最大判昭60・10・23刑集39巻6号413頁がある）。刑罰の謙抑とは、刑罰という最も苛烈な制裁手段をとることの必要性・合理性に関わる。また、刑罰の均衡は、犯した罪とそれに対する刑罰の内容・程度が均衡していることを要求する。

2　身体の拘束に対する保障

（1）　不法な逮捕からの自由　　☞刑事手続における身体の拘束については、憲法33条と34条が、その手続を規定している。まず、憲法33条は、逮捕の際に裁判官の発する令状を要求し、**令状主義**の原則を定めている。令状主義は、捜査機関による不当な逮捕を抑止する意味をもつ。ただし、憲法33条は、令状主義の例外として、**現行犯逮捕**を規定している。現行犯逮捕が許されるのは、犯行が行われた直後であれば、犯人を誤ることがないためであり、また逃亡などを阻止するために、犯人の身柄を直ちに確保することが必要だからである。

☞令状主義との関係では、**緊急逮捕**が許されるかが問題となる。刑事訴訟法210条1項は、罪状の重い一定の犯罪について、嫌疑が充分であり、かつ緊急の場合には、令状なしに逮捕を行うことができるとして、緊急逮捕を認めている。逮捕状は、緊急逮捕の後、迅速に請求されなければならない。緊急逮捕に関しては、違憲説も有力だが、学説の多くはこれを合憲としてきた。しかし、その理由はさまざまで、曖昧である。令状逮捕の一部とする説（令状説)、現行犯逮捕の一つとする説（現行犯説）があるが、多くの説は憲法全体の趣旨から、これを合憲とする。判例は、**緊急逮捕合憲判決**（最大判昭30・12・14刑集9巻13号2760頁）において緊急逮捕を合憲としたが、どの説に立っているかは明確でない。

〔判　例〕 **★緊急逮捕合憲判決**（最大判昭30・12・14刑集9巻13号2760頁）
最高裁は、刑事訴訟法210条に掲げられた緊急逮捕の諸要件に言及した後、「かような厳格な制約の下に、罪状の重い一定の犯罪のみについて、緊急已むを得ない場合に限り、逮捕後直ちに裁判官の審査を受けて逮捕状の発行を求めることを条件とし、被疑者の逮捕を認めることは、憲法33条規定の趣旨に反するものではない」とした。

別件逮捕とは、本来の捜査対象（本件）について逮捕状を請求できるだけの証拠がない場合に、より軽微な犯罪（別件）を理由として逮捕し、取調べにおいて本件についての自白を得る方法をいう。通説は、本件を基準として逮捕の可否を判断し（本件基準説)、本件の取調べを目的とする別件逮捕は違憲であるとする。これに対して、実務は、別件についての逮捕の要件が形式的に満たされていれば、余罪の取調べの範囲内において、本件の捜査が可能であるとする(別件基準説)。

（**2**） 不法な抑留・拘禁からの自由　　憲法34条は、**抑留・拘禁**という身柄の拘束にあたり保障されるべき諸権利を規定している。抑留は、逮捕した被疑者の身柄の一時的な拘束を（逮捕・勾引に伴う留置等)、拘禁は、継続的な身柄の拘束を指す（勾留、鑑定留置等)。憲法34条はまず、抑留・拘禁の**理由の告知**を受ける権利を保障する。抑留・拘禁の理由とは、第1に、犯罪の嫌疑に関する理由を意味し、そこでは罪名のみならず、十分特定性をもつ具体的事実を示すことが要求される。第2に、抑留・拘禁がなぜ必要であるかについて、具体的には逃亡または罪証隠滅のおそれについて、事実に即して理由を告げなければならない。さらに、長期の拘束である拘禁については、**正当な理由**が必要であるとされ、それを**公開の法廷**で**開示**するよう要求する権利が保障されている(憲法34条の規定する被疑者の弁護人依頼権については、本節 8 参照)。

＊　勾留が決定すると、被疑者は原則として法務省管轄の刑事施設（拘置所）に拘禁される（刑事収容施設法 3 条 3 号)。ただし、起訴前であれば、被疑者を警察署の留置場に勾留することも認められている（刑事収容施設法14・15条)。実務では、拘置所の数が少ないことなどから、留置場が**代用監獄**として利用されてきた。しかし、留置場では被疑者が捜査官の監視下に置かれ続けることになるため、代用監獄は冤罪の温床であるとして、厳しい批判が投げかけられてきた。

3　不法な捜索・押収からの自由

☞憲法35条 1 項は、「何人も、その住居、書類及び所持品について、**侵入**、**捜索**及び**押収**を受けることのない権利」を保障している。本規定によれば、この権利は、「正当な理由に基いて発せられ、且つ捜索する場所及び押収する物を明示する令状」がなければ侵害してはならないとされ、**令状主義**が明らかにされている。血液、尿、呼気の採取や、容ぼうの撮影、指紋の採取、DNA 鑑定、動画・音声の録取等も捜索・押収に含まれ、原則として令状が必要である（強制採尿に捜索差押令状を要求した、**強制採尿合憲判決**＝最決昭55・10・23刑集34巻 5 号300頁、通信傍受に検証令状を要求した、**通信傍受合憲判決**＝最決平11・12・16刑集53巻 9 号1327頁など参照。その後制定された通信傍受法は、傍受令状による傍受を認めた。最近では、GPS 捜査に関して、「個人の意思を制圧して憲法の保障する重要な法的利益を侵害する」強制処分であるとして令状を要求した、**GPS 捜査違憲判決**＝最大判平29・3・15刑集71巻 3 号13頁がある)。

＊　刑事訴訟法は、身体を拘束されている被疑者の指紋・足型の採取、身長・体重の測定、写真撮影について令状を不要とする（刑事訴訟法218条 3 項)。さらに、**京都府学連事件**＝最大判昭44・12・24刑集23巻12号1625頁は、犯罪捜査における容ぼうの撮影について、行為の現行性、証拠保全の必要性・緊急性、および撮影方法の相当性を要件として、裁判所の令状や被疑者の同意なしに、これを行うことができるとした。**自動速度監視装置合憲判決**＝最判昭61・2・14刑集40巻 1 号48頁も同旨。

憲法35条 1 項は、捜索・押収における令状主義の例外として、「憲法33条の

刑事手続の流れ

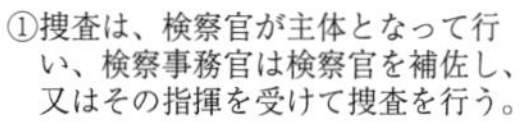

①捜査は、検察官が主体となって行い、検察事務官は検察官を補佐し、又はその指揮を受けて捜査を行う。

②事件は、在宅事件と身柄事件とがあり、取調べ、各種令状の請求、執行等が行われる。

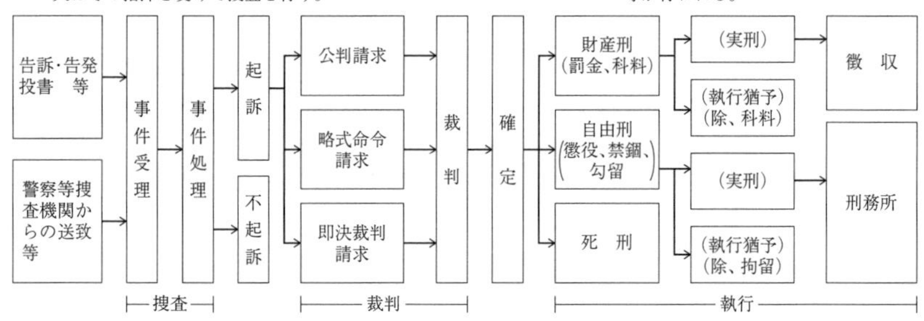

出典：法務省ウェブサイト

場合」を挙げている。通説は、これを逮捕の場合と理解し、現行犯逮捕のみならず、令状逮捕もこれに該当するという。逮捕に付随して住居等の捜索・押収を行うことは、そこに証拠の存在する蓋然性が高く、また証拠の破壊を防ぐためにも必要だからである。刑事訴訟法220条１項も、令状逮捕または現行犯逮捕の場合に「人の住居又は人の看守する邸宅、建造物若しくは船舶内に入り被疑者の捜索をすること」および「逮捕の現場で差押、捜索又は検証をすること」を認めている。これに対して、判例は、現実に逮捕をするかどうかにかかわらず、現行犯の要件が満たされていれば、令状なしの捜索・押収が可能であるとする（最大判昭30・4・27刑集９巻５号924頁）。

☞行政目的での検査等が強制的に行われる場合、それが憲法35条の令状主義に反しないかが問題となる。例えば、犯罪の予防、鎮圧等のための行政処分として行われる**所持品検査**は、任意手段である職務質問に附随する行為であり、所持人の承諾があれば許される。しかし、所持人の承諾のない所持品検査についても、最高裁は、「捜索に至らない程度の行為は、強制にわたらない限り」許容される場合があるとする。具体的には、憲法35条との関係から、所持品検査の必要性・緊急性、それによって害される個人の法益と公共の利益との権衡などを考慮し、具体的状況の下で相当と認められる限度においてのみ許される、としている（自動車検問に関する、**米子銀行強盗事件**＝最判昭53・6・20刑集32巻４号

670頁）。また、行政に必要な情報を収集するために、行政庁が他人の土地や家屋に立ち入って検査を行う**行政調査**についても、調査の妨害に対して罰則が設けられ、間接強制の方法がとられているため、憲法35条との抵触が問題となる。最高裁は**川崎民商事件**（最大判昭47・11・22刑集26巻9号554頁）において、税務調査は、「刑事責任の追及を目的とする手続ではない」との理由から、令状は不要であるとした。ただし、その手続における一切の強制が当然に憲法35条の保障の枠外にあると判断することは、相当ではないとしている。

〔判　例〕　**★川崎民商事件**（最大判昭47・11・22刑集26巻9号554頁）
　最高裁は、税務調査について、結果として脱税などの犯罪が発覚する可能性を認めながらも、「刑事責任追及のための資料収集に直接結びつく作用を一般的に有するものと認めるべきことにはならない」とした。また、強制の態様としての刑罰についても、それは必ずしも軽微なものとはいえないが、「直接的物理的な強制と同視すべき程度にまで達しているものとは、いまだ認めがた」く、徴税権の適正な運用の確保や所得税の公平確実な賦課徴収という公益上の目的を実効的に確保する手段として、「あながち不均衡、不合理なものとはいえない」とした。

4　自白の強要からの自由

☞憲法38条1項は、「何人も、自己に不利益な供述を強要されない」ことを定めている。その趣旨について、最高裁は、「何人も自己が刑事上の責任を問われる虞ある事項について供述を強要されないことを保障した」ものである、と判示している（最大判昭32・2・20刑集11巻2号802頁）。

☞本規定に関しては、一定の行政目的のために法律によって応答・申告・届出・記帳等を義務付けることが、自白の強要に反しないかが問題となってきた。最高裁は、**川崎民商事件**（最大判昭47・11・22刑集26巻9号554頁）において、憲法38条1項の保障は「実質上、刑事責任追及のための資料の取得収集に直接結びつく作用を一般的に有する手続には、ひとしく及ぶ」とした。もっとも、所得税法上の検査、質問は、刑事責任の追及を目的とする手続ではないことなどから、「自己に不利益な供述」の強要には当たらないと判示した。

〔判　例〕 **★国税犯則取締法違反事件**（最判昭59・3・27刑集38巻5号2037頁）
国税犯則取締法上の犯則嫌疑者に対する調査手続について、同法に供述拒否権の規定がなく、犯則嫌疑者にあらかじめ告知がなされなかったことが、憲法38条1項に反しないかが問題となった事件。最高裁は、川崎民商事件を引用し、本件調査は、捜査手続との類似性等から「実質上刑事責任追及のための資料の取得収集に直接結びつく作用を一般的に有する」ことを認めつつも、「憲法38条1項は供述拒否権の告知を義務づけるものではなく、右規定による保障の及ぶ手続について供述拒否権の告知を要するものとすべきかどうかは、その手続の趣旨・目的等により決められるべき立法政策の問題」であると判示した。

憲法38条2項は、「強制、拷問若しくは脅迫による自白又は不当に長く抑留し若しくは拘禁された後の自白」に関して、証拠能力を否定している。この規定の趣旨に関しては、任意でない自白を排除するものと解する**任意性説**と、違法に採取した自白を排除するものとする**違法排除説**とがある。どちらの説をとるかによって証拠能力の範囲は異なり得るが、実際の適用においては、双方の説の趣旨を活かして解釈すべきだとされている。検察官が偽計を用いて被疑者を錯誤に陥れ、自白を獲得したことが問題となった事件おいて、最高裁は、このような自白を証拠として採用することは、憲法38条2項に反するとした（**切り違え尋問事件**＝最大判昭45・11・25刑集24巻12号1670頁）。

憲法38条3項は、「自己に不利益な唯一の証拠が本人の自白である場合には、有罪とされ、又は刑罰を科せられない」ことを規定し、自白に**補強証拠**を要求する。つまり、同条2項に従って証拠能力を有するとされた自白について、3項は証明能力の制限を加えている。その趣旨は、誤判の危険を防止すること、自白偏重による人権侵害を防止することなどにある。本規定に関連して、共犯者の自白が、「本人の自白」と同様に補強証拠を必要とするかが問題となってきた。最高裁はこれを否定した（**練馬事件**＝最大判昭33・5・28刑集12巻8号1718頁）が、批判も多い。また、起訴された犯罪事実のほかに、自白に含まれていた犯罪事実を余罪として認定し、重い刑を科すことは、憲法38条3項に反するとされている（**郵便局員窃盗事件**＝最大判昭42・7・5刑集21巻6号748頁）。

5　公平な裁判所の迅速な公開裁判

☞憲法37条1項は、刑事事件において、公平な裁判所による、迅速な公開裁判を要求している。**公平な裁判所**は、裁判所の構成についての公平を要求するものとされている。刑事訴訟法および刑事訴訟規則には、裁判官および裁判所書記官の除斥、忌避および回避が規定されている。また、公平な裁判所には、裁判所の構成に加えて、訴訟手続の構造の公平も含まれるとする説がある。この説によれば、起訴状一本主義や当事者主義的手続など、裁判官に予断を抱かせないための訴訟手続も、憲法上要求される。2009年に始まった**裁判員制度**が「公平な裁判所」に当たるか否かも、問題となった（第15章参照）。

☞**迅速な裁判**は、身柄拘束の長期化を防ぎ、訴追による心理的・物理的負担を軽減するために、被告人に認められた権利である。刑事訴訟法などの法律には、この権利を具体化する規定が設けられていなかった。しかし、最高裁は、**高田事件**（最大判昭47・12・20刑集26巻10号631頁）において、憲法37条1項は、具体的な立法措置がなくとも、救済手段を認める趣旨の規定であると判示した。

〔判　例〕　**★高田事件**（最大判昭47・12・20刑集26巻10号631頁）

被告人ら40名は住居侵入等の罪で起訴され、名古屋地裁で審理を受けていた。同じ頃、被告人らの一部は別の事件で起訴されたため、弁護人はこの事件の終了を待って本件の審理を行うよう要請し、審理は中断された。しかし、その後15年間にわたって審理は行われなかった。最高裁は、「審理の著しい遅延の結果、迅速な裁判の保障条項によって憲法がまもろうとしている被告人の諸利益が著しく害せられると認められる異常な事態が生ずるに至つた場合には、……非常の救済手段を用いることが憲法上要請される」とし、被告人らを**免訴**とした。

☞**公開の裁判**については、憲法82条1項がこれを一般的に保障しており、憲法37条1項は、それを刑事事件の被告人の権利として定めている。本規定によって要求される公開の範囲は、対審と判決の言渡しに限定され、裁判官の合議等には及ばないとされている。なお、前述のように**非訟事件**は、訴訟事件と異なり、公開・対審構造をとらない。しかし、非訟事件手続法の定める過料は、刑事制裁に類似しているため、過料事件を公開すべきかが争われてきた。最高裁は、過料の決定を行政処分であると見なし、その公開を不要であるとした（非

訟事件過料合憲判決＝最大決昭41・12・27民集20巻10号2279頁)。また、2000年の刑事訴訟法改正において、犯罪被害者の保護のために**遮へい措置**および**ビデオリンク方式**が導入され、それらが憲法82条１項および37条１項に反するかが問題となった。最高裁は、「審理が公開されていることに変わりはない」とし、違憲の主張を退けている（最判平成17・4・14刑集59巻３号259頁)。

6　証人審問権および証人喚問権

☞憲法37条２項は、前段において「すべての証人に対して審問する」権利（**証人審問権**）を、後段において「公費で自己のために強制的手続により証人を求める権利」（**証人喚問権**）を保障する。前段は、通説によれば、自己に不利な証人に対する反対尋問権を確保する趣旨の規定であると解されている。憲法は、被告人が証人の供述を直接審問する機会を「充分に」与えるよう要求していることから、**直接審理**が原則とされ、公判廷外の供述を証拠とする**伝聞証拠**は禁止されている。刑事訴訟法も、この原則を採用するが（刑事訴訟法320条)、一定の例外を認めている。通説も、被告人に証人を審問する機会を与えることが不可能または著しく困難であり、かつその供述が信用に値する情況的保障がある場合には、証拠能力を肯定してよいとする。ただし、供述者が供述不能の場合の**検察官面前調書**の証拠能力（刑訴法321条１項２号前段）については、それが訴追者である検察官の作成した文書であることから、合憲性に疑問が呈されている。判例によれば、公判廷外の供述を証拠とすることは絶対に許されないわけではなく（最大判昭23・7・19刑集２巻８号952頁)、検察官面前調書に証拠能力を認めることも、合憲とされている（最判昭30・11・29刑集９巻12号2524頁)。

後段の証人喚問権は、被告人に有利な供述をする証人を喚問する権利を意味し、それによって被告人の防禦権を十全に保障しようとしている。

7　拷問および残虐な刑罰の禁止

憲法36条は、**拷問の禁止**を定めている。明治憲法下の刑法も、公務員による拷問を犯罪としていたが、実際には捜査機関による過酷な拷問が行われていた。本規定はその反省に立ち、拷問が「絶対に」許されないことを明らかにした。

☞また、憲法36条は、**残虐な刑罰の禁止**を定めており、不必要な苦痛を伴う刑罰も禁止されている。残虐な刑罰の意味は、死刑をめぐって争われてきた。最高裁は、「死刑そのもの」は残虐な刑罰に当たらないが、「その執行の方法等」が、その時代と環境において人道上の見地から一般に残虐性を有する場合があるとしている（**死刑制度合憲判決**＝最大判昭23・3・12刑集2巻3号191頁）。

コラム　1991年に、死刑廃止条約（国際人権規約B規約第2選択議定書）が発効した。世界中で死刑を廃止した国は112、通常犯罪について廃止した国は9、事実上執行停止中の国は23であるのに対し、存置国は55とされる（2022年5月時点におけるアムネスティ発表）。

8　弁護人依頼権

☞憲法37条3項は、前段において**弁護人依頼権**を規定している。憲法34条も、抑留・拘禁に関連して弁護人依頼権を規定しており、被告人のみならず、被疑者にもこの権利が保障されている。弁護人依頼権は、被疑者・被告人の弁護人との**接見交通権**を含んでいる。これを受けて、刑事訴訟法39条1項は、弁護人と「立会人なくして接見」することを認めている。その一方で、刑事訴訟法39条3項によれば、公訴提起前の接見については、捜査の必要との調整を図るために、捜査機関がその日時、場所、時間を指定できるとされている。この接見の指定が、接見交通権を形骸化させないかが問題とされてきた。判例には、接見の日時等の指定は、「あくまで必要やむをえない例外的措置であつて、被疑者が防禦の準備をする権利を不当に制限することは許されるべきではない」と判示したものがある（**杉山事件**＝最判昭53・7・10民集32巻5号820頁）。

憲法37条3項後段は、被告人に、**国選弁護人**に対する権利を保障している。憲法34条には、国選弁護人に関する規定はないが、2004年の刑事訴訟法改正によって、被疑者国選弁護制度が導入された。

9　刑罰法規の不遡及と二重の危険の禁止

☞憲法39条前段は、「何人も、実行の時に適法であつた行為……については、刑事上の責任を問はれない」と規定し、**遡及処罰（事後法）の禁止**を定めている。憲法39条前段後半の「何人も……すでに無罪とされた行為については、刑事上の責任を問はれない」と、後段の「同一の犯罪について、重ねて刑事上の責任を問はれない」については、英米法に由来する二重の危険の禁止と、大陸法に由来する一事不再理のどちらを基礎とすべきかが、対立してきた。**一事不再理**は、判決確定後に同一の事件について再度の審理を禁止する、裁判制度の原則である。これに対して、**二重の危険の禁止**は、被告人の負担の観点から、同一の犯罪について重ねて訴追されない権利を保障する。後者によれば、無罪判決に対する検察官の上訴は、被告人を二重の危険にさらし、許されないとされる。これに対して、前者は、判決確定後の蒸し返しを禁止する原則であるから、上訴期間内の検察官の上訴は、許されることになる。最高裁は、「危険とは、同一の事件においては、訴訟手続の開始から終末に至るまでの一つの継続的状態と見る」としており、一事不再理説をとっている（最大判昭25・9・27刑集4巻9号1805頁）。刑事訴訟法351条1項も、検察官による上訴を許容する。

＊　判決確定後であっても、一定の事由がある場合には、**再審**による審理のやり直しが認められている。再審は、「開かずの扉」と言われ、滅多に認められることがなかった。しかし、最高裁が、**白鳥決定**（最決昭50・5・20刑集29巻5号177頁）において、疑わしきは被告人の利益にという刑事裁判の鉄則は再審にも適用される、と判断してから流れが変わり、1980年代には再審無罪判決が相次いで下された。

10　刑事補償請求権

憲法40条は、「何人も、抑留又は拘禁された後、無罪の裁判を受けたときは、法律の定めるところにより、国にその補償を求めることができる」と規定し、**刑事補償請求権**を保障している。補償の額や手続などの詳細は、**刑事補償法**によって規定されている。

【参考文献】

松井茂記『裁判を受ける権利』（日本評論社、1993年）
片山智彦『裁判を受ける権利と司法制度』（大阪大学出版会、2007年）
君塚正臣『続　司法権・憲法訴訟論——刑事手続と司法審査』（法律文化社、2023年）

第11章 参　政　権

第1号様式(第3条関係)

年執行

何選挙投票

鹿児島県
選挙管理
委員会印

注意

一、候補者の氏名は、欄内に一人書くこと。

二、候補者でない者の氏名は、書かないこと。

候補者氏名

鹿児島県県知事選挙・議会議員選挙の際に使用される投票用紙

鹿児島県公職選挙法および同法施行令実施規程3条1項にいう「別記第一様式」で規定されている。なお各自治体に同様の規程があり、様式はほぼ同じである。

出典：鹿児島県ウェブサイト・公職選挙法及び同法施行令実施規程（鹿児島県）別記第1号様式（第3条関係）

Ⅰ　選挙権・被選挙権

参政権とは、主権者である国民が政治に参加する権利をいう。憲法は15条で**公務員の選定罷免権**、16条で**請願権**、44条で国会議員および選挙人の資格、79条2項で最高裁裁判官の**国民審査**、93条で地方公共団体の長・地方議会議員などの選挙権、95条で地方公共団体の特別法に対する**住民投票**、96条で憲法改正に対する**国民投票**について規定している。

＊　日本では**裁判員制度**を導入し、また、訴訟当事者として参加した裁判の結果、法令の改正などを引き出すことがある。こうした市民による裁判参加にも、参政権的効果を認めることができる。

1　選挙権の意義

選挙権とは、選挙に参加する権利であり、具体的には投票をする権利を指す。憲法は前文で「日本国民は、正当に選挙された国会における代表者を通じて行動」するとし、また「権力は国民の代表者がこれを行使」すると述べ、**間接民主制**を採用している。これを受け、憲法15条1項は、公務員の選定・罷免を「国民固有の権利」と定める。だが、同3項において有権者を「成年者」に限定しており、その限りにおいてすべての国民に保障されているわけではない。

☞選挙権は間接民主政を実現するための重要な手段であり、「国民の最も重要な基本的権利の一つ」（最大判昭30・2・9刑集9巻2号217頁）とされる。そのため、憲法44条は、国会議員および選挙人の資格につき「法律でこれを定める」としつつ、その但書で14条1項後段に列挙される5つの差別禁止事由に加え「教育、財産又は収入」を規定し、手厚い保障をしている。

2　選挙権の法的性格

選挙権の法的性格については従来、争いがある。歴史的には、選挙権を権利というよりもむしろ、選挙という公の職務の執行だと捉え、公務とする考え方も主張された。現在は、公務と権利の両面を備えたものと捉える見解（**二元説**）と、主権者としての権利であるとする見解（**一元説**）が有力である。

実際、選挙によって、議員という公務員が選出されるのであって、選挙権行使は公務といえる面を有していることは否定できない。さらに、この選挙権行使による議員選出は、一人で行うのではなく、多数の有権者の行為によって行われている。この点で、選挙権は特殊な権利である。そして公務という面がある以上、それを行うのにふさわしくない者を排除することも可能となる。例えば従来、**成年被後見人**には選挙権が認められていなかった。しかし、裁判で違憲とされ（東京地判平25・3・14判時2178号3頁）、公職選挙法改正により選挙権が認められることとなった。また受刑者は選挙権が認められておらず（公選法11条1項1号）、これを違憲とした下級審判決がある（大阪高判平25・9・27判時2234号29頁）が、現在もなお受刑者には選挙権が認められていない。

他方、公務という面からのこうした制限に対して、また、**議員定数不均衡**（投票価値の不平等）や選挙活動の自由に対する厳しい制限（**戸別訪問の禁止**など）への対抗という見地から、あるいはそもそも憲法15条１項が「権利」としていること、棄権の自由があること等から、権利一元説も有力である。

〔判 例〕 **★在宅投票制訴訟**（最判昭60・11・21民集39巻７号1512頁）
1948年の公選法は歩行が困難で投票所に行けない選挙人のために在宅投票を認めていたが、制度の悪用が相次いだとして1952年に廃止された。そのため選挙で投票できなかった原告が国家賠償を求めた。札幌高裁（昭53・5・24民集39巻７号1590頁）は、選挙権が憲法上極めて重要な権利であることから、国会はすべての選挙人がこの権利を行使できるようにすべき義務を負うとして国家賠償を認めたが、最高裁は、選挙に関する事項の具体的決定は立法裁量であるとして、訴えを認めなかった。

3 被選挙権の法的性格

☞**被選挙権**は、選挙人団によって選定されたとき、これを承諾し、公務員となりうる資格である。憲法に明文規定はないが、国民が選挙に立候補する権利という意味では憲法上保障されたものと解するのが通説的な見解である。憲法上の根拠については、憲法13条の幸福追求権とする見解、選挙権と被選挙権を表裏一体のものとして捉え憲法15条１項に根拠を求める見解などがある。最高裁は「立候補の自由は、選挙権の自由な行使と表裏の関係にあ」ることから「憲法15条１項には、被選挙権者、特にその立候補の自由について、直接には規定していないが、これもまた、同条同項の保障する重要な基本的人権の一つと解すべき」とする（最大判昭43・12・4刑集22巻13号1425頁）。

被選挙権が憲法上の権利であれば、被選挙権年齢を選挙権年齢よりも高く設定すること（公選法10条）や、高額の**供託金**制度（同92条）、選挙事務関係者や多くの公務員に対する立候補の制限（同88条・89条、国公法102条２項）、**連座制**（同210条・211条・251条の2－4）などの合憲性が問題となりうる。

連座制とは、選挙運動に際して運動員に買収などの違反行為があった場合、その運動員の地位によっては、候補者が直接その違反行為に関与していなかった場合でも、その候補者が連帯責任を問われ当選を無効とする制度である。連座制が適用された場合、当選が無効となるほか５年間の立候補禁止となる。そのため憲法15条１項などとの関係が問題となったが、最高裁は、選挙の公明、適正を確保するための合理的なものだとして違憲の主張を斥けている（最判平9・3・13民集51巻3号1453頁、最判平10・11・17判時1662号74頁）。

また供託金制度については広い立法裁量などを理由に違憲の主張を斥けた下級審判決がある（大阪高判平9・3・18訟月44巻6号910頁）。

被選挙権年齢を選挙権年齢よりも高く設定することについては、2023年7月にこれを違憲として争う訴訟が東京地裁に提起されている。

〔判　例〕 **★拡大連座制事件**（最判平10・11・17判時1662号74頁）

小選挙区と比例代表に重複立候補した上告人は、小選挙区で落選したものの比例で当選した。しかし、上告人を当選させようとして買収を行った運動員が秘書と認定された上で有罪判決を受けたため、検察官が公選法211条に基づいて上告人の当選無効と5年間の立候補禁止を求める裁判を提起した。最高裁は拡大連座制について「従来の連座制では選挙犯罪を十分に抑制することができなかったという我が国における選挙の実態にかんがみ、連座の対象者として公職の候補者等の秘書を加え、連座の効果に立候補の禁止を加えて、連座の範囲及び効果を拡大し、秘書が所定の悪質な選挙犯罪を犯した場合に、当該候補者等の当選無効等の効果を発生させることにより、選挙の公明、適正を実現するという目的で設けられたもの」とし、目的・手段とも合理的で合憲だとした。

〔判　例〕 **★日本新党松崎事件**（最判平7・5・25民集49巻5号1279頁）

被上告人は参議院議員選挙において日本新党から比例で立候補したが、名簿順位5位の被上告人は落選した。その後被上告人は日本新党から除名された。さらにその後、日本新党から当選した議員2名が衆議院議員選挙に立候補したため参議院に欠員が生じ、名簿順位6位と7位の者が当選人となった。これに対して被上告人は、除名処分の無効や名簿順位7位の者の当選無効などを求めて提訴した。最高裁は「選挙会が当選人を定めるに当たって当該除名の存否ないし効力を審査することは予定されておらず……名簿届出政党等による除名届に従って当選人を定めるべき」とした。政党には「高度の自主性と自律性を与えて自主的に組織運営をすることのできる自由を保障しなければならない」からである。それゆえ「除名の存否ないし効力という政党等の内部的自律権に属する事項を審理の対象とすることは」できないとした。

4 選挙における原則

☞近代の選挙においては、①**普通選挙**（納税額・教育・性別などを選挙権の要件としない制度）、②**平等選挙**（特定の選挙人に複数投票（複数選挙）や、選挙人を特別の等級に分けて等級ごとに代表者を選出する制度（等級選挙）を認めない）、③**自由選挙**（投票しないことを容認する制度）、④**秘密選挙**（誰に投票したかを秘密にする制度）、⑤**直接選挙**（選挙人が公務員を直接に選挙する制度）が重要な原則として説かれてきた。日本国憲法でも、普通選挙について15条3項で、秘密選挙について15条4項で、それぞれ規定している。平等選挙、自由選挙については直接の規定がなく、直接選挙についても地方選挙については93条2項で規定しているが、国政選挙については規定がない。しかし、平等選挙については**公職選挙法**36条で規定がなされており、国政における直接選挙については同法46条1項・95条1項で規定されている。また、自由選挙については棄権を処罰する規定を欠くことで保障がされている。

平等選挙に関して、**一人一票原則**が確立している現在においては、**議員定数不均衡**ないし投票価値の不平等が問題となる。これは、有権者の人数と代表者の人数の比率が選挙区ごとで異なるという問題である。

最高裁は参議院の定数不均衡について「立法政策の当否の問題」であり「違憲問題が生ずるとは認められない」（最大判昭39・2・5民集18巻2号270頁）とした。しかしその後、衆議院の定数不均衡につき、1対4.99という較差は「憲法の要求するところに合致しない状態」であり、しかも、「合理的期間内に是正がされなかった」として違憲とした（最大判昭51・4・14民集30巻3号223頁）。その後、1対2.92という較差については「違憲とまではいえない」とされた（最判昭63・10・21民集42巻8号644頁）のに対し、1対3.18という較差については「憲法の選挙権の平等の要求に反する程度に達していた」と判断された（最大判平5・1・20民集47巻1号67頁）。

1994年に衆議院では**小選挙区比例代表制**が導入され、**小選挙区**においては選挙区間での投票価値の不平等の是正が容易になったためか、最高裁は2011年に1対2.30の較差を違憲状態とし（最大判平23・3・23民集65巻2号755頁）、その後も較差が2倍を超えた場合は違憲状態との判断をしている（最大判平25・11・20

民集67巻8号1503頁、最大判平27・11・25民集69巻7号2035頁）。

〔判　例〕 **★衆議院議員定数不均衡事件**（最大判昭51・4・14民集30巻3号223頁）

1972年に行われた衆議院議員総選挙において、最大較差が1対4.99になっていたため、千葉県の選挙人がこれを違憲として提訴した。最高裁は、「選挙権の平等は、単に選挙人資格に対する制限の撤廃による選挙権の拡大を要求するにとどまらず、更に進んで、選挙権の内容の平等、換言すれば、各選挙人の投票の価値、すなわち各投票が選挙の結果に及ぼす影響力においても平等であることを要求せざるをえないもの」であるとしつつ、選挙区の確定には「従来の選挙の実績や、選挙区としてのまとまり具合、市町村その他の行政区画、面積の大小、人口密度、住民構成、交通事情、地理的状況等諸般の要素」の考慮が必要であり、そこに国会の裁量が働くとした。その上で「投票価値の不平等が、国会において通常考慮しうる諸般の要素をしんしやくしてもなお、一般的に合理性を有するものとはとうてい考えられない程度に達しているときは、もはや国会の合理的裁量の限界を超えているものと推定されるべきものであり、このような不平等を正当化すべき特段の理由が示されない限り、憲法違反と判断するほかはないというべき」だとし、本件較差は「憲法の選挙権の平等の要求に反する程度になつていた」と評価した。しかし直ちに違憲とはせず、「人口の変動の状態をも考慮して合理的期間内における是正が憲法上要求されていると考えられるのにそれが行われない場合に始めて憲法違反と断ぜられるべきもの」とし、本件では8年余りにわたって改正がなされていなかったことから、「憲法上要求される合理的期間内における是正がされなかつた」とされ、違憲とされた。しかし、事情判決の法理を用いて、選挙自体は無効としなかった。

小選挙区で較差が2倍を超えた原因として**一人別枠方式**が挙げられる。一人別枠方式とは、小選挙区の全議席数から、47都道府県にあらかじめ1議席ずつ配分した後に、残りの議席を人口比例で配分する方式であり、相対的に人口の少ない県に定数を多めに配分し、人口の少ない県に居住する国民の意思も十分に国政に反映させることを目的とするものであった。この方式の合憲性も訴訟で問われたが、最高裁は「選挙区割りや議員定数の配分を定める規定の合憲性は、結局は、国会が具体的に定めたところがその裁量権の合理的行使として是認されるかどうかによって決するほかはない」とした上で「選挙区間における投票価値の不平等は、一般に合理性を有するとは考えられない程度に達しているとまではいうことができ」ないとして、一人別枠方式に基づく選挙区割と2

倍を超える較差について合憲とした（最大判平11・11・10民集53巻8号1577頁、同1704頁）。しかし本判決には「選挙区間の人口較差が2倍以上となったことの最大要因が区画審設置法3条2項に定めるいわゆる一人別枠方式を採用したことによるものであることは明らか」であり、他方で一人別枠方式をとらず人口比例のみで配分した場合は1対1.662倍に収まっていたことは明らかだとする反対意見も付されていた。しかし、2011年に、議員は一旦選出されれば「全国民を代表する」ことから、人口の少ない地域に議席を配分することに合理性はなく、一人別枠方式が「選挙区間の投票価値の較差を生じさせる主要な要因となっていた」ことから、2倍を超える較差につき「憲法の投票価値の平等の要求に反する状態に至っていた」とした（最大判平23・3・23民集65巻2号755頁）。これを受け、2012年に一人別枠方式を廃止する法改正がなされた。なお、2021年10月の総選挙は最大較差が2.079となっていたが、最高裁は今後適用されるアダムズ方式や自然的な人口異動以外の要因がうかがわれないこと、程度が著しいとはいえないことなどを理由にこれを合憲とした（最大判令5・1・25民集77巻1号1頁）。2倍を超える較差を合憲としたことに対しては、強い批判もされている。

〔判　例〕　**★衆議院小選挙区比例代表並立制違憲訴訟**（最大判平11・11・10民集53巻8号1577頁、同1704頁）

1994年の「政治改革」によって成立した小選挙区制度、比例代表制度、重複立候補制度などの合憲性を争う訴訟において、最高裁は、選挙制度については国会の広い裁量が認められることなどを理由に、小選挙区制度では死票が多いことを認めつつ、違憲性を認めなかった。

参議院については、上述の通り、当初は立法政策の問題として違憲の問題を生じないとされた。その結果、長期に渡り定数是正がなされず、定数不均衡の拡大が進んだ。しかし較差が5倍を超えたにもかかわらず、最高裁は参議院の地域代表的な要素や半数改選という特徴を理由に、それを容認した（最判昭63・10・21民集42巻8号644頁）。ところが、6倍を超えたところでついに違憲状態との判断をした（最大判平8・9・11民集50巻8号2283頁）。

その後も最高裁は6倍を超えない較差についてはこれを容認する判決をしたが（最大判平16・1・14民集58巻1号56頁、最大判平18・10・4民集60巻8号2696頁など）、2012年に較差1対5について違憲状態との判断をし（最大判平24・10・17民集66巻10号3357頁）、その後さらに1対4.77についても違憲状態とした（最大判平26・11・26民集68巻9号1363頁）。また、近年の判決では選挙制度の見直しにまで言及しており、国会もこうした判決を受け、参議院については一部の選挙区で合区を行うなどの改革も行われている。

定数不均衡の是非は地方選挙においても争われた。1984年に最高裁は東京都議会議員の定数不均衡訴訟において、特別区の選挙区間での最大較差1対5.15、全選挙区では1対7.45となっていたこと、及び一部の選挙区間ではいわゆる逆転現象も生じていたことについて、公選法15条7項（現8項・選挙権の平等）に反するとした（最判昭59・5・17民集38巻7号721頁）。しかし、その後、千葉県議選において1対2.81という較差（特例選挙区を含めると1対3.98）について「一般的に合理性を有するものとは考えられない程度に達していたものとはいえ」ないとし（最判平元・12・18民集43巻12号2139頁）、その後も愛知県議選での1対2.89（特例選挙区を含めると1対5.02、最判平5・10・22判時1484号25頁）や東京都議選での1対2.15（特例選挙区を含めると1対3.95、最判平11・1・22判時1666号32頁）を合法と判断している。

〔判　例〕 **★参議院定数不均衡訴訟1**（最大判平8・9・11民集50巻8号2283頁）

1992年の参議院議員選挙において較差が最大で1対6.59となっていたため、大阪府の選挙人らがこれを違憲として提訴した。最高裁は、この較差につき「投票価値の不平等は、極めて大きなものといわざるを得ない」とし「違憲の問題が生ずる程度の著しい不平等状態が生じていた」とした。しかし半数改選、解散がないこと、都道府県代表的な意義などの特徴を持つ参議院については「種々の政策的又は技術的な考慮要素を背景とした議論を経ることが必要となる」などとして、違憲とまではしなかった。

〔判　例〕 **★参議院定数不均衡訴訟2**（最大判平26・11・26民集68巻9号1363頁）

2013年の参議院議員選挙において較差が最大で1対4.77となっていたため、東京や神奈川の選挙人らがこれを違憲として提訴した。最高裁は、較差が「投票価値の平等の重要性に照らしてもはや看過し得ない程度に達しており、これを正当化すべき特別の理由も見いだせない以上、違憲の問題が生ずる程度の著しい不平等状態に至っていた」としつつ、平成24年判決から選挙までの期間が短かったことや、その間に較差是正のための方策を検討してきたことなどを評価し、違憲とまではいわなかった。

〔判　例〕　**★都議会定数不均衡訴訟**（最判昭59・5・17民集38巻7号721頁）

1981年に行われた東京都議選において特別区における較差が1対5.15、東京都全選挙区では1対7.45であったため、選挙人らが提訴した。最高裁は、定数配分につき議会の広い裁量を認め、また較差が法に反する状態に陥ったとしても、国政選挙と同様に「合理的期間内」に是正されなかった場合に限って違法となると下上で、本件較差は「一般的に合理性を有するものとは考えられない程度に達していた」とし、また長期にわたってこの状態が放置されていたとして、公選法15条7項に反するとした。

〔判　例〕　**★愛知県定数不均衡訴訟**（最判平5・10・22判時1484号25頁）

本件は1991年に行われた愛知県議選において最大較差1対5.02について争われた事件である。本件ではその較差の原因となった特例選挙区（公選法271条2項（現271条））の合憲性も争われた。最高裁は、特例選挙区の設置につき「当該都道府県の行政施策の遂行上当該地域からの代表を確保する必要性の有無・程度、隣接の郡市との合区の困難性の有無・程度等を総合判断して決する」とし、その際、県議会に広い裁量が認められるとした上で、本件の特例選挙区については、山間部が中心であることや、過疎化・高齢化対策などの必要性などから、議会の合理的裁量の範囲内であるとした。

秘密選挙については、憲法15条4項が保障している。秘密選挙であれば、誰が誰に投票したかわからないため、有権者に対して買収や強要がなされたとしても、その通りに投票したかどうかを買収者や強要者が確認できない。つまり選挙の公正さを確保するための制度である。

これを受け、**公職選挙法**は無記名投票（46条4項）、投票用紙の公給主義（45条）、混合開票主義（66条2項）、投票の秘密侵害罪（227条）などを規定する。なお問題が残るとすれば、投票用紙への自書方式（46条など）であろう。自書式の場合、何らかの印などをつけることで誰が誰に投票したかを確認しうる可能性を排除できないからである。ただし、こうしたことを防ぐために、候補者名以外のことを書いた票（他事記載）は無効となる（68条1項6号など）。

〔判　例〕 **★泉佐野市議選事件**（大阪地堺支決昭61・10・20判時1213号59頁）
　詐偽投票の捜査のために警察が投票用紙を差押えたことが憲法15条4項に反しないか争われた事件において、大阪地裁堺支部は「秘密投票は、民主政治の根幹をなすものであって、秘密投票なくして民主政治はあり得ない」と述べ、また、被疑事実立証のために投票用紙を差し押える必要性が少ないことに比して秘密投票に対する権利の侵害が大きいとして、本件差押えを憲法15条4項に反するとした。

Ⅱ　請　願　権

　請願権とは、国や地方公共団体の機関に対し、自身の意見や要望・苦情などを述べることのできる権利をいう。国民の参政権が確立していなかった時代において、請願はほぼ唯一の政治参加の方法であった。しかし、**普通選挙**制度の確立、**表現の自由**の保障などにより、請願権自体の重要性が減少していることは否定できない。とはいえ、とりわけ選挙権のない外国人や未成年者にとっては、請願を通じて自身の意見を国会や政府に直接伝える意義は重要である。

　憲法は16条で「何人も、損害の救済、公務員の罷免、法律、命令又は規則の制定、廃止又は改正その他の事項に関し、平穏に請願する権利を有」すると規定し、さらに「何人も、かかる請願をしたためにいかなる差別待遇も受けない」とする。また、請願法や国会法（79-82条）、地方自治法（124-125条）などで請願の手続や処理などが規定されている。

【参考文献】

憲法理論研究会『参政権の研究』（有斐閣、1987）
辻村みよ子『「権利」としての選挙権』（勁草書房、1989）
法律時報64巻2号特集「選挙制度と政党助成」（日本評論社、1992）
論究ジュリスト5号特集「いま、選挙制度を問い直す」（有斐閣、2013）
岩崎美紀子『一票の較差と選挙制度』（ミネルヴァ書房、2021）

第3部　統治機構

第12章　統治機構総論

主著『法の精神』で権力分立の意義を説いたモンテスキュー

「選挙で選ばれたのは私だ」、「文句があるなら選挙で勝てばよい」。最近政治家からとみに聞かれる言葉である。しかし、選挙に勝ちさえすれば政治家は何をやってもいいのだろうか。

出典：Wikimedia Commons

I　国民主権

1　主権の意味

主権概念も、憲法学上の他の概念と同様に多義的である。主な用法としては、

①国家の**統治権**、②統治権の性質、③国政の最高権威を指す場合がある。

☞国家は、自らの領土において、自己と反対の意思を表示するいかなる個人・団体に対しても、最終的には、物理的実力を用いて、自己の意思を貫徹することができる。この実力を統治権といい、これを主権という場合がある。**ポツダム宣言**8項にいう「日本国ノ主権ハ本州、北海道、九州及四国並ニ吾等ノ決定スル諸小島ニ局限セラルヘシ」との文言がその例である。

☞国家の統治権は、国内においては最高で、国外との関係では互いに独立している。この**対内的最高性**と**対外的独立性**という性質を指して主権という言葉が使われる場合がある。憲法前文第3項にいう「自国の主権を維持し、他国と対等関係に立とうとする」がその例である。

☞さらに、国政のあり方を最終的に決定する最高の権威を指す場合がある。**君主主権**は**君主**が、**国民主権**は国民が最高権威であることを示す。憲法前文第1項の「主権が国民に存する」にいう主権は、この例である。

＊　主権の用法を、(a) 国の統治権の正当性の根拠の所在を示すもの、(b) 国の統治権自体を指すもの、(c) 国際社会における国家の独立性を指すもの、(d) 政治組織における最高の決定権の所在を示すもの、の4つに整理する見解もある（小嶋和司）。

2　国民主権の意味

☞歴史的には、国民主権という概念は、君主が統治者として一般民衆を支配するという構図を否定し、被治者であった一般民衆を統治者の地位に転換したところに意義があった。

コラム　**絶対王政**の時代に、国王が、国内においては諸侯などから領域内の住民に対する直接的で独占的な支配権を獲得し、外国に対しては、ローマ教皇や神聖ローマ帝国からの独立を達成することで統治権を確立していく。この時代に国王の統治権の及ぶ領域に住んでいた人々が、その後の**市民革命**を経て、君主に代わる主権者としての地位に就いた。国民主権（popular sovereign）にいう「国民（people）」とは、このような当該国家の領土に定住して統治権に服している人々のことを指し、その範囲は必ずしも当該国家に法的に帰属している者（国籍保有者）の範囲と一致しなければならないわけではない。

国民主権にいう「国民」の範囲について、学説は大別して、国民全体とする説、**有権者の総体**（**選挙人団**）とする説、両者を折衷する説に分かれる。これらの違いは、国民主権の中に含まれるとされる2つの要素、すなわち、国の政治のあり方を最終的に決定する権力を国民自身が行使するという**権力性の契機**と、国家の権力行使を正当づける究極的な権威が国民に存するという**正当性の契機**をどのように捉えるかという問題と関係している。

全国民を主体とする説は国民を抽象的な観念的統一体として捉える（**ナシオン主権論**）。特定の誰かではない抽象的な国民は、それ自体でその意思を表示し決定することはできない。したがって、全国民に代わって行動する代表者が必要となり、**代表民主制**に結びつく。代表たる議員は選挙区民の意思に拘束されない（**自由委任**）。選挙制度は必ずしも普通選挙は要請されず、**制限選挙**も許容され、選挙権は**公務**としての性質を帯びる。この説は、国民主権の中にある**正当性の契機**を強調するものといえる。

有権者の総体と捉える説は、主権の主体を観念的・抽象的な集合的人格ではなく、具体的に存在し実際に政治的意思表示を行うことのできる者、すなわち有権者の総体であるとする（**プープル主権論**）。この考え方によれば、原則として**直接民主制**が採用されなければならず、直接民主制でない場合、議員は選挙区民の指令に従わなければならず（**命令委任**）、従わない場合は**リコール**の対象となる。選挙制度は普通選挙が採用され、選挙権は各人の**権利**だとされる。この説は、国民主権の権力性の契機を強調するものといえる。

＊　プープル主権論者の中でも、主権を統治権と理解するか**憲法制定権力**と理解するかで争いがあり、権力性の契機を強調する者もいれば、主権を正当性の所在の問題として捉える者もいるなど理解の一致は見られない。図式的に示せば、主権を**統治権**と理解し**権力性**を強調する論者は、国民主権原理を統治制度を構成する規範原理として把握し、三権が徹底的に国民の意思によって運営されることを要請する（杉原泰雄）。これに対し、主権を憲法制定権力と理解して**正当性**の所在の問題として捉える論者は、国民主権の権力性の契機を国民によって憲法制定権力が発動される場面に局限し、国民主権原理を国民が国家統治の正当性の淵源であるという建前を意味するものと把握することで、国民主権の名の下に権力分立の破壊までもが正当化されることを回避しようとする（樋口陽一）。

折衷的な見解は、主権と憲法制定権力は少なくとも重なり合う概念であるとして、憲法制定権は現実世界で行使される権力であるから主権は権力性の契機を内包するとする。ところが、憲法制定権は、ひとたび憲法が制定されるや自らを憲法典の中に組織化し、国家権力の正当性の究極の根拠を示す国民主権の原理へと転化するとされる。しかし、権力性の契機は憲法改正権として憲法改正手続規定の中に残存する。こうして国民主権は**正当性の契機**と**権力性の契機**が不可分の形で結合し、全国民が国家権力を究極的に正当化する根拠であるという意味と、有権者が憲法改正（国の政治の在り方）の最終的な決定権者であるという意味を合わせ含むものとして理解される（芦部信喜）。

3　選挙制度

日本国憲法は、「日本国民は、正当に選挙された国会における代表者を通じて行動」（憲法前文）するとして**代表民主制**を採用している。国民が代表者を選出する行為が**選挙**である。

（1）　選挙制度の基本原則　　☞選挙制度が民主的といえるためには、一般に、以下の原則を満たさなければならないとされる。

①　**普通選挙**　　選挙権者の資格要件を、納税額や資産額、性別などで差別してはならない。この原則により、それまでの**名望家政党**とは異質な**大衆政党**（無産政党）が議会に進出し、**政党国家化**現象が生じた。日本国憲法においては、15条3項と44条但書がこの原則を定める。普通選挙に対し、上述の事由で差別を設ける選挙を**制限選挙**という。

②　**平等選挙**　　有権者が形式的に同数票をもつだけでなく、実質的な投票価値も平等でなければならないとされる（14条1項、44条但書、公選法36条）。**一人一票の原則**ともいう。一部の有権者が複数票を持つ**複数選挙**や、教育程度等で分けられた有権者の等級ごとにそれぞれの構成人数と釣り合わない数の議員を選出させる**等級選挙**と対置される。**議員定数不均衡**が問題視される（第11章参照）。

③　**秘密選挙**　　投票内容が第三者に知られないことである（15条4項）。**公開選挙**や**記名選挙**では有権者は政府や外部の目にさらされることになり自由意思による選択が阻害される可能性がある。秘密選挙は選挙の自由と公正を確保

するために極めて重要である。

④　**直接選挙**　　有権者自身の投票によって直接に当選者が決まるとする原則である。これに対し**間接選挙**では、有権者は**中間選挙人**しか選べず、中間選挙人が公務員の選出に当たる。日本国憲法は、93条2項で地方公共団体につき住民の直接選挙を定めるのみだが、国政については15条1項、43条1項などが直接選挙の根拠規定とされる。

（**2**）　選挙制度の構成要素　　選挙制度は、選挙区定数、投票方式、当選者の決定方法などから構成される（日本の現在の選挙制度は第13章Ⅱ参照）。

選挙区とは有権者団を区分する基準となる単位のことを言い、**定数**とは一つの選挙区から選出される議員の数をいう。一つの選挙区から一人の議員を選出する制度（定数1）のことを**小選挙区制**といい、2人以上の議員を選出する制度（定数2以上）のことを**大選挙区制**という。小選挙区制ではその選挙区の最多数派の有権者だけが代表を選出することになる。安定した議会勢力を作ることができ、政権交代の可能性が増す。大選挙区制では、比較的少数に属する有権者の代表も議席を得る可能性があり、**多党制**になりやすい。もっとも、強大な**政党**が複数の候補者を立候補させ議席を独占する可能性は残る。

＊　かつて衆院選で採用されていたいわゆる中選挙区制（大選挙区制）の下で、同一選挙区に複数候補を擁立できた自民党内では、党が統一的に特定候補を支援することが難しく、実務レベルで候補者を支援する派閥の形成が促進された。候補者にとっては同一選挙区内に同じ政党に所属するライバルがいることから、党の政策を訴えるだけではライバルとの差別化を図ることができない。結果、中選挙区制の下での選挙戦は、政党同士が政策を掲げて競い合うという構図にはなりにくく、派閥や後援会主体の、政策不在の利益誘導政治を招くこととなった。

投票方式には候補者に票を投じる**候補者方式**と、政党に票を投じる**政党方式**がある。比例代表制で主に用いられる政党方式は、政党があらかじめ当選順位を決めた候補者名簿に投票する**拘束名簿式**と、当選順位をつけていない名簿に対して政党名か候補者名で投票する**非拘束名簿式**とに大別できる。

当選者の決定方法には、得票の多い順に定数が充足されるまで議席を与える**多数代表制**と、政党を単位として得票率に比例した議席を配分する**比例代表制**

がある。多数代表制において、当選者の決定は相対多数制によるのが一般的だが、絶対多数制を採用する国もある。

コラム　フランス下院の**二回投票制**やオーストラリア下院等で採用されている、有権者が選考順位に従って候補者をランク付けする**選好投票制**が絶対多数制の例である。これらは候補者の乱立がもたらす有権者の票割れの効果を是正し、有権者全体の中の選好をなるべく正確に議席に反映させる仕組みといえる。今日では、候補者の候補者全体の中での順位に着目するスコアリングルールの中でも、広範な有権者から比較的高い支持を得た候補者を選びやすい**ボルダルール**や、無作為抽出による議会（くじ引き民主制）の構想が注目を集めている。

比例代表制は､有権者全体の中の選好を正確に議席に反映させやすい一方で、小党乱立を招き政治的不安定につながりやすい面がある。

コラム　比例代表制を採用するドイツでは、政局の混乱によりナチス台頭を許した経験から**阻止条項**を設け、政党の得票率５％または３選挙区での当選を下院で議席を得る条件としている。

Ⅱ　権力分立

1　権力分立の思想的系譜

☞**権力分立**とは、国家の統治権を複数の権力に区分した上で、複数の権力が一つの国家機関に集中しないようにし、さらに、複数の国家機関を権力作用に参与させることによって、諸機関の間で**抑制と均衡**を保ち、**法の支配**を実現しようとする思想ないしその仕組みをいう（第１章参照）。**権力集中の排除**と**権力の抑制均衡**という２つの原理を内容としている。こうした権力分立の思想は17・18世紀における**ロック**や**モンテスキュー**の思想に源流をたどることができる。

モンテスキューは、立法権力と執行権力が同一の主体に保持されるべきでないこと、裁判権力はこれら二権から分離されるべきこと、同一の主体がこれら３つの権力を保持することがあってはならないことを主張した。立法権力と執行権力が同一の主体に握られれば、専制的な法律が専制的に執行されることで圧政がもたらされかねず、裁判権力が立法権力や執行権力と同一の主体に握られれば、法による支配は形だけのものになり、専制的な政治が行われる恐れが強いからである。

モンテスキューは、さらに、立法権力を利害関係の異なる2つの議院、すなわち貴族を代表する議院と人民を代表する議院とに委ね、執行権力をもつ君主が**拒否権**という形で消極的に立法作用に参与するべきことを主張した。議会両院と君主の3者が合意しなければ法律が制定されないようすることで、議会が執行権力を簒奪する法律を制定して専制的になることを防ぎ、また、社会各層の自由を保障することができるとも考えたわけである。

このような考え方が、アメリカ合衆国憲法の内容やフランス革命の理念に影響を及ぼした。権力分立の思想は、次第に世界各国で受け入れられていく。

* もっとも、アメリカのような**大統領制**をとるか、日本のような**議院内閣制**をとるかによって、権力分立の具体的な姿は異なる。アメリカにおいては、三権は厳格に分立され、執行部のメンバーは連邦議会議員を兼任することができない。大統領は法案の**承認拒否権**を持ち消極的に立法に参与しているが（1条7節2項・3項)、**法案提出権**はもたない。大統領に**議会解散権**はない一方で、大統領は議会の信任に依存しない。日本国憲法においては三権の分立は比較的緩やかである。首相および閣僚の過半数は国会議員から選出され、内閣は法案提出権をもつ。内閣は**衆議院の解散権**（69条、7条3号）をもつのに対して、衆議院は**内閣信任・不信任決議権**（69条）をもっている。他の統治制度としては、フランスのように首相とともに名目的ではない大統領が存在する**半大統領制**や、スイスのような内閣が議会の一委員会にとどめられる**議会統治制**（**会議制**）がある。

2　権力分立の現代的諸相

もっとも、ロックやモンテスキューが**権力分立**を説いたのは、君主や貴族といった特権的身分がいまだ政治的発言力を失っていない制限君主の時代であった。近代的意味の憲法が確立しようとする時期に権力分立を説く眼目は、いくらかでも民意を受けた**議会**によって**行政権**を統制するところにあり、権力分立は議会中心の姿を見せた。今日の権力分立制はこうした時代からは変容を見せている（第1章Ⅲ4参照)。

第1に、**積極国家化**とそれに伴う**行政国家化**によって、行政府が優越的な地位に立つ傾向がある。さらに、**政党**を媒介に立法府と行政府を同一党派が占めることで、立法府と行政府の関係は対抗関係から協働関係へと変化し、対抗軸は議会対政府から野党対政府与党へと推移していく。政府と議会多数派の結びつきは権力分立が緩和されることを意味するが、こうした状況への対処策として、憲法上の制度としては**裁判所**の**違憲審査権**等が、運用の次元では野党やマスメディア等の社会的権力による政権監視機能等が重要視されよう。

第2に、裁判所の違憲審査権が一般化した。アメリカ独自の制度であった違憲審査制は、まず、第二次世界大戦後の旧西側諸国で、その後、冷戦の終焉と旧東側諸国の体制転換に伴って、旧東側諸国にも広がっていった。違憲審査制は、議会が制定した法律や、その法律に基づく行政機関の行為を、民主的に選出されたわけではない裁判官が憲法に照らして無効と判断する制度であり、その点で民主政と緊張関係にある。しかし、裁判所が政治部門の判断に敬譲を示して過度に謙抑的な態度を取る場合、司法部による政治部への抑制機能は働かなくなる。一枚岩化した政治部門への対処という課題と関連して裁判所の違憲審査制の重要性は高いが、選挙民に責任を負わない裁判所がどこまで正統性を保てるかという問題が依然として問い続けられている。政治過程が民主的に運営されることを確保するために、あるいは、個人の自律に基づく人権を多数決主義に基づく政治的決定からも保障するためになど、違憲審査制の正当化についてさまざまな考え方が示されている（第15章Ⅰ参照）。

【参考文献】

杉原泰雄『国民主権と国民代表制』（有斐閣、1983）
樋口陽一『近代立憲主義と現代国家』（勁草書房、1973）
モンテスキュー（野田良之ほか訳）『法の精神』（岩波書店、1989）
ジョン・ロック（加藤節訳）『完訳　統治二論』（岩波書店、2010）
駒村圭吾『主権者を疑う』（筑摩書房、2023）
坂井豊貴『多数決を疑う』（岩波書店、2015）
ダーヴィッド・ヴァン・レイブルック（岡﨑晴輝／ディミトリ・ヴァンオーヴェルベーク訳）『選挙制を疑う』（法政大学出版局、2019）

第13章　国　　会

シングヴェトリルの丘
ノルウェーからアイスランドに逃れたノルマン人（ヴァイキング）は、それぞれの定住地域でシング（民会）を開いた。930年に、シングの代表たちは、シングヴェトリルの丘に集まり、世界最古の議会であるアルシング（全島集会）を開いた。
Taken by Torfi Stefán Jónsson ／ Thingvellir National Park

I　国会の性格・地位

国会は、**国民の代表機関**（43条１項）であり、**国権の最高機関**であり、**唯一の立法機関**である（41条）。

1　国民の代表機関

（**1**）　代表の意味　　憲法は「両議院は、全国民を代表する選挙された議員でこれを組織する」（43条１項）と規定する。この代表の意味については議論がある。国会議員は、選出母体の選挙区や一部の選挙民や支援団体の代表ではなく、国民全体の代表として選出され（43条1項）、**免責特権**や**不逮捕特権**が保障される（50条、51条）。このように、議員は法的に選挙民の意思に拘束されず、自己の信念のみに基づいて演説、質問、討論、表決する自由委任の考え方がとられていることから、代表は、当初、**純粋代表**と解されてきた。

ところが、純粋代表の観念は、現実の国民の意思と議員の意思との不一致を覆い隠すイデオロギー性を有すると批判された。こうした批判を踏まえ、選挙制度においても、国民の多様な意思をできる限り正確に議会に反映することが求められるようになった（**半代表**）。憲法にも、国民による**公務員の選定罷免権**が保障され（15条1項）、**普通選挙**が導入されていること（15条3項）から、国会議員は、自己の考える国民の利益の実現を目指しつつも、現実の国民の意思を公正かつ忠実に国会へと反映することが要請されているといえよう。憲法は、代表を、単なる純粋代表として捉えていないと考えることができる（他方、憲法には、国会議員の**リコール**を認める規定がないことから、**人民主権論**を想定していないと思われる）。

（**2**）　政　党　　**政党**の結成は、**結社の自由**（21条）で保障される。現在、「政党は議会制民主主義を支える不可欠の要素」であり、「国民の政治意思を形成する最も有力な媒体であ」る（**八幡製鉄政治献金事件**＝最大判昭45・6・24民集24巻6号625頁）。とはいえ、部分代表の禁止を核心とする代表制の下で、特定の政治目的を目指す政党活動の自由を保障することには一定の緊張関係が伴う。

まず、国会での表決に際し、政党執行部が所属議員に投票行動を指示し、それに従わなかった議員に対して何らかの制裁を科す**党議拘束**が問題となる（国会議員の発言・表決の**免責特権**（51条）は、院外における民事・刑事の責任免除を意味するもので、所属政党や会派による除名を含む処分からの免除を意味するものではない）。学説の多くは、社会における政党の多様な利害・意見の媒介機能に鑑み、党議拘束を自由委任の枠外として合憲とする。次に、両議院ともに比例代表選出議員が選挙時と異なる他の政党に異動した場合に、議員資格が剥奪される**党籍変更**議員の失職制（公職選挙法99条の2、国会法109条の2）が問題となる。この制度は、党籍変更に対する議員の自発性の有無を配慮していないことから、自由委任との抵触が避けがたいとする説が有力となっている。

2　国権の最高機関

憲法は、国会を国権の最高機関とする。国権とは、国家権力、つまり**統治権**を意味する。最高機関の意味については、諸説が展開されてきた。まず、最高機関には法的意味があり、国会が国政全般を統括する機関であり、他の国家機関の活動を監視し批判する立場にある（**独立権能説**）と説かれた（統括機関説）。この説には、①統括の内容が明確ではない、②国民主権の下で有権者の他に統括機関を認めることには疑問がある、③国会を他の国家機関よりも優越させることには権力分立制の観点から問題があるなどの批判があった。

☞そこで、最高機関には法的意味はなく、国会は、国民に最も近い国家機関であり、国政の中心的地位にあることを政治的に強調する趣旨であると解する**政治的美称説**が主張されることになった（通説）。最高機関に法的意味を認めない通説に対しては、国会を他の国家機関と並列の関係にあるとした上で、最高機関に法的な意味を認めようとする見解が唱えられている。憲法が付与した立法などの権能を行使することにより、国政を総合的に調整する立場を最高機関と解する説（**総合調整機能説**）や、統括機関説を修正し、並列関係にある国家機関のうち一番高い地位にあり、国政全般の動きに配慮し、国政が円滑に運営されるよう図る立場を最高機関と解する説（**最高地位責任説**）である。もっとも、調整機能は、**議院内閣制**の下では、「国務を総理する」内閣に属すると考えるべきであるとの批判や、最高機関という文言が国家機関の権限および相互関係を解釈する際の解釈準則になり、権限の所属が不明確な場合には最高機関である国会にあると推定されるという点に通説との相違がとどまるならば、政治的美称説で十分ではないかとの批判がある。

＊　こうした批判を踏まえ、最高機関とは、国政上、本質的に重要な事項について、原則として国民の多様な利益と意見を代表する国会が公の場で審議・決定する根拠であると解する**本質性理論**（**本質的機関説**）が登場している。

3　唯一の立法機関

憲法は、国会を**唯一の立法機関**とする。**大日本帝国（明治）憲法**では、議会は天皇の立法権に協賛するだけであったが、日本国憲法では、国会が立法権を独占することになった。

☞ここでは、唯一のという文言の意味が問題となる。国会が唯一の立法機関であるとは、第1に、国会が立法権を独占すること（**国会中心立法の原則**）、第2に、立法権の行使が国会で完結し、他の機関の参与を不要とすること（**国会単独立法の原則**）を意味する。

国会中心立法の憲法上の例外	国会単独立法の憲法上の例外
・各議院の規則制定権（58条2項）	・地方特別法の制定（住民投票による過半数の同意が必要とされる。95条）
・最高裁判所の裁判所規則制定権（77条1項）	
・内閣の政令制定権（73条6号）	
・地方公共団体の条例制定権（94条）	

Ⅱ　国会の組織・構成

1　二院制

（1）　意　義　　憲法は、「国会は**衆議院**及び**参議院**の両議院でこれを構成する」と定め（42条）、**二院制**を採用している。二院制は、通常、国民により選挙される第一院（下院）と第二院（上院）からなる。第一院は、各国であまり差がないが、第二院は、各国の歴史や事情などを反映してさまざまなものがある。例えば、①イギリスを典型とする貴族院型、②アメリカに見られる連邦型、③全国民を代表する別の議院を設ける民主的第二次院型に分けることができる。わが国の参議院は、衆議院と同様に全国民を代表する議員から構成されること（43条1項）を踏まえると、③民主的第二次院型ということになる。

☞二院制では、両議院が国民の多様な意見、利益を反映し、抑制・均衡という機能を果たすことで、議会の権限をよりよく行使することが期待されている。両議院が、実際にそのような機能を果たしているかが問題となる。

（2）　両議院の関係　（i）　組織上の関係　憲法は、両議院の議員の兼職を禁止し（48条）、各議院に**自律権**を与えることによって（55、56、58条）、両議院が同質にならないようにする。そして、衆議院は、任期を4年とし（45条）、解散制度を設けている（54条）のに対し、参議院は、任期を6年とし、3年ごとにその半数が改選される（46条）。これにより参議院は、衆議院と異なり、民意との間に距離が生じることになるが、継続性と安定性を得ることになる。

（ii）　活動上の関係　両議院は、同時に召集、開会、閉会される（**同時活動の原則**）が、各議院は、独立して審議・議決を行う（**独立活動の原則**）。独立活動の原則を設けることで、両議院の活動が同質にならないようにするのである。

☞独立活動の原則の例外として、両議院の議決が一致しない場合の**両院協議会**の開催がある（59-61条、67条）。**予算**の可決（60条）、**条約**締結の承認（61条）、**内閣総理大臣の指名**（67条）は、両議院の対立を解決する強い必要性があるので、両院協議会を必ず開催しなければならないのに対し、法律案の議決（59条）は、衆議院が両院協議会の開催を要求した場合、または、参議院が両院協議会の開催を要求し衆議院が同意した場合に、両院協議会が開催される。そして、出席協議委員の3分の2以上の多数で**再可決**したとき、成案となる（国会法92条）。成案は修正できず（国会法93条）、そのまま国会の議決となる。

（iii）　権能上の関係　①両議院の権能は、基本的には対等であるが、衆議院にのみ**内閣に対する信任・不信任決議権**（69条）、**予算先議権**（60条1項）を認めている。②同一の権能に関する両議院の議決の効力も、基本的には対等であるが、法律案の議決、予算の可決、条約締結の承認、内閣総理大臣の指名については、**衆議院の優越**が認められる（国会法13条が国会の**臨時会**、**特別会**の会期の決定と会期延長に衆議院の優越を認めていることなどには議論がある）。予算の可決、条約締結の承認、内閣総理大臣の指名については、両院協議会で意見が一致しない場合、衆議院の議決が国会の議決となる。また、参議院が一定期間内に議決しない場合も、衆議院の議決が国会の議決となる（60条2項、61条、67条2項）。これに対し、法律案の議決については、衆議院で出席議員の3分の2以上の多数で**再可決**した場合に衆議院の議決が国会の議決となる（59条）。

☞衆議院に①と②が認められるのは、衆議院の任期が参議院の任期より短く、任期途中の解散制度を設け、衆議院議員が参議院議員より頻繁に選挙にさらされることで、衆議院が民意に近い存在であると想定されているからである。

以上のように、憲法は、衆議院と参議院の組織、活動、権能について違いを設けている。両議院が国民の多様な意見、利益を反映し、抑制・均衡という機能を果たすためには、これらの違いを設けるだけでは足りず、両議院の議員構成に違いをもたらす選挙制度を設けるべきだと考えられている。

2 選挙制度

（**1**） 国会の裁量　　憲法は、普通、平等、直接、秘密、自由選挙の原則に反しない限りで、「両議院の議員の選挙に関する事項」の法定を国会に委ねている（43条2項、44条、47条）。

（**2**） 衆議院の選挙制度　　衆議院では、1947年から1994年まで**中選挙区制**（定数が原則として3−5名）が採用された。その後、この制度の運用の中で生じた派閥政治の弊害を解消し、政策本位・政党本位の政治を実現するために、1994年に**小選挙区比例代表並立制**が導入された。全国を300の小選挙区に分け、289人（当初300人）を小選挙区から選出し、全国を11のブロックに分け、176人（当初200人）を**拘束名簿式**比例代表制（有権者は政党名を記入して投票し、その得票数に比例して**ドント式**という方法で、政党が提出した名簿に登載された順位に従って当選者が決められる）により選出するのである。

☞この小選挙区比例代表並立制では、当初、小選挙区と比例区への**重複立候補**が認められていたが、小選挙区で落選した候補者が比例区で復活当選することに批判が集まった。もっとも、最高裁判所は、**小選挙区制**、**比例代表制**、重複立候補制などが選挙制度に関する国会の**裁量**を超えるものではないとして、合憲の判断を示した（最大判平11・11・10民集53巻8号1577頁、最大判平11・11・10民集53巻8号1704頁）。しかし、2000年には、小選挙区の得票数が有効投票数の10分の1に満たなかった重複立候補者の当選が排除されることになった（公選法95条の2第6項）。

（**3**） 参議院の選挙制度　　参議院では、各都道府県を1つの選挙区とする地方区と全都道府県を1つの選挙区とする全国区に分けて選挙が行われてきた。これにより、参議院は、「数の政治」の衆議院に対して、「理の政治」を目指そうとしたが、タレント候補や利益代表的候補者の当選、莫大な選挙費用に対する問題が指摘された。そこで1982年に、全国区は全国を１つの選挙区とする拘束名簿式比例代表制（定数96人）に改められ、地方区は選挙区と改称された（定数146名）。もっとも、現在では、定数６名以上の選挙区が９つもある一方で、定数２名の選挙区（半数改選なので、定数１名を選ぶ実質的には小選挙区である）が45選挙区のうち32もある（うち２つは２つの県からなる選挙区である）。

☞拘束名簿式比例代表制は、参議院の政党化、両議院の均質化を招き、二院制の意義に照らし強い批判が出たので、2000年に**非拘束名簿式**比例代表制（有権者は政党名・候補者名を記入して投票し、その得票数に比例して政党の当選者数が確定し、各政党内で候補者名を記載された票数が多いものから当選者が決められる）に変更された。この非拘束名簿式比例代表制に対しては、一部の政党が有名人の立候補擁立に熱心となり、かつての全国区の復活ではないかとの批判が見られる。しかし、最高裁は、選挙制度に関する国会の裁量を認め、非拘束式比例代表制を合憲であると判断した（最大判平16・1・14民集58巻１号１頁）。

現在、衆議院と参議院は、非常に似通った選挙制度を採用している。両議院が国民の多様な意見、利益を反映し、抑制・均衡という機能を果たすためにも、両議院の選挙制度を異ならせる必要がある。

Ⅲ　国会の活動

国会には、十分に審議を尽くし、熟慮した上で意思決定することが求められる。**明治憲法**の下ではヨーロッパ流の**本会議中心主義**がとられていたが、日本国憲法の下では、アメリカ流の**委員会中心主義**がとられている。

＊　現在の国会審議の特徴は、実質的な審議が委員会で行われていることである。その利点は、①複数の委員会が同時に活動できるので、審議の効率性向上が期待できること、②国会議員が委員会の対象分野に関する知識・経験を蓄積し、専門性を養うことができることである。これに対し、①法律が全体として一貫しなくなる危険や、②国会議員が対象分野の省庁や特殊利益と癒着し、国全体の観点に立った立法が行われない恐

れがある。

1 会　期

（**1**）　会期制　　国会は、一定の限られた期間だけ活動する。この期間を**会期**という。日本国憲法は、国会が会期制を採用することを規定していないが、国会の召集について定め（52、53条）、「会期前」「会期中」という文言を使用していることから（50条）、会期制を前提にしていると解される。

コラム　議会が期間を限定して活動するという制度は、イギリスで生まれた。この制度は、議会を効率的に運営するという考え方が背景にあり、議会制の伝播とともに各国にもとり入れられていった。もっとも、アメリカやドイツのように、選挙から選挙までの間を立法期として議事を継続させる国もある。

（**2**）　会期の種類　　国会の会期は、召集目的などにより、**常会**（通常国会）、**特別会**（特別国会）、**臨時会**（臨時国会）に分けられる。

（ⅰ）　常会　　常会は、毎年1回召集され、新会計年度の**予算**を審議する（財政法27条）。したがって、4月から始まる新会計年度の開始に間に合うよう、1月中に召集される（国会法2条）。

（ⅱ）　特別会　　特別会は、**衆議院の解散**による総選挙の日（解散の日から40日以内でなければならない）から30日以内に召集され（54条）、それとともに内閣が**総辞職**するので（70条）、「すべての案件に先立って」**内閣総理大臣の指名**を行う（67条）。

（ⅲ）　臨時会　　臨時会は、内閣が必要に応じて臨時に召集する。さらに、**衆議院**任期満了による**総選挙**または**参議院**の**通常選挙**が行われたときに新しい議員の任期が始まる日から30日以内に召集することが義務づけられている（国会法2条の3）。衆議院任期満了による総選挙後の臨時会では、特別会と同様に、召集により内閣が総辞職し、新しい内閣総理大臣の指名を行う。

（**3**）　参議院の緊急集会　　衆議院が解散されると、参議院も同時に閉会となる。内閣は、衆議院の解散から特別会の召集までに緊急の必要が生じた場合、参議院の**緊急集会**の召集を求めることができる（54条2項）。

＊　衆議院任期満了に伴う総選挙期間における緊急集会の規定は存在しない。

緊急集会は国会の権能を代行するものであるから、その権能は、国会の権能に属するすべての事項に及ぶ。しかし、両議院の議決が求められる憲法改正の発議、内閣総理大臣の指名は行うことができない。緊急集会でとられた措置は、「臨時のもの」であるから、「次の国会開会の後10日以内に、衆議院の同意がない場合には、その効力を失ふ」(54条3項)。

2　国会の開閉

（1）　召集と会期期間　　（ⅰ）　召集　　国会の会期は、召集によって開始する。召集とは、期日を定めて議員を集合させ、国会を開会させる行為をいう。国会の召集は、「**内閣の助言と承認**」に基づく天皇の国事行為であり（7条2号)、詔書の形式で行われる。国会の召集決定権は、天皇にはなく、内閣に臨時会の召集決定権が与えられていること(53条前段)から、内閣にあると解されている。また、いずれかの議院の総議員の4分の1以上の要求があれば、内閣は、臨時会の召集を決定しなければならない(53条後段)。

〔判　例〕　**★憲法53条違憲国家賠償等請求事件**（最判令5・9・12判例集未登載）
2017年6月、参議院の総議員の4分の1以上の議員が、内閣に臨時会の召集を求めた。ところが内閣は、92日後の同年9月22日に臨時会召集を決定し、同月28日に臨時会を召集し、その冒頭で衆議院を解散した。一部の参議院議員は、このことが違憲、違法であるとして損害賠償を求めた。最高裁は、憲法53条後段を「各議院を組織する一定数以上の議員に対して臨時会召集要求をする権限を付与するとともに、この臨時会召集要求がされた場合には、内閣が臨時会召集決定をする義務を負うこととしたもの」であると解した。これに対し、反対意見は、「憲法53条後段の規定による臨時会召集要求をした場合、特段の事情がない限り、内閣において、20日以内に臨時会が召集されるよう臨時会召集決定をする義務を負う」と解したことが注目される。

（ⅱ）　会期期間　　常会は、会期期間を150日とし(国会法10条)、両議院の一致の議決により1回の延長が可能である(国会法12条)。また、特別会と臨時会は、両議院一致の議決で会期期間を決め(国会法11条)、2回の延長が可能である（国会法12条）。「両議院の議決が一致しないとき」は、「衆議院の議決したところによる」とされ、**衆議院の優越**が認められている（国会法13条）。

（**2**）　休会と閉会　（ⅰ）休会　休会とは、国会が自ら会期中に一時的にその活動を停止することである。国会の休会は、両議院一致の議決により行われる（国会法15条1項）。休会は、現在では両議院一致の議決により行われず、慣例上または各党派の申し合わせにより行われている（自然休会）。

（ⅱ）　閉会　国会は、会期期間の満了、衆議院の解散（54条）、常会の会期中に議員の任期が満限に達したときに（国会法10条）、終了する。

（**3**）　会期不継続の原則と一時不再議の原則　（ⅰ）　会期不継続の原則☞国会は、会期ごとに独立して活動する。そのため、国会法68条は「会期中に議決に至らなかつた案件は、後会に継続しない」（**案件の不継続**）と定め、さらに、案件だけでなく議決も会期を超えて継続しない（**議決の不継続**）と考えられている。この**会期不継続の原則**に従えば、議案は、会期中に議決に至らなければ廃案となる。そこで与党（内閣を構成する政党）は、会期中に無理矢理にでも議決に持ち込もうとし（例えば、中間報告や強行採決を行い）、野党は、議決により否決することは難しいので、審議を引延して（例えば、牛歩戦術を用いて）会期切れによる議案の廃案を目指す。いずれも充実した国会審議を妨げるため、選挙から選挙までの間（**立法期**）は、議案・議決が継続する制度に変更すべきであるとの主張も見られる。

（ⅱ）　一時不再議の原則　日本国憲法には、「両議院ノ一ニ於テ否決シタル法律案ハ同会期中ニ於テ再ヒ提出スルコトヲ得ス」（明治憲法39条）に相当する規定がない。しかし、一度議決された案件については同一会期中に再び審議することができないという**一時不再議の原則**は、会議の効率的な運営のために有用であるので、当然に認められる原則である。

3　会議の原則

（**1**）　定足数　定足数とは、会議体が議事を開き、議決を行うのに必要な出席者の数のことである。憲法は、「両議院は、各々その総議員の3分の1以上の出席がなければ、議事を開き議決することができない」と定める（56条1項）。

☞総議員の意味については、法定議員の総数と解する説（**法定議員説**）と死亡や辞職などによる欠員を差し引いた現在の議員と解する説（**現在議員説**）の２つがある。両議院の先例は、法定議員説を採用している。なお、委員会の議事・議決の定足数は、委員の半数以上である（国会法49条）。

（**2**）　表決数　　表決数とは、会議体が意思決定を行うのに必要な賛成表決の数である。憲法は、「両議院の議事は、この憲法に特別の定のある場合を除いて、出席議員の過半数でこれを決」すると定める（56条２項）。出席議員の中に、棄権者、白票や無効票の投票者を含めるか争いがあるが、両議院の先例は、これらの者を含めて出席議員と解する。なお、委員会の議事は、出席委員の過半数で決すると定められている（国会法50条）。

☞特別多数で決せられる「憲法に特別の定のある場合」とは、①議員の資格争訟裁判における**議席喪失の議決**（55条但書）、両議院の会議を秘密会とする議決（57条１項）、院内の秩序を乱した議員の**除名**の議決（58条２項）、参議院で異なった議決をした法律案の衆議院における**再可決**（59条２項）と、②**憲法改正の発議**（96条１項）である。①の場合は、出席議員の３分の２以上の多数で決せられ、②の場合は、各議院の総議員の３分の２以上の賛成で決せられる。

（**3**）　両議院の会議の公開　　憲法は、「両議院の会議は、公開する」と定める（57条１項）。もっとも、出席議員の３分の２以上の多数の議決で**秘密会**にすることができる（57条１項）。

☞会議の公開の趣旨は、国民の代表機関である国会を国民の監視と批判の下に置き、国民に国政に関する情報を提供し、その政治的意思形成を助けることで、民主制の過程を機能させることにある。会議の公開は、国民の**傍聴の自由**（57条１項）、報道機関の**報道の自由**（21条１項）、そして会議録の公開（57条２項）によって確保される。

委員会は、原則非公開であるが、委員長の許可を得た者は傍聴できる（国会法52条）。現在では、両議院の本会議、委員会での審議は、テレビ中継だけでなく、インターネットで動画配信もなされている。

Ⅳ 立　　法

国会は、唯一の立法機関（41条）であり、立法、すなわち、**法律**を制定することが最も重要な権能である。

1 国会中心立法の原則

（**1**）　意　義　　国会中心立法の原則とは、国会が立法権を独占するという原則である。この原則の憲法上の例外は、議院の規則制定権（58条2項）、**内閣**の**政令**制定権（73条6号）、**最高裁判所**の**裁判所規則**制定権（77条1項）、**地方公共団体**の**条例**制定権（94条）である。

＊　国会中心立法の原則は、明治憲法の下で認められていた**緊急勅令**や**独立命令**のような行政立法を否定する意義をもつ。

（**2**）　立法の意味　　立法とは、国会が法律という名称の国法（**形式的意味の法律**）で、一定内容の法規範（**実質的意味の法律**）を制定することである（**二重法律概念**）。これを踏まえると、国会中心立法の原則とは、国会が一定内容の法規範の制定を独占するという原則になる。では、国会が独占的に制定する一定内容の法規範（実質的意味の法律）とは何か。

☞当初、実質的意味の法律とは、国民の権利を制限し、義務を賦課する法規範（**法規**）と捉えられてきた。国家が国民に対して権利を制限し、義務を賦課する場合には、国会が法律で定めなければならないのである。**租税法律主義**（84条）、**罪刑法定主義**（31条）は、その現れである。最高裁も、憲法84条の背景には「国民に対して義務を課し又は権利を制限するには法律の根拠を要するという法原則」があることを認めている（**旭川市国民健康保険条例事件**＝最大判平18・3・1民集60巻2号587頁）。

☞このように解すると、権利を制限せず、義務を賦課しない法規範は、国会が法律ではなく、行政機関が命令で定めることができることになる。現在でも、国会が法規の制定を独占する重要性は変わらないが、国会は、法規のほかに、どのような法規範を制定すべきであるかを検討する必要がある。そこで、有力に唱えられているのは、国会は、**一般的・抽象的な法規範**を制定しなければならないという見解である。特定の人や特定の事件を対象とする個別的・具体的な法規範の制定は、個別的利益のみを考慮し公益を考慮せず、平等原則に反し、予見可能性が損なわれる恐れがあるからである。

（ⅰ）　措置法・処分的法律　　この見解に基づくと、個別的・具体的な課題の解決のために制定される措置法は、一般的・抽象的な法規範の制定ではないから許されないことになりうる。しかし、現代の社会国家の下で、形式的平等の修正が要求されているとすれば、措置法は、実質的平等に反しない限り許容されると解する見解も有力である。裁判所は、法文の一般性・抽象性に着目し、「学校法人紛争の調停等に関する法律」が「単一の事件のみを規律する法律であることを前提とする法律として成立したものではないことは法文上明白である」とした（名城大学事件＝東京地判昭38・11・12行集14巻11号2024頁）。

（ⅱ）　行政組織の編成　　省庁の設置など行政組織の大綱も、一般的・抽象的な法規範の制定ではないから許されないことになりうる。憲法は、**内閣**（66条1項）、**会計検査院**（90条2項）の組織について法律で定めることを要求するが、その他の行政機関について法律で定める必要があるか規定していない。学説は、行政組織の基本的事項に関しては法律で定めるべきであるとするものが有力である。もっとも実際に、行政機関が職務を効率的に遂行するには、必要に応じて組織を弾力的に編制できた方がよい。したがって、国家行政組織法は、省・委員会・庁の設置・廃止や任務・所掌事務について法律で定めるとし（3、4条）、それ以下の官房、局、部などについては、原則として政令等の命令で具体的な設置や所掌事務を定めることにしている（7条）。

（**3**）　立法の委任　　国会中心立法の原則の下でも、法律を執行するための**執行命令**は認められる（73条6号）。ここで問題となるのは、国会が法律で定める事項の制定を他の国家機関に委ねること（**委任命令**）が認められるかである。憲法は、法律の委任があれば政令で罰則を設けることができるとする（73条6号）。**罪刑法定主義**が求められる罰則ですら委任を許容しているのである。また、国会には、専門的・技術的な事項や状況の変化に応じた迅速な改正が必要な事項について対応する能力が十分なく、立法を委任する必要性は高い。憲法は、立法の委任を許容していると解されるのである（多数説）。

☞しかし立法の委任が無限定になされると、**国会中心立法の原則**が侵されることになる。立法の委任については、包括的な**白紙委任**は許されず、個別的・具体的な委任であることが求められる（最大判昭27・12・24刑集6巻11号1346頁）。そして委任命令は、法律の委任の範囲内であることが求められている。ただし、法律の委任の範囲内か否かの判断は難しく、最高裁は、委任命令が法律の委任の範囲内であることを緩やかな判断で肯定することが多かった（**猿払事件**＝最大判昭49・11・6刑集28巻9号393頁）。こうした中、最高裁が「新薬事法の授権の趣旨が」医薬品の郵便等販売を禁止する新薬事法施行規則の制定まで委任するものとして、「規制の範囲や程度等に応じて明確であると解するのは困難である」と述べ、新薬事法施行規則を違法、無効であるとしたことは、注目に値する（**医薬品のネット販売規制**＝最判平25・1・11民集67巻1号1頁）。

2　国会単独立法の原則

（**1**）　意　義　　**国会単独立法の原則**とは、立法権の行使が国会で完結し、他の機関の参与を不要とするという原則である。この原則の憲法上の例外は、地方特別法の制定に必要な住民投票による同意（95条）である。法律の制定手続は、法律案の発議・提出、審議・採決、成立という過程をたどる。

＊　明治憲法の下では、立法権の主体は天皇であり、**帝国議会**に認められていたのは立法**協賛**権であった（明治憲法5条）。帝国議会の法律案の議決は議会の意思表示に過ぎず、法律は、天皇の裁可によって成立した。国会単独立法の原則は、このような議会の位置づけを否定する意義をもつ。

（**2**）　法律案の発議・提出　　☞法律案は、国会議員の発議によるものよりも、内閣の提出によるものがほとんどである。これに関連して、内閣による法律案の提出が国会単独立法の原則に反するかが問題となる。法律は内閣の法律案提出権を認めているが（内閣法5条）、憲法には明文規定がないこと、法律案の発案は「立法」に含まれることなどを重視し、内閣の法律案提出権を否定する見解もある。しかし、通説は、①憲法72条の「議案」に法律案も含まれ、②内閣として提出できなくても、国会議員として提出することが可能であり、③国会が内閣の法律案を自由に修正・否決することができ、④**議院内閣制**が国会と内閣の協働を要請していることから、内閣の法律案提出権を肯定する。最近では、社会国家化の進展に伴う内閣による政策立案、遂行の必要性を理由に、内閣の法律案提出権を積極的に認めるべきであるとの有力説もみられる。

（**3**）　法律案の審議・採決　　法律案が発議・提出されると、議長は、それを委員会に付託する（国会法56条2項）。委員会では、法律案の発議者・提出者による趣旨説明が行われ、それを受けて質疑、討論が行われた後、採決に付される。委員会で採決された法案は、本会議に移される。本会議では、委員会の委員長が審査の経過と結果を報告し（国会法53条）、質疑、討論、採決が行われる。

（**4**）　法律の成立　　一方の議院が法律案を可決すると、他方の議院にそれを送付する。両議院が同一の法律案を可決したときに初めて法律が成立する（後議の議院が法律案を修正したときは、先議の議院に修正案を回付する）。両議院の議決が一致しない場合には、衆議院の優越が認められている。法律が成立すると、最後に採決を行った議院の議長は、内閣を経由して天皇に奏上し（国会法65条1項）、天皇が公布する（7条1号）。公布は、主任の国務大臣が署名し、内閣総理大臣が連署し（74条）、責任の所在を明確にした上で、官報への掲載によって行われる（最判昭32・12・28刑集11巻14号3461頁）。

*　公布は、奏上の日から30日以内に行わなければならない（国会法66条）。

V　立法以外の国会の権能

国会の権能は、立法以外に、**憲法改正**の発議（96条1項）、**条約**締結の承認（61条、73条3号）、**内閣総理大臣の指名**（6条、67条1項）、**弾劾裁判所**の設置（64条1項）、**財政の統制**（83条以下）などがある。

1　憲法改正の発議

（1）　意　義　　国民は、主権者であり、憲法改正権を有する。そのような国民を代表する国会が憲法改正の発議に最も適切な国家機関であるとして、国会に憲法改正発議権を付与した。

（2）　手　続　　憲法は、憲法改正について、両議院の総議員の3分の2以上の賛成に基づき発議し、国民投票による過半数の賛成をもって改正し（96条1項）、天皇が公布する（96条2項）という手続を定めている。国民投票の具体的な手続については、日本国憲法の改正手続に関する法律に定められている。

2　条約締結の承認

（1）　意　義　　憲法は、外交関係の処理と条約の締結を内閣の職務とするが（73条2号、3号）、条約が国家の命運や国民の権利・義務に直接関係することから、内閣による条約締結権の行使を国会の統制の下に置いた。

（2）　承認を必要とする条約　　国会承認が必要な条約とは、条約という名称のものに限らず、文書による国家間の合意（協定、協約、議定書、宣言、憲章など）である。

☞もっとも、すべての条約に国会の承認が必要であるとは考えられていない。最高裁は、**砂川事件**（最大判昭34・12・16刑集13巻13号3225頁）で「行政協定は、既に国会の承認を経た安全保障条約第3条の委任の範囲内のものであると認められ、これにつき特に国会の承認を経なかったからといって、違憲無効であるとは認められない」と判示した。その後、政府見解も、国会承認が必要な条約を、「いわゆる法律事項を含む国際約束」、「いわゆる財政事項を含む国際約束」、「わが国と相手国との間あるいは国家間一般の基本的な関係を法的に規定するという意味において政治的に重要な国際約束であって、それゆえに、発効のために批准が要件とされているもの」とし、「すでに国会の承認を経た条約や国内法あるいは国会の議決を経た予算の範囲内で実施し得る国際約束」は、外交関係の処理（73条2号）として行政府で締結できるとした（1974年2月20日衆議院外務委員会・大平正芳外相発言）。

（3）　承認の時期　　☞国会承認は、「事前に、時宜によつては事後に」であって「事前又は事後に」ではないから、事前承認が原則であると考えられる。

国会承認を経て（両議院の議決が一致しないときは、本章Ⅱ1参照)、批准・締結された条約は、天皇が公布すると（7条1号)、国内法としての効力を有する。

（4） 承認を得られなかった条約の効力　①国会の事前承認を得られなかった場合、内閣は、条約を締結する手続を進めることができないので、条約は不成立となる。②国会の事後承認を得られなかった場合、有効説、無効説、国際法上有効・国内法上無効説などあるが、ウィーン条約法条約46条1項に基づき、国内法（当然、憲法も含まれる）の手続が対外的にも周知されている場合には、国内法的にも国際法的にも無効とする説が強くなっている。

＊ ウィーン条約法条約46条1項は、「いずれの国も、条約に拘束されることについての同意が条約を締結する権能に関する国内法の規定に違反して表明されたという事実を、当該同意を無効にする根拠として援用することができない。ただし、違反が明白であり、かつ基本的な重要性を有する国内法の規則にかかるものである場合は、この限りでない」と定める。

（5） 条約の修正　国会承認は、条約全体として承認するか否認するかのいずれかであって、修正を加えることはできない。仮に国会が条約を修正できたとしても、それは条約を否認した上で、内閣に相手国との再交渉を促すという意味をもつにとどまる。

3 内閣総理大臣の指名

（1） 意　義　国会は、内閣の中心である内閣総理大臣の空白をできるだけ避けるため、「他のすべての案件に先だつて」内閣総理大臣の指名を行い、内閣の組織形成者を実質的に選任する。

（2） 議決方法　各議院の**議院規則**が指名の議決方法について定めている。各議院の本会議で記名投票が行われ、投票の過半数を得た者があったときは、その者に指名があったとされる。過半数の投票を得た者がないときは、投票の最多数を得た者2人について決選投票を行い、それでも同票であるときはくじ引きによって決められる（衆議院規則18条、参議院規則20条)。国会の議決が成立すると（両議院の議決が一致しないときは、本章Ⅱ1参照）、衆議院議長は、内閣を経由して、天皇に奏上し（国会法65条2項）、天皇は、**内閣の助言と承認**に基づき内閣総理大臣を任命する（6条1項）。

4　弾劾裁判所の設置

（**1**）　意　義　　**司法権の独立**が確保され（76条3項）、身分が保障される裁判官（78条）を罷免するには、国民を直接代表する国会議員で組織する特別の裁判所による独立・公正な判断に委ねるのが適切である。そこで、国会に**弾劾裁判所**を設置することにした（64条）。

（**2**）　構成と活動　　弾劾裁判所は、**特別裁判所の禁止**（76条2項後段）の例外であり、国会が閉会中であっても、活動能力を有する。憲法64条2項を受けて、国会法と裁判官弾劾法が、その構成や活動方法について定めている。

5　財政の統制

（**1**）　課　税　　☞課税に国民代表の同意（法律）が必要なのは、恣意的な課税から国民を保護し、納税義務を事前に定めることにより経済生活の予測可能性を与えるためである（**租税法律主義**）。したがって、「租税を創設し、改廃するのはもとより、納税義務者、課税標準、徴税の手続はすべて」「法律に基づいて定められなければならない」（最大判昭30・3・23民集9巻3号336頁）。

もっとも、最高裁は、**パチンコ球遊器課税事件**（最判昭33・3・28民集12巻4号624頁）で、行政機関内で発せられている**通達**に基づき課税されたことにつき「通達の内容が法の正しい解釈に合致するものである以上、本件課税処分は法の根拠に基づく処分」であるとし、また、納税者に不利益な遡及立法が憲法84条に反すると主張された事件（最判平23・9・22民集65巻6号2756頁）で、国政全般からの総合的な政策判断および極めて専門技術的な判断を踏まえた立法府の裁量的判断が必要であるとして、暦年途中で改正した租税法規を暦年当初から適用するとした改正法附則は、納税者の租税法規上の地位に対する合理的な制約として容認されるとした。

租税とは、国がその経費を支弁するため国民から強制的に無償で徴収する金銭をいう。では、国が行う特定のサービスに対する手数料や特定の事業の受益者に課せられる負担金（民営化前の郵便料金や国立博物館の入場料）は、租税に含まれるか。最高裁は、旭川市国民健康保険条例事件（最大判平18・3・1民集60巻2号587頁）で「国又は地方公共団体が、課税権に基づき、その経費に充てるための資金を調達する目的をもって、特別の給付に対する反対給付としてでなく、一定の要件に該当するすべての者に対して課する金銭給付は、その形式のいかんにかかわらず、憲法84条に規定する租税に当たるというべきである」と判示した。どのような種類の課税を行うか、何に対してどのように課税するかについての決定は、国または地方公共団体の広範な**裁量**に委ねられているのである。

（2）　予　算　　**予算**とは、一会計年度における国の財政行為の準則であり、主に歳入歳出の予定準則を内容とする。憲法は、予算について、法律とは異なる手続を設けている。予算案の作成・提出は**内閣**に専属し（73条5号、86条）、**衆議院の先議権**、法律案の議決よりも強い**衆議院の優越**が認められる（60条）。

☞このような法律との違いを踏まえ、予算の法的性格についても見解が分かれる。①予算を行政行為と解し、予算の法的拘束力を否定する**予算行政説**、②予算を一種の法律と解する**予算法律説**、③予算を法律とは異なる国法の一形式と解する**予算法規範**（法形式、**国法**）**説**がある。通説は、予算が会計年度ごとに成立し、国家機関のみを拘束の対象とし、審議・議決の方式が法律とは異なることを根拠に、予算法規範説となっている。

これら3つの説の違いは、①法律と予算の不一致の問題や②国会の予算修正権の問題に直結し、国会や内閣の行動に影響を及ぼす。①について、予算法律説によれば、別途法律がなくても予算の執行は可能である。これに対し、予算法規範説や予算行政説に基づくと、国の財政支出には予算とその根拠となる法律の双方が必要となる。法律の実施に予算の裏付けが必要な場合、法律の誠実な執行義務（73条1号）を有する内閣は、法律の執行に伴う予算案を計上すべき義務を負うことが求められる。②について、予算法律説によれば、法律である以上、国会は予算を自由に修正できる。これに対し、予算法規範説に基づくと、国会は、内閣の予算提案権を損なわない範囲内で、増額修正・減額修正が可能であると考えられる。さらに予算行政説によれば、国会は予算の可否しか決せず、一部否決はまだしも、特に増額修正は不可能であるとされる。

（3）　国費の支出と国の債務負担　　憲法は、国の支出や国の債務負担に国会の議決を要求する手続的統制を課すだけでなく、一定の対象への国費の支出を禁止する。「宗教上の組織若しくは団体の使用、便益若しくは維持のため」の公金支出の禁止（89条前段）と「**公の支配**に属しない慈善、教育若しくは博愛の事業」への**公金支出の禁止**（89条後段）である。

☞「宗教上の組織若しくは団体の使用、便益若しくは維持のため」の公金支出の禁止は、**政教分離**原則（20条）を国費の支出の面から規定するものであり、「公の支配に属しない慈善、教育若しくは博愛の事業」への公金支出の禁止は、公費濫用防止のためのものであると解されている。「慈善、教育若しくは博愛の事業」は、それへの補助金支出を容易に正当化しやすく、公費が濫用される危険があるので、財政的な監督という意味で「公の支配」を求めるのである（欧米では、教会が一体としてこれらの事業を運営することが多いため、一体的規定になりやすい）。しかし、「公の支配」を財政的な監督という意味に解すると、私立学校への補助金などの助成（私学助成）は違憲の疑いが生じてくる。

☞そこで「公の支配」を「当該事業の人事、予算等に公権力が直接的に関与することを要するもの」と解するのではなく、「国又は地方公共団体等の公の権力が当該教育事業の運営、存立に影響を及ぼすことにより、右事業が公の利益に沿わない場合にはこれを是正しうる途が確保され、公の財産が濫費されることを防止しうること」と緩やかに解することで、補助金などの助成は許されることになろう（**幼児教室公金支出差止請求事件**＝東京高判平2・1・29高民集43巻1号1頁）。こうした解釈などにより、多くの学説も、私学助成を合憲とする。

（4）　決算・財政状況報告　　決算とは、一会計年度における実際の収入支出の実績を数値で示すものであり、法規範性をもたない。決算は、財務大臣が作成し（財政法38条）、**会計検査院**が検査し、内閣が次年度に検査報告とともに国会に提出する（90条1項）。会計検査院は、決算内容の合法性と適格性を検査し、国会は、決算内容を批判し、予算執行者である内閣の責任を明らかにする。

＊　決算が国会で承認されなくても、すでに行われた支出は、無効になることはない。

そして、憲法は、「内閣は、国会および国民に対し、定期に、少なくとも毎年1回、国の財政状況について報告しなければならない」(91条) として、内閣に財政状況の報告義務を課している。

Ⅵ　議院の権能

憲法は、国会に付与された権能とは別に、各議院に独自の権能を付与している。具体的には、自律権と**国政調査権**に大きく分けることができる。

1 自 律 権

自律権とは、議院が他の議院や他の国家機関から監督や干渉を受けずに自らの内部組織や運営などについて自律的に決めることができる権能である。

（**1**） 内部組織に関する自律権　　（ i ） **議員逮捕の許諾および釈放の要求** (50条、本章Ⅶ 2 参照)

（ii） **議員の資格に関する争訟の裁判** (55条)　　**議員の資格に関する争訟の裁判**は、憲法76条の例外であり、その議員の所属する議院の権能である。議員の資格とは、憲法と法律で定められる議員の資格 (44条) であり、**被選挙権**を有すること (公選法10条、11条、11条の 2 、国会法109条)、国会議員との兼職が禁止されている職務に就いていないこと (48条、国会法39条、108条) である。この争訟の裁判手続は、国会法に規定され (国会法111条-113条)、議席を失わせるには、本会議で出席議員の 3 分の 2 以上の多数による議決が必要である (55条但書)。そして、この裁判に不服があっても、さらなる司法的救済を求めることはできない。ただし、議員の資格の存否は比較的明確なことから、争訟が起こるとは考えにくく、この裁判が行われたことはない。

（iii） 役員の選任 (58条 1 項)　　両議院は、それぞれ議長その他の役員を選任することができる。役員とは、議院の運営にあたる職員のうち、重要な地位にある者であり (通説)、各議院の議長、副議長、仮議長、常任委員長および事務総長を指す (国会法16条)。これらの中で、事務総長だけは議員以外の者から選ばれる (国会法27条)。各議院の議長は、「その議院の秩序を保持し、議事を整理し、議院の事務を監督し、議院を代表する」（国会法19条）。

（**2**）　運営に関する自律権　（ⅰ）　**議院規則の制定**（58条2項前段）　両議院は、それぞれ会議その他の手続および内部の規律に関する規則を定めることができる（**国会中心立法の原則**の例外）。例えば、**衆議院規則**、**参議院規則**、参議院**緊急集会**規則などがある。これらは、他の議院や他の国家機関から、議院の手続・内部規律について干渉を受けずに自主的に決定できるようにするためのものである。

☞しかし、現実には、国会法も議院の手続・内部規律について詳細に規定していることから、議院規則と国会法の効力上の関係が問題となる。通説は、両議院の議決で成立する法律が一院のみの議決で成立する議院規則よりも優越するという法律（国会法）優位説である。もっとも、議員規則制定権は各議院の運営に関する**自律**権の確保のためにあることを踏まえると、議院の手続・内部規律については議院規則が優越するという規則優位説が有力になりつつある。

（ⅱ）　**議員の懲罰**（58条2項前段）　憲法は、一方で院内での議員の行動について院外での責任を免除し、他方で両議院が院内の秩序を乱した議員を懲罰することができるとする。ここにいう院内とは、議事堂内だけでなく、議事堂外での議員としての活動も含まれている。懲罰対象は、院内の秩序を乱した場合であり、具体的な懲罰事由が国会法や議員規則に定められている（国会法124条、衆議院規則238条、244条、参議院規則235条、236条、244条）。懲罰には、公開議場における戒告、陳謝、一定期間の登院禁止、除名がある（国会法122条）。ただし、**除名**には、出席議員の3分の2以上の多数による議決が必要である（58条2項但書）。

さらに、議院の運営に関する自律権を保障するために、法律で、議長が議院の内部警察権を行使し（国会法114条）、国会の財政的自律を図ること（国会法32条、財政法17-21条）が定められている。

（**3**）　自律権と司法審査　☞両議院が自律的に決めることのできる議事手続や懲罰に対して、裁判所の審査権が及ぶのかが問題とされてきた。学説は、議事手続や懲罰が議院の自律権に基づき決定されたことを理由に、裁判所の審査権が及ばないと解してきた。最高裁は、**警察法改正無効事件**（最大判昭37・3・

7民集16巻3号445頁）において、「裁判所は両院の自主性を尊重すべく同法（警察法）制定の議事手続に関する」「事実を審理してその有効無効を判断すべきではない」と判示し、議事手続には裁判所の審査権が及ばないと判示した。

＊ 地方議会議員の除名処分については、**米内山事件**（最大決昭28・1・16民集7巻1号12頁）において裁判所の審査権が及ぶと判示した。また、出席停止処分については、地方議会議員が「議事に参与して議決に加わるなどの議員としての中核的な活動をすることができず、住民の負託を受けた議員としての責務を十分に果たすことができなくなる」ことに鑑み、出席停止処分が「議員の権利行使の一時的制限にすぎないものとして，その適否が専ら議会の自主的，自律的な解決に委ねられるべきであるということはできない」と判示し、従来の判例を変更した（最大判令2・11・25民集74巻8号2229頁）。

2 国政調査権

（**1**） 意 義 **国政調査権**（62条）は、両議院に与えられた国会の地位と活動を強化するための権能である。その実効性を高めるため、**議院証言法**は、「証人として出頭及び証言又は書類の提出を求められたとき」、何人も「これに応じなければならない」（1条）と定め、不出頭、書類不提出、宣誓拒絶、偽証に刑事罰を科す。

コラム 国政調査権は、17世紀のイギリスに起源を有する。議会が国政に関する情報を収集し、それに基づき立法その他の国政上の重要な権限を行使するために認められてきたのである。

（**2**） 国政調査権の性格 国政調査権の性格は、1949年の**浦和事件**をめぐり争われた（参議院法務委員会が、当該事件の第一審判決について、被告人や担当検事などを証人として調査し、量刑が不当であるとの決議を行った）。委員会は、調査権を国会の最高機関性に基づく国権を統括するための手段と捉え（**独立権能説**）、国政全般にわたり調査・批判・監督することができると主張し、最高裁は、調査権を国政の実態を把握し、国会や議院に付与された権限を有効に行使するための補助的手段と捉え（**補助的権能説**、通説）、委員会の調査を司法権の独立を脅かすものであると批判した。もっとも国会・議院の権能が広汎であることを踏まえると、いずれの説をとっても、調査権は国政全般に及ぶことになる。

＊　最近では、調査権を国政に関する情報を収集・開示し、国民の**知る権利**に応えるための機能であると解する見解が見られる。しかし、国民の知る権利に応えることを理由として、調査権の発動を広汎に正当化することは難しいであろう。

（**3**）　国政調査権の限界　　☞国政調査権には、調査の目的・対象・方法との関係で限界がある。調査の目的は、議院の憲法上の権能を実効的に行使するためのものでなければならない。調査の対象・方法には、権力分立原則（ⅰ、ⅱ、ⅲ）と人権保障（ⅳ）の観点から限界がある。

（ⅰ）　司法権との関係　　調査権は、**司法権の独立**の要請から一定の制約を受ける。したがって、裁判官の自由な心証形成に事実上何らかの圧力や影響を与えるような調査は許されない。例えば、裁判所の具体的な訴訟指揮を調査し批判することや、個別の裁判の内容の当否を批判するような調査などが挙げられる。もっとも、議院が裁判所で現に審理されている事件を裁判所と異なる目的で並行調査することは、直ちに司法権の侵害になるとは考えられていない（二重煙突事件＝東京地判昭31・7・23判時86号3頁）。また、予算や立法など司法行政は、調査権の対象となる。

（ⅱ）　検察権との関係　　検察権は、行政権の作用なので、調査権の対象となる。しかし、検察権は、裁判と密接な関係を有する準司法的作用でもあるから、司法権に準ずる独立性を認めなければならない。起訴・不起訴について政治的圧力をかけることが目的と考えられる調査、捜査や公訴追行の内容を対象とする調査、そして、捜査の続行に重大な支障を来す方法で行われる調査は認められない（**日商岩井事件**＝東京地判昭55・7・24刑月12巻7号538頁）。もっとも、検察捜査と異なる目的で並行した調査権の行使は許される。

（ⅲ）　行政権との関係　　国会の広汎な行政監督権限から、調査権の行使も積極的に期待されている。しかし、公益に関わる秘密など調査権を制限しなければならない場合もある。この点については、公務員が「職務上の秘密」を理由に証言等を拒否した場合、議院はその理由の疎明を求めることができ、議院がその理由を受諾できないときは、内閣が「その証言又は書類の提出が国家の重大な利益に悪影響を及ぼす」旨の声明を出さない限り証言を強制できる、とする（議院証言法5条）。調査権の行政監督的性格に鑑みると、「職務上の秘密」

の範囲は、狭く解さなければならない。

（iv） 人権との関係　　調査権の行使といえども、証人の**プライバシー**や思想良心に関わる事項について証言を求めることはできない（議院証言法7条1項)。議院証言法は、証人の人権について一定の配慮を行っている。例えば、証人は、議長等の許可を得れば弁護士を補佐人として選任でき（議院証言法1条の4)、不利益供述を強要されない権利（38条1項）が保障される（議院証言法4条1項)。ただし、議員、閣僚など公人のプライバシー侵害を理由とする証言拒否は、調査権の意義に照らし、制限できる。

＊　調査権は、議院や委員会の多数決により行使される。もっとも、議会多数派が内閣を形成する議院内閣制の下で、調査権に行政監視を期待することには限界がある。そこで、衆議院に**予備的調査制度**が設けられた（衆議院規則56条の2、56条の3)。①委員会は、衆議院事務局の調査局長又は法制局長に対し、委員会審査又は調査のために必要な予備的調査を行い、その結果を記載した報告書を提出するよう命じることができ、②40人以上の議員も、委員会が予備的調査の命令を発するよう議長に要請することができることにした。また、スウェーデンのように行政活動の監視を行う**オンブズマン制度**を導入することも有効であろう。

Ⅶ　議員の特権

憲法は、国会議員に対して、その職務遂行のために**歳費受領権**（49条)、**不逮捕特権**（50条)、**免責特権**（51条）を与えている。

1　歳費受領権

歳費とは、年度を基準とする一定額の支給金を意味する。その性質について、歴史的には議員活動に必要な経費の弁済とされてきたが、現在では議員の職務に対する報酬と解されている（通説)。歳費は、一般職の国家公務員の最高の給料額より少ない額（国会法35条）が月ごとに支給される。ほかに、国会議員には通信手当、旅費、期末手当、文書通信交通滞在費、退職金なども支給される（国会法36条、38条、国会議員の歳費、旅費及び手当等に関する法律8条以下)。

コラム　中世の**身分制議会**では、議員は選出母体の代理人であるので、議員の選出母体が議員の報酬や経費を負担していた。近代議会の草創期も、議員は名誉職であり、無報酬であった。しかし、選挙権が拡大し、財産をもたない者（無産階級・労働者層）が議員になるためには、無報酬であることが障害となった。歳費受領権は、財産をもたない者が議員となり政治に参加することを促すものであった。

2　会期中の不逮捕特権

（1）　会期中の不逮捕　　**不逮捕特権**は、国会の会期中に認められ、会期外（閉会中）には認められない。参議院の**緊急集会**は、国会の会期外に開催されるが、国会の職務を暫定的に代行するので、参議院議員にも不逮捕特権が認められる（国会法100条）。

☞逮捕とは、刑事訴訟法上の逮捕に限定されず、行政上の身体拘束を含む公権力による身体的拘束一般を指す。したがって、会期中に身柄不拘束のまま刑事訴追することは可能である（東京地判昭37・1・22判時297号7頁）。また、不逮捕特権は、議員が会期中に起訴されないことまで認めるものではない。

（2）　意義・例外　　☞しかし、「法律の定める場合」には、議員の逮捕が認められる。院外における現行犯罪の場合とその院の許諾がある場合である（国会法33条）。現行犯罪の場合に逮捕が認められるのは、犯罪事実が明白で不当な逮捕が行われる恐れが少ないからである。これに対し、議院の許諾の下で逮捕を認める場合、不逮捕特権の意義の捉え方によって許諾の判断基準に違いが生じる。その意義を、①政府による不当な逮捕から議員の**身体的自由**を保障することと捉えると、逮捕の正当性の有無が許諾の判断基準となり、②議員が国会審議に参加し、議院の活動を確保することと捉えると、逮捕が議院の活動を妨げるか否かが許諾の判断基準となる。これらの見解は、相互に排斥し合うものではないので、両者を総合して解する見解も有力である。

（3）　期限・条件付逮捕許諾の可否　　さらに、議院が逮捕許諾を与える場合に、条件や期限を付けることができるかが問題となる。学説には、不逮捕特権の意義を①と捉え、許諾を与える以上、検察庁・裁判所にその後の措置を委ねるべきとする消極説と、不逮捕特権の意義を②と捉え、議院が許諾を全面的に拒否できる以上、条件や期限を付けることができるとする積極説がある。

〔判　例〕 **★期限付逮捕許諾請求事件**（東京地決昭29・3・6判時22号3頁）
衆議院が有田八郎議員の逮捕許諾に際し、重要案件の審議・議決における同議員の出席の必要を理由に3月3日までとの期限を付したことが争われた事件において、裁判所は、不逮捕特権の意義を①と捉え、「議員に対しては一般の犯罪被疑者を逮捕する場合よりも特に国政審議の重要性の考慮からより高度の必要性を要求することもあり得る」が、こ「の観点において適法にして且必要な逮捕と認める限り無条件にこれを許諾しなければならない」と判示した。

3 発言・表決の免責特権

（**1**） 意　義　　免責特権は、国会議員の院内での自由な職務遂行を確保するために設けられている。

コラム　免責特権は、イギリスにおいて、議会の審議が王権によって妨害された（1397年に、王室経費の削減を論じようとして反逆罪に問われたり、1629年には、前年の権利請願を理由に投獄されたりしたことがあった）ことから、議員の自由な職務遂行を確保するために、1689年の権利章典で確定したものである。

（**2**） 対　象　　免責特権により免責される人は国会議員であり、国会議員であっても内閣総理大臣や国務大臣として行った発言は免責されない。

＊　地方議会議員の免責特権について、最高裁は、国会の「理をそのまま直ちに地方議会にあてはめ、地方議会についても、国会と同様の議会自治・議会自律の原則を認め、さらに、地方議会議員の発言についても、いわゆる免責特権を憲法上保障しているものと解すべき根拠はない」と判示した（最大判昭42・5・24刑集21巻4号505頁）。

免責される国会議員の行為は、免責特権の意義に沿うように解されている。すなわち、「議院で行つた」とは、本会議での活動だけでなく、委員会における活動も含まれ、また、議事堂外であっても地方公聴会のように議員としての活動と認められれば含まれる。また「演説、討論又は表決」とは、議員の職務活動に付随する行為も含むと解される（**第1次国会乱闘事件**＝東京地判昭37・1・

22判時297号7頁、**第2次国会乱闘事件**＝東京地判昭41・1・21判時444号19頁および東京高判昭44・12・17高刑集22巻6号924頁)。しかし、暴力行為は、免責される議員の行為には含まれず(第2次国会乱闘事件＝東京高判昭44・12・17高刑集22巻6号924頁)、職務に無関係な野次や私語も保護の対象外となる。

(3)　免　責　「院外で責任を問われない」とは、国会議員が民事・刑事責任、懲戒責任を負わないことを意味する(例えば、国会議員は院内での発言に対して、刑法上の**名誉毀損**罪、民事上の不法行為責任が問われることがない)。免責されるのは院外での法的責任であるから、院内での懲罰は免責されず、所属政党による除名などの制裁や国民による政治責任の追及を妨げるものではない。

☞従来、免責特権は絶対的なものと考えられてきたので、国会議員の発言によって、個人の名誉や**プライバシー**が侵害されて被害を受けることがあっても救済されることはなかった。国会議員には法的責任を問えないとしても、被害者救済の必要性から、国の法的責任を認める必要があるとの指摘が強い。

〔判　例〕　**★院内発言名誉毀損事件**(最判平9・9・9民集51巻8号3850頁)

国会議員の発言が病院長の名誉を毀損し、自殺に追い込んだとして、病院長の妻が、国会議員と国に損害賠償を求めた。最高裁は、「国会議員が国会で行った質疑等において、個別の国民の名誉や信用を低下させる発言があった」場合に、国の損害賠償責任を肯定するには、「国会議員が、その職務とはかかわりなく違法又は不当な目的をもって事実を適示し、あるいは、虚偽であることを知りながらあえてその事実を適示するなど、国会議員がその付与された権限の趣旨に明らかに背いてこれを行使したものと認め得るような特別の事情があることを必要とする」と判示した。

【参考文献】

原田一明『議会制度』(信山社、1997)
杉原泰雄＝只野雅人『憲法と議会制度』(法律文化社、2007)
大山礼子『日本の国会』(岩波書店、2011)
中島誠『立法学』〔第4版〕(法律文化社、2020)

第14章　内　　閣

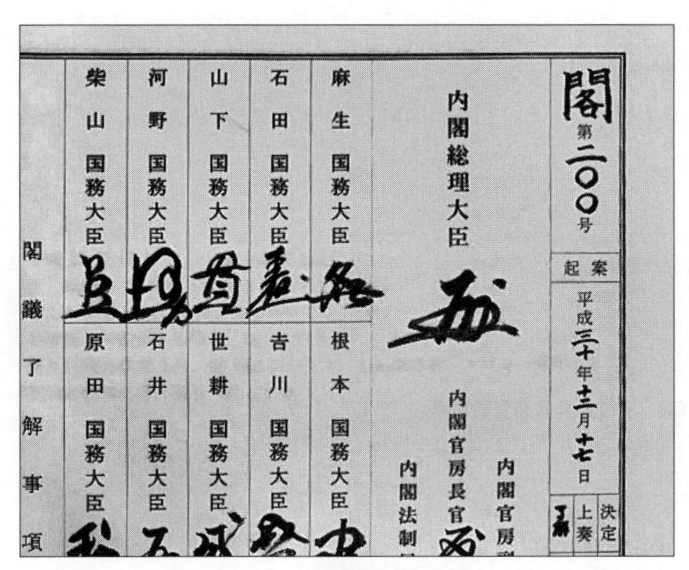
閣
第二〇〇号
起案
平成三十年十二月十七日
決定
上奏
内閣官房
内閣官房長官
内閣法制
内閣総理大臣
麻生　国務大臣
石田　国務大臣
山下　国務大臣
河野　国務大臣
柴山　国務大臣
根本　国務大臣
吉川　国務大臣
世耕　国務大臣
石井　国務大臣
原田　国務大臣
閣議了解事項

閣議書
閣議で結論が得られた案件については閣議書が作成される。明治期以来の伝統に従って、各国務大臣は花押によって閣議書に署名する。
出典：首相官邸ホームページ

I　内閣の性格・地位

1　議会と政府の関係

内閣とは、三権のうち行政権を担当する合議制の機関のことをいう。日本国憲法は、第５章において内閣について規定し、その冒頭において「行政権は、内閣に属する」(65条) ことを明らかにしている。

日本国憲法によれば、内閣は国会の信任に依拠するものとされており、**議院**

内閣制が採用されている。議院内閣制は、議会と政府の関係に関する形態の一つであり、諸外国においては、それと異なる制度が見られる。そのうち特に重要なものとして、**大統領制**が挙げられる。大統領制において、議会と政府は国民によって別々に選出される。それゆえ、両者は独立して立法権と行政権を行使するものとされており、大統領は議会から不信任決議を受けることはなく、議会は大統領によって解散されることはない。このような制度の典型例は、アメリカの大統領制である。

その他の類型としては、政府が議会から選任され、それに服従する会議制（または議会統治制）がある。この制度を採用する代表的な国は、スイスである。

コラム　アメリカの純粋な大統領制と異なり、大統領制と議院内閣制とを混合した**半大統領制**と呼ばれる統治制度がある。半大統領制の特徴は、大統領が議会の解散権をもつこと、また、首相は大統領によって任命されるが、議会の信任を在職要件とすることにある。1958年のフランス第5共和制憲法は、この制度を採用していることで知られる。なお、ドイツは、大統領は存在するが、名目的な権力しかもたないため、議院内閣制をとっているとされる。

2 議院内閣制

今日多くの国々において採用されている議院内閣制は、18世紀から19世紀の初頭にかけて、イギリスにおいて成立した。当時の内閣は、国王と議会との対抗関係の間にあって、両者に対して責任を負うものとされていた（**二元的議院内閣制**）。つまり、内閣は、国王によって任命されると同時に、議会（下院）の信任を受けていることが、その在職要件とされていた。ここでは、議会が内閣不信任決議を、国王が議会解散権をもち、双方の力を相互に均衡させることが議院内閣制の本質であると考えられた。

しかし、19世紀の中頃になると、内閣が国王から独立すると同時に、民主主義の発展によって議会の権力が増大し、議院内閣制は、その当初の形態から変容する。すなわち、内閣は、国王と議会の双方に責任を負うのではなく、もっぱら議会に対して責任を負うようになる（**一元的議院内閣制**）。この制度においては、内閣と議会の力の均衡ではなく、国民代表である議会が内閣を民主的にコントロールすることが重視された。このような議院内閣制の典型とされるのが、フランス第３共和制憲法である。ここには、解散権が定められていたにもかかわらず、大統領がそれを行使することはほとんどなかった。

☞このように、議院内閣制にはさまざまな形態があり、その中身は時代により国により異なる。しかし、それらに共通する要素を挙げるとすれば、次の３つに要約できる。すなわち、①議会と政府（内閣）とが一応分立していること、②内閣が議会に対して連帯して責任を負うこと、③内閣が議会の解散権を有することである。議院内閣制は、①に関して会議制と異なり、②に関しては大統領制から区別される。

☞もっとも、③の解散権を議院内閣制の必須の要素に含めるかについては、争いがある。すなわち、立憲君主制期における議院内閣制の本来の目的に従って、内閣と議会の権力の均衡を図ることを重視するならば（**均衡本質説**）、内閣が議会の解散権を有することは不可欠の要素となる。これに対して、議院内閣制の本質を、内閣の議会に対する責任にあるとする場合（**責任本質説**）、解散権はその必須の要素であるとはいえない。

3 日本における議院内閣制

日本では、1885年に内閣制度が成立した。1889年に制定された**大日本帝国（明治）憲法**は、「国務各大臣ハ天皇ヲ輔弼シソノ責ニ任ス」（明治憲法55条）と規定し、**国務大臣**はそれぞれ天皇に対して責任を負うものとされた。それゆえ、当初は、**内閣総理大臣**およびその他の国務大臣は、天皇によって任命され、議会勢力とは無関係に内閣が組織されていた（**超然内閣**）。しかし、政党が発達するにつれて議会の意向を無視できなくなり、内閣総理大臣が衆議院の多数派から選出されるようになった。つまり、明治憲法の運用において、議院内閣制の慣行が確立された。さらに、大正デモクラシー期においては、二大政党の党首が順番に入れ替わるようになり、それが**憲政の常道**であるとされた。しかし、1930年代に入ると軍部が台頭し始め、政党政治は崩壊した。

☞これに対して、日本国憲法は、議院内閣制を明文で規定している。すなわち、上述の①～③の要素に沿って説明すると、①立法権と行政権がそれぞれ国会と内閣によって担われることを前提として（41条・65条）、②内閣が国会に対して連帯して責任を負うこと（66条3項）、衆議院が内閣不信任決議権を有すること（69条）、内閣総理大臣が国会議員の中から選ばれること（67条1項・6条1項）、国務大臣の過半数が国会議員の中から選ばれること（68条1項但書）、そして内閣総理大臣およびその他の国務大臣が議院に出席し、発言すること（63条）が規定されている。さらに、③内閣には、衆議院の解散権が認められている（69条・7条3号）。

もっとも、日本国憲法における議院内閣制の本質をどのように解するか、つまり責任本質説をとるべきか、均衡本質説をとるべきかについて、見解は一致していない。かつては責任本質説をとり、国会による内閣のコントロールを重視する見解が有力であった。しかし、近年では、議会のみならず内閣も国民を基礎とする機関であるとして、議会と内閣の双方が国民の支持を求めて競い合うことを議院内閣制のあるべき姿であるとする見解も見られる。

コラム　議院内閣制のあり方をめぐっては、特に1990年代に、それを国民内閣制として理解しようとする説が提唱され、注目を集めた。すなわち、議会と政府の関係は、従来もっぱら権力分立の観点から論じられてきたのに対し、この説は、国民–議会–内閣の連関に着目する。そして、現代国家において国政の中心的役割を担うのは議会ではなく内閣であることを前提に、内閣による政治に民意を直接反映させるべく、国民が首相と政治プログラムを事実上選択できるような議院内閣制の運用を要求する。もっとも、内閣のこのような位置づけが憲法上適切であるか、またこの制度が現実に機能しうるかについては異論もある。

Ⅱ　内閣・行政機関の組織・構成・活動

1　内閣の組織・構成

☞明治憲法には、内閣に関する規定が置かれていなかった。すなわち、そこでは、国務各大臣が天皇を輔弼することのみが規定され、合議体としての内閣に関しては、天皇の勅令である内閣官制がこれを定めていた。内閣官制によれば、内閣総理大臣は他の国務大臣と同格であるとされたため、その地位は**同輩**

中の首席に過ぎないと考えられていた。これに対して、日本国憲法は、内閣を憲法によって規定すると同時に、内閣総理大臣を内閣の**首長**として位置づけた（66条1項）。また、そのリーダーシップの強化を図るため、内閣総理大臣に**国務大臣の任免権**が与えられることになった（68条）。

（**1**）　内閣の成立　☞日本国憲法は、「内閣は、法律の定めるところにより、その首長たる内閣総理大臣及びその他の国務大臣でこれを組織する」（66条1項）ことを定めている。内閣総理大臣は、「国会議員の中から国会の議決で、これを指名する」（67条1項）。国会の指名がなされた後、衆議院議長は内閣を経由して天皇に奏上し（国会法65条2項）、天皇が内閣総理大臣を任命する（6条1項）。任命を受けた内閣総理大臣は、国務大臣を任命する（68条1項）。ただし、国務大臣の過半数は、国会議員の中から選ばれなければならない（68条1項但書）。国務大臣は、内閣総理大臣によって任命された後、天皇によって認証される（7条5号）。

なお、国務大臣の人数については内閣法に規定があり、14人以内とされている。もっとも、特別に必要がある場合は、3人を限度に増加し、17人以内とすることができる（内閣法2条2項）。

（**2**）　内閣の総辞職　☞憲法は、内閣が**総辞職**をしなければならない場合として、①衆議院が**内閣不信任**の決議案を可決し、または信任の決議案を否決した場合に、10日以内に衆議院が解散されないとき（69条）、②内閣総理大臣が欠けたとき、③衆議院議員総選挙の後に初めて国会の召集があったとき（以上70条）を挙げる。戦後、内閣不信任決議が可決されたのは4回だが、いずれの場合も衆議院が解散され、内閣の総辞職はなされなかった。内閣総理大臣による自発的な辞職も、認められると解されている。憲法は、このような自発的な辞職について規定していないが、それは上記の②の場合に含まれるとされている。

内閣は、総辞職をした後も、新しい内閣総理大臣が任命されるまでは、引き続きその職務を行う（71条）。もっとも、国会は、他のすべての案件に先立って内閣総理大臣の指名を行わなければならない（67条1項）。なお、解散による総選挙があった場合には、選挙の日から30日以内に特別会を、任期満了による総選挙の場合は、任期の始まる日から30日以内に臨時会を召集するものとされている（54条、国会法2条の3）。

コラム　参議院は問責決議を行い、内閣総理大臣や国務大臣の政治責任を問うことがある。しかし、衆議院で内閣不信任決議が可決されると、憲法上、内閣は総辞職するか、衆議院を解散しなければならないのに対して（69条）、問責決議は憲法に規定がなく、可決しても法的拘束力を有しない。その理由は、内閣が参議院の解散権をもたず、また内閣の地位を不安定にならないようにするためだとされている。

（**3**）　文民条項　　憲法66条2項によれば、「内閣総理大臣その他の国務大臣は、**文民**でなければならない」。**文民統制**（シビリアン・コントロール）とは、文民である政治家が軍隊を統制する体制を指す。日本国憲法の制定過程において、日本政府は当初、戦力不保持を定めた憲法9条2項がある以上、文民条項は不要であるとしていた。しかし、極東委員会が文民条項の規定を強く要求したため、貴族院の審議段階においてそれが挿入されることになった。

本規定に関連して最初に問題となったのは、戦前の職業軍人を文民と見なすか否かであった。多数説は、文民を職業軍人の経歴を有しない者と定義したが、これに対して、元軍人であっても強い軍国主義思想をもたない者についてはこれを文民と見なす、有力な見解が唱えられた。

その後、自衛隊が設立され、争点は自衛官を文民と解するかという点へ移行した。現役の自衛官が文民ではないことについて、学説に争いはない。しかし、元自衛官が文民に含まれるかについては、意見が分かれている。

コラム　自衛官の経歴を有する者が文民であるといえるかについて、政府はこれを肯定している。その理由は、戦前の軍人が終身官であり、退役後も引き続きその地位を有していたのに対して、現在の自衛官は、現役の間のみの官職だからである（内閣法制局長官の答弁（1961年））。実際に、元自衛官が国務大臣（防衛大臣を含む）の職に就いた例がある。

2　内閣の活動

憲法は、内閣がその権能を行使する方法について規定を置いていない。この点については、内閣法が、「内閣がその職権を行うのは、**閣議**によるものとする」（内閣法4条1項）ことを定めている。閣議は、内閣総理大臣およびその他の国務大臣により構成されるが、案件の説明等のために、内閣官房副長官と内閣法制局長官が陪席する。

閣議には、定例閣議、臨時閣議、持ち回り閣議の3種類がある。**定例閣議**は、毎週火曜日と金曜日に、総理官邸の閣議室において午前10時から開催される（ただし、国会開会中は、国会議事堂内の閣議室において午前9時から開催される）。これに対して、**臨時閣議**は、緊急を要する場合等に、必要に応じて開催される。内閣法によれば、内閣総理大臣は「内閣の重要政策に関する基本的な方針その他の案件を発議する」（内閣法4条2項）こと、また各国務大臣は「案件の如何を問わず、内閣総理大臣に提出して、閣議を求める」（内閣法4条3項）ことができる。**持ち回り閣議**とは、内閣参事官が閣議書を持って各大臣を回り、署名を集めることによって、閣議決定を行う方法をいう。持ち回り閣議は、閣議を開く時間的余裕がない場合や、軽微な事案の場合に行われる。

☞内閣総理大臣は、閣議を「主宰」することとされている（内閣法4条2項）。ただし、閣議における意思決定については、**全員一致制**がとられている。全員一致制は、国務大臣が天皇を単独で輔弼する体制をとっていた明治憲法以来、慣行として維持されてきた。しかし、内閣を一体的な組織として規定する日本国憲法において、そのような慣行が必要であるかについては疑問が呈されており、むしろその意思決定を困難にするとの見解も有力である。また、全員一致制の根拠として、内閣の国会に対する連帯責任（66条3項）が挙げられることもある。しかし、多数決において少数派となった閣僚がいたとしても、その閣僚が内閣にとどまる限り、連帯性は維持できるとの反論もなされている。

閣議による意思決定には、閣議決定と閣議了解の2つがある。**閣議決定**は、合議体である内閣の意思決定を必要とするものについて行われ、**閣議了解**は、本来は国務大臣の権限によって決定できるが、その他の国務大臣の意向を確認することが相応しい重要な案件について行われる。なお、審議会の答申等を閣議において報告することは、閣議報告と呼ばれる。

閣議は非公開とされているが、2014年以降、閣議と閣僚懇談会の議事録が作成され、首相官邸ウェブサイトに公表されることになった。

3　内閣と行政各部

（1）　行政事務の分担管理　　憲法72条によれば、内閣は、**行政各部を指揮監督**する。内閣の下には、現在、1府14省庁を中心とする行政機関が置かれており、それぞれがその所掌する事務を行っている。これら行政各部に対する指揮監督を効率的に行うために、内閣総理大臣は国務大臣の中から各省大臣を任命し、それらの大臣が主任の大臣として、各分野の行政事務を**分担管理**することになっている（内閣法3条1項、国家行政組織法5条）。例えば、外務大臣は外務省の長として、文部科学大臣は文部科学省の長として、各省の事務を分担管理する。内閣総理大臣も、内閣府の長であるとされている。ただし、国務大臣は、必ずしも主任の大臣である必要はない（内閣法3条2項）。行政事務を分担管理しない大臣は、無任所大臣と呼ばれる。

（2）　内閣の補佐機関　　内閣が行政各部の指揮監督を適切に行うために、内閣を補佐する特別の機関が法律によって設けられている。このような機関として、内閣官房、内閣府、内閣法制局などがある。

内閣官房と内閣府は、ともに省庁間の総合調整を行うための機関である。そのうち**内閣官房**は、内閣総理大臣を直接に補佐し、内閣の重要課題について広く基本方針の策定等を行う。これに対して、**内閣府**は、内閣および内閣官房を助け、内閣の重要課題のうち特定の事項について、各省よりも一段高いところから恒常的・専門的に総合調整を行う機関である。内閣府には、重要政策に関する会議として、経済財政諮問会議、総合科学技術・イノベーション会議などが置かれ、「知恵の場」としての役割が期待されている。

内閣法制局は、法令の解釈について各省庁または関係各省間で争いが生じた場合に、その求めに応じて意見を述べること（意見事務）、および、内閣の提出する法律案、政令案、条約案の内容・形式について審査を行うこと（審査事務）を、その任務とする。審査事務においては、法律案等の合憲性も審査される。内閣法制局の憲法解釈は、事実上、政府の有権解釈と見なされてきた。

コラム　日本では長年、官僚主導の政治が行われ、その弊害が指摘されてきた。そこで、官僚支配を打破し、政治主導への転換を図るために、1990年代に行政改革が行われた。2001年には中央省庁の再編が行われ、内閣官房の機能が強化されたほか、内閣府が新たに設置された。また、その存在意義が不明確であった政務次官の職を廃止し、副大臣・大臣政務官が、各省にそれぞれ1～3名ずつ、大臣を補佐するために置かれることになった。

(3) 内閣総理大臣の指揮監督権　☞内閣総理大臣は、「内閣を代表して議案を国会に提出し、一般国務及び外交関係について国会に報告し、並びに行政各部を指揮監督する」(72条)。この規定については、内閣総理大臣が単独で指揮監督権を行使できるかが争われてきた。一方の見解によれば、憲法はあくまでも、内閣総理大臣が「内閣を代表して」指揮監督権を行使することを想定しているとされる。この見解は、内閣法が「内閣総理大臣は、閣議にかけて決定した方針に基いて、行政各部を指揮監督する」(内閣法6条) と定めていることとも整合する。他方で、日本国憲法が、内閣総理大臣のリーダーシップを強化したことの意味を重く受け止めて、その単独による指揮監督を可能であるとする立場もある。最高裁は、**ロッキード事件丸紅ルート**(最大判平7・2・22刑集49巻2号1頁) において、「閣議にかけて決定した方針が存在しない場合においても」、内閣総理大臣が指揮監督権を行使することは可能であると判示した。

〔判　例〕 **★ロッキード事件丸紅ルート**(最大判平7・2・22刑集49巻2号1頁)
航空機製造会社であるロッキード社が、自社の旅客機を売り込むために、商社丸紅を通じて、当時現職であった田中角栄総理大臣等に賄賂を渡したことが問題となった事件。賄賂罪の成立には、賄賂の収受が職務に関して行われたことが必要であるため、内閣総理大臣が運輸大臣に対して旅客機購入に関する指示を行う職務権限を有するかが、前提問題として争われた。最高裁は、「内閣総理大臣は、少なくとも、内閣の明示の意思に反しない限り、行政各部に対し、随時、その所掌事務について一定の方向で処理するよう指導、助言等の指示を与える権限を有する」と述べている。

Ⅲ　行　　　政

1　「行政権」の意味

☞憲法65条は、「行政権」が内閣に属することしか規定しておらず、その詳細について何ら定めていない。学説はかつて、行政権をすべての国家作用から立法権と司法権を除いた残りの作用であると、消極的に定義していた。この**控除説**は、権力分立の歴史的経緯に合致していること、多種多様な行政活動を包括的に捉えられることから支持を集め、通説としての地位を築いた。しかし、近年においては､行政権を積極的に定義しようとする学説が有力になっている。

☞そのような学説の一つが､行政権を国会の定立した法律の執行と定義する、**法律執行説**である。この説によれば、控除説は立憲君主制における行政権の説明としては適切であるが､国民主権をとる日本国憲法には合致しないとされる。なぜなら、立憲君主制において君主の行政権は法律なしに自由に行動できたのに対し、国民主権の下では、国民を代表する議会によって行使される立法権が最も重要であり、行政権は議会の定立した法律に基づいて行動しなければならないからである。このような立法権との関係を示すために、憲法65条の「行政権」は、法律の執行と定義されねばならないという。

☞その一方で、内閣の行政権を国政における基本政策の形成・推進を担う作用、すなわち「執政」であると定義する、**執政権説**も有力である。執政権説の主眼は、政治家から構成される内閣の本来的な作用を明らかにし、官僚中心の行政体制からの脱却を図ることにある。それゆえ、控除説のように、多様な行政活動を一括して定義することは適切ではない。つまり、法律の執行などの機械的・受動的・中立的活動と、憲法73条各号所定の法律案や予算の作成、外交関係の処理といった創造的・能動的・政治的活動とを区別した上で、後者が憲法65条にいう「行政権」に当たるとされる。

法律執行説は、執政権説が内閣に包括的な「行政権」を与えようとすることに懸念を示す。これに対して、執政権説は、法律執行説が内閣の作用を適切に記述できていないことを批判する。両説はともに有力であり、その見解の対立は決着を見ていない。

2 「内閣に属する」の意味

憲法65条は、行政権は「内閣に属する」ことを規定し、行政権の帰属先を内閣に限定している。このことは、明治憲法下において、内閣の関与しえない領域が大幅に認められていたことへの反省に立っていると考えられる。つまり、明治憲法によれば、皇室に関わる事柄や軍事等は天皇の大権事項とされ、国務大臣はこれらについて輔弼を行うことはできなかった。これに対して、日本国憲法は、内閣に行政権を集中させ、その内閣が国会に対して責任を負うことによって、行政活動に民主的コントロールを及ぼそうとしている。

もっとも、内閣は、行政権のすべてを直接行使するわけではない。そのほとんどは行政各部に委ねられ、内閣は行政各部を指揮監督する立場に立つ。しかし、行政機関の中には、内閣の指揮監督を受けず、独立して職権を行使する合議制の機関がある。そのような機関を、**独立行政委員会**と呼ぶ。例えば、独立行政委員会の一つとして、内閣府の外局に設置された**公正取引委員会**がある。公正取引委員会は、独占禁止法を運用し、市場における公正かつ自由な競争を促進するための機関であり、委員長および4名の委員は独立して職務を行うものとされている。内閣総理大臣による委員長・委員の任命には国会の同意が必要であり、また一旦任命されると原則として罷免されないなど、手厚い身分保障が与えられている。その他にも、内閣府の外局として設置される国家公安委員会、総務省の外局として設置される公害等調整委員会、内閣の所轄の下に置かれる人事院などの独立行政委員会があり、いずれもその職務の特殊性のゆえに中立的な権限行使が求められるため、内閣からの独立が認められている。

コラム　人事院は、国家公務員の採用試験、任免の基準設定等の人事行政や、国家公務員の労働基本権制約の代償措置として、勤務条件の改定等について国会および内閣へ勧告を行うこと等を任務とする。公務員は、憲法上「全体の奉仕者」(15条2項)であるとされ、中立性・公正性が強く求められることから、独立の機関として人事院が設けられている。

☞しかし、このように内閣から独立した行政機関を設置することは、憲法65条が行政権を内閣に帰属させたことと矛盾しないかが問題となる。学説は、独立行政委員会の設置を基本的に合憲としてきた。その理由として、当初は、それが他の行政機関と同様に内閣の下にあることが挙げられていた。すなわち、内閣が独立行政委員会の人事権や予算権をもっており、この点において内閣による統制が及ぶ以上、たとえ指揮監督からの独立が認められていたとしても、その活動はなお内閣に属するとされたのである。しかし、今日においては、独立行政委員会を憲法65条の例外であると認めた上で、それを許容しようとする見解が有力である。この見解によれば、①憲法76条が「すべて司法権は」と定めているのとは違って、憲法65条は「すべて行政権は」と規定していないことから、内閣に属さない行政機関は予定されている、②国会が独立行政委員会をコントロールできるのであれば、内閣の指揮監督権が及ばないとしても、憲法上許される、といった理由が挙げられている。ただし、行政委員会の独立の程度、職権行使の独立の必要性、国会によるコントロールの程度等はさまざまであることから、各機関の合憲性を判断する際には、これらの要素を総合的に考慮すべきであるとされている。

Ⅳ　一般行政事務以外の内閣の権能

1　憲法73条各号の権能

憲法73条は、「内閣は、他の一般行政事務の外、左の事務を行ふ」として、1号から7号においてその権能を列挙している。

（1）　法律の誠実な執行および国務の総理（1号）　内閣は法律の「誠実な」執行を要求されており、その意に沿わない法律であっても、法律の目的にかなった執行を義務づけられる。国務の総理については、「国務」の意味をめぐって、それを行政事務と解する説と、立法・司法も含む国政全般を指すと解する説とが対立してきた。後者は少数説であったが、近年では執政権説によって支持されている。執政権説にとって、国務の総理はまさしく内閣の執政機能を示すものだからである。

（2） 外交関係の処理および条約の締結（2号・3号）　明治憲法において、外交は天皇の大権事項とされていた（明治憲法13条）。日本国憲法においては、内閣にその権限が付与されるとともに、特に条約の締結については、「事前に、時宜によっては事後に、国会の承認を経る」ものとされている。

（3） 官吏に関する事務の掌理（4号）　官吏の任免も、かつては天皇の大権事項であった（明治憲法10条）。これに対して、日本国憲法においては、それが内閣の権能とされると同時に、法律によって基準を定めるものとされ、国家公務員法等が制定されている。なお、通説によれば、「官吏」とは、国家公務員のうち国会の議員・職員および裁判所の裁判官・職員を除く者と解されている。

> コラム　各府省の事務次官以下の職員の任免については、各大臣がこれを行うものとされてきた（国家公務員法55条1項等）。しかし、実際には一般職公務員の人事は官僚主導で決定されてきたため、政治主導への切り替えが検討されるようになった。その結果、2014年に内閣人事局が設置され、各府省の幹部人事を一元的に管理し、幹部職員約600名について、内閣官房長官が任命権者とともに適格性審査を行うことになった。しかし、改革によって人事の配置に官邸の意向が強く反映されるようになり、公務員の中立性・公正性が害されないかを懸念する向きもある。

（4） 予算の作成および国会への提出（5号）　内閣は毎年予算を作成し、国会に提出する（詳細は第13章参照）。

（5） 政令の制定（6号）　行政機関が定める命令のうち、内閣の制定するものを**政令**という。憲法41条は国会を「唯一の立法機関」と規定するが、政令は73条6号によりその例外として許されると解されている。すなわち、憲法73条6号本文は、「この憲法及び法律の規定を実施するため」の政令について規定しており、法律を執行するための**執行命令**が許容されることは明らかである。また、**委任命令**も、憲法73条6号但書において「法律の委任がある場合を除いては、罰則を設けることはできない」とされていることから、一定の条件の下において許されると考えられている（詳細は第13章参照）。明治憲法下においては、法律に基づかずに発布される緊急命令や独立命令（明治憲法8条・9条）

が認められていたが、日本国憲法の下では許されない。

（**6**）　恩　赦（7号）　　恩赦とは、国会の定めた法律に基づいて、裁判所が裁判によって確定した刑罰の効果を、訴訟手続によらずに一部消滅させ、または特定の犯罪について公訴権を消滅させる行為をいう。憲法73条7号は、恩赦として「大赦、特赦、減刑、刑の執行の免除及び復権」の5種類を定め、その決定を内閣の事務としている。恩赦について、明治憲法はこれを天皇の大権事項としていた（明治憲法16条）。これに対して、日本国憲法によれば、天皇は、国事行為として内閣の決定した恩赦を認証するだけである（7条6号）。恩赦は、国会および裁判所の行為を一部において覆す行為であり、**権力分立**の例外である。それゆえ、恩赦法が制定され、恩赦の種類および内容は、法律によって具体的に規定されたものに限られる。

2　国会に対する権能

内閣は、憲法73条各号に掲げられた権能の他にも、特に国会との関係においてさまざまな権限をもつ。

（**1**）　衆議院の解散権　　☞憲法69条は、「衆議院で不信任の決議案を可決し、又は信任の決議案を否決したとき」に、**衆議院の解散**を認めている。どのような場合に解散できるかを定めた条文は、憲法69条のほかには存在しない。したがって、このような条文の構造を素直にとれば、内閣の解散権は、憲法69条の定める内閣不信任の場合に限定されることになる（**69条限定説**）。

☞その一方で、衆議院の解散は、憲法69条の場合に限られないとする説も主張されてきた（**69条非限定説**）。そのうち有力であるのは、天皇の国事行為として衆議院の解散を定めた憲法7条を根拠とする、**7条説**である。7条説によれば、天皇の国事行為に対する「内閣の助言と承認」が解散の実質的決定権にあたるとされ、内閣はそれを根拠に、内閣不信任の場合以外にも衆議院を解散できるという。しかし、この説によれば、天皇の国事行為は「内閣の助言と承認」がなされて初めて、その政治性が除去されることになってしまう。それゆえ、7条説に対しては、天皇の国事行為は本来的に形式的・儀礼的行為のはずであるから、「内閣の助言と承認」以外に、解散の実質的根拠が求められねばならないとの批判がなされている（第17章も参照）。

コラム　69条非限定説には、内閣の自由な解散権の根拠を実質的に説明する、議院内閣制均衡本質説もある。しかし、前述のように、解散権を議院内閣制の必須の要素と見るかどうかについては争いがある。つまり、解散権の問題においては、日本国憲法がどのような議院内閣制を採用したかが問われている。それゆえ、ここで均衡本質的な議院内閣制を根拠に挙げれば、トートロジーに陥ることになる。

☞このような7条説への批判は、多くの論者から支持を集めた。しかし、実務上は憲法7条に基づく解散が何度も行われてきたこともあって、学説においては7条説への支持が多数を占めている。もっとも、7条説をとる場合であっても、内閣はいつでも衆議院を解散できるわけではなく、そこには限界があるとされている。すなわち、憲法69条の場合を除いて、①衆議院で内閣の重要案件（法律案、予算等）が否決され、または審議未了になった場合、②政界再編等により内閣の性格が基本的に変わった場合、③総選挙の争点でなかった新しい重大な政治課題（立法、条約締結等）に対処する場合、④内閣が基本政策を根本的に変更する場合、⑤議員の任期満了時期が接近している場合、などに限られる。もっとも、実務上このような限界が守られているかは疑わしい。

コラム　過去には、2005年8月に郵政民営化法案が参議院で否決されたのを受けて小泉首相が衆議院を解散したこと（郵政解散）が、解散権の限界を超えたとされ問題になった。同法案は、僅差ではあるが衆議院で可決されており、両院協議会の開催または衆議院による再議決という手段をとることができたからである。他方で、衆議院で3分の2以上の賛成を得られなかったことを考慮して、上記の解散の正当とされる理由のうち、①の衆議院で内閣の重要法案が否決された場合に含めることができるとする見方もある。

なお、1952年に戦後初めて不信任決議を経ない解散（抜き打ち解散）が行われ、その合憲性が問題となったが、最高裁は、いわゆる**統治行為論**に従って、憲法7条のみに基づく解散が合憲であるか否かの判断を避けている（**苫米地事件**＝最大判昭35・6・8民集14巻7号1206頁）（詳細は第15章参照）。

（**2**）　議院への出席・発言権　　憲法63条によれば、内閣総理大臣およびその他の国務大臣は、「何時でも議案について発言するため議院に出席することができる」。明治憲法54条は、国務大臣のみならず、政府委員にも議院への出席発言権を認めていた。日本国憲法にこのような規定はないが、国会法によって政府委員の出席が認められていたため、官僚による答弁が常態化した。

しかし、政治的責任を負わない政府委員が多大な影響力をもつこと、国会審議が形骸化していることへの批判が高まり、1999年の国会審議活性化法によって、政府委員制度は廃止された。現在、国会への出席権を有するのは、内閣官房副長官、副大臣、および大臣政務官だけである。ただし、両議院の議長の承認を得て、人事院総裁、内閣法制局長官などが、**政府特別補佐人**として出席できる（国会法69条）。さらに、衆議院規則および参議院規則によれば、国会の委員会においては、行政に関する細目的・技術的事項についての審査または調査のために、官僚を**政府参考人**として出席させることができる。

3　裁判所に対する権能

内閣は、**最高裁判所の長官**の指名権およびその他の**裁判官**の任命権をもつ（6条2項・79条1項）。**下級裁判所**の裁判官については、最高裁判所の指名した者の名簿に基づき、内閣が任命を行う（80条）。

【参考文献】

小嶋和司『小嶋和司憲法論集2　憲法と政治機構』（木鐸社、1988）
高橋和之『国民内閣制の理念と運用』（有斐閣、1994）
石川健治「政府と行政」法学教室245号（2001）74頁以下
佐藤幸治『日本国憲法と「法の支配」』（有斐閣、2002）
上田健介『首相権限と憲法』（成文堂、2013）
毛利透『統治構造の憲法論』（岩波書店、2014）

第15章 裁 判 所

ドイツ連邦憲法裁判所
憲法裁判所は、一定の要件の下、具体的事件を前提とせずに、法律等の合憲性を審査する権限を有する。
出典：ドイツ連邦憲法裁判所ウェブサイト

I 裁判所の性格・地位

1 法的紛争の解決機関

☞裁判所は、民事、刑事および行政事件における法的紛争に対して法を適用することによって、それらを解決するという役割を担っている。すなわち、立法府や行政府が、法の制定や執行という権限を付与されることによって広く国政全般に関して積極的な役割を果たしていくのとは異なり、裁判所は、制定された法を個別具体的な紛争に公平かつ適正に適用して解決することを任務としている。したがって、裁判所には法の定立や創造という機能は含まれていないことから、裁判所の活動の仕方には一定の限界というのが存在することになる。裁判所による権限行使は、具体的な法的紛争が存在して、それに対して当事者がその紛争の解決を裁判所に求めることをその前提にしている。そのため、裁判所は、民事、刑事および行政事件に関わる訴訟を提起されて初めてその活動を開始するという受動的な性格をもつという点で、立法府や行政府の活動の仕方とは基本的に異なっている。さらに、それらの事件においては、原則として**公開の法廷**で紛争をめぐる当事者が出席して弁論を行うという**対審構造**の下で、裁判所は審理・判断するという手続が求められている。裁判所の活動が一定の枠の中で行われるということから、例えば、裁判所の権限としての司法権の範囲はどこまで及ぶのか、訴訟を提起できる当事者の範囲はどこまで認められるのか、さらには、他の機関との関係でどのような訴訟形態が可能かなど、さまざまな問題が生じてくる。

2　三権分立の中での裁判所の役割

裁判所は、国民との関係で当事者間に生じた具体的な紛争について法を適用することによってそれを解決するだけではなく、そうした裁判を通じて、三権分立という制度の中で裁判所として他の機関に対する積極的な役割を果たしている。**権力分立**原理が、権力を分立させることによって、権力間の抑制・均衡を図るものであるならば、裁判所としても立法府や行政府の権限行使が適切であるかをチェックするという役割が期待されることになる。具体的には、まず、行政府との関係では、**行政行為**の適法性を審査するという形で行われるが、これは通常、**取消訴訟**など行政事件の裁判をする中でなされるほか、**国家賠償請求訴訟**などの民事裁判の形で行われることもある。これによって、裁判所は**法律による行政の原理**を担保することになる。

また、立法府との関係では、憲法81条に基づく法律の合憲性の審査という形で行われる。裁判所はこの審査を通じて、国民の基本的人権を保障すると同時に、憲法の定める**民主主義**制度を保障することになる。民主主義や権力分立の中で裁判所のこの活動をどのように位置づけるべきかについては必ずしも自明ではない。議会制民主主義を重視する立場からは、選挙によって選ばれていない裁判官が公選の議員で構成される議会で制定された法律に対して**違憲判決**を出すというのは（民意を否定することにもなるので）例外的な措置であり、そのような権限行使は慎重に行われるべきという考え方も示されているからである。これに対して、最高裁判所の裁判官は**国民審査**を受けるため一定の民主的統制がかけられることや、**違憲審査**という裁判所による**憲法保障**が認められていることは民主主義を守ることにもなることを重視し、積極的な意義を認めるというのが一般的な理解である。

Ⅱ　裁判所の組織・構成・活動

1　裁判所の組織

☞憲法76条１項は、「すべて司法権は、最高裁判所及び法律の定めるところにより設置する下級裁判所に属する」と規定しており、日本の裁判所は最上級審である**最高裁判所**と、法律の定めるところにより設置される**下級裁判所**から構成される。裁判所法は下級裁判所として、高等裁判所、地方裁判所、家庭裁判所、簡易裁判所を定めている。**高等裁判所**は、下級裁判所の中で最上位に位置する裁判所であり、主に控訴・抗告および上告についての裁判権を有し、東京、大阪、名古屋、広島、福岡、仙台、札幌、高松の８カ所に置かれている。**地方裁判所**は、通常の訴訟事件における第一審裁判所であるほか、簡易裁判所の判決に対する控訴などについての裁判権を有し、全国50カ所に置かれている。**家庭裁判所**は、家庭関係の民事事件や少年関係の刑事事件を中心に扱う裁判所であり、地方裁判所とは同格の裁判所である。**簡易裁判所**は、少額（訴額140万円以下）の民事事件や軽微な刑事事件（罰金以下の刑など）を扱う裁判所である。

2　裁判所の構成

（**1**）　最高裁判所　　最高裁判所は、憲法76条１項で設置が憲法によって直接求められている裁判所で、81条によって違憲審査も行う**終審裁判所**に位置づけられている。憲法79条１項によれば、最高裁判所は、長たる裁判官（最高裁

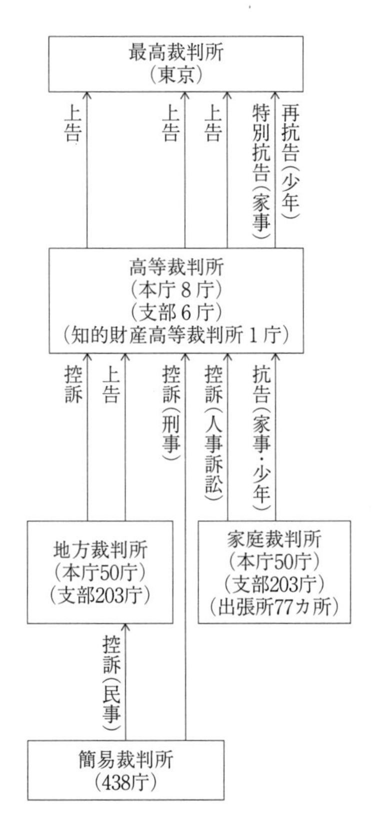

判所長官）と、法律で定められた人数の**最高裁判所判事**（裁判所法5条で14人）で構成されている。裁判官は、識見の高い法律の素養のある40歳以上の者から任命され、そのうち少なくとも10人は、一定期間を超える法律専門家としての経歴が必要とされる（裁判所法41条）。最高裁の裁判官のうち、長官は、**内閣**の指名に基づいて**天皇**により任命され（6条2項）、その他の裁判官は内閣が任命し（79条1項）、天皇が認証する（7条5号）。裁判官の任期は定められていないが、70歳の定年に達したときに退官し（79条5項）、**弾劾裁判**（78条）または**国民審査**（79条2項・3項）により罷免される。

最高裁は、長官が裁判長となる**大法廷**と、5人の裁判官によって構成される3つの**小法廷**とからなる。最高裁が受理した事件は、まず各小法廷に機械的に配分され、小法廷で審理・判断される。最高裁判決の大半が小法廷判決である。ただし、裁判所法は、法令の合憲性を判断するとき、**判例変更**を行うときは（15人で構成される）大法廷で行わなければならないと定めている（裁判所法10条）。

（**2**）　国民審査　　憲法79条2項は、「最高裁判所の裁判官の任命は、その任命後初めて行はれる衆議院議員総選挙の際国民の審査に付し、その後10年を経過した後初めて行はれる衆議院議員総選挙の際更に審査に付し、その後も同様とする」と定め、最高裁の裁判官に対する**国民審査**の制度を設けている。

コラム　国民審査制度は、日本国憲法制定時にアメリカのミズーリ州などで行われていた制度をGHQ側が提案することによって改正案に導入された。なお、この制度を国民による実質的なチェックを行うものと捉えるか、国民主権の象徴的制度と解するかは意見が分かれる。

憲法は、国民審査において「投票者の多数が裁判官の罷免を可とするときは、その裁判官は、罷免される」（79条3項）とした上で、国民審査に関する事項は法律で定めるとしており、最高裁判所裁判官国民審査法が制定されている。同法は、裁判官の氏名がくじで決められた順序で印刷され、×印記載欄が設けられた投票用紙を用いるとし、審査人（投票者）は罷免を可とする裁判官に×印を記載し、罷免を可としない裁判官については何らの記載もしないで投票するという投票方法を定めている（15条）。

国民審査の法的性格について、すでに裁判官の地位に就いている者に対する解職（リコール）の制度とみる説、任命行為を完結し確定するものとみる説などがある。後者の説だと、天皇または内閣によって任命された後、国民審査までの間の最高裁裁判官の地位を説明できないという問題がある。通説は、国民審査を一種の**リコール制度**とみる前者の説である。最高裁も「国民審査の制度はその実質において所謂解職の制度と見ることが出来る」とし、リコール制度として位置づけていることが分かる（最大判昭27・2・20民集6巻2号122頁）。

（**3**）　下級裁判所　　前述したように、裁判所法は4種類の下級裁判所を設置している。また、裁判所法は、下級裁判所の裁判官として、**高等裁判所長官**、**判事**、**判事補**、**簡易裁判所判事**の4種類を定めている（5条2項）。下級裁判所は原則として、下級裁判所裁判官のみによって構成されるが、**裁判員裁判**の場合には**裁判員**とともに裁判体を構成する。下級裁判所裁判官の任命の資格、欠格事由については、裁判所法が規定している（42条-46条）。定年は、70歳の簡易裁判所判事を除いて、65歳である（50条）。

下級裁判所の裁判官は、最高裁判所の指名した者の名簿によって、内閣が任命する（80条1項）。下級裁判所の裁判官の**任期**は10年と定められているが、「再任されることができる」。この再任の意味をめぐっては、裁判官の任期には身分継続の原則が働くとして再任されることは権利であるとする説や、再任するか否かは最高裁の自由裁量であるとする説などがある。これに対して通説は、憲法76条に当たる場合や特段の不適格事由がある場合を除き、原則として再任されることを意味するものと解している。なお、司法制度改革の結果、最高裁が下級裁判所の裁判官として任命される者を指名する過程に国民の意思を反映させるため、11名の委員からなる**下級裁判所裁判官指名諮問委員会**が、2003年に最高裁判所規則によって設置されている。

3　司法権の帰属

（1）　特別裁判所の禁止　　憲法76条1項は、司法権が最高裁判所とその系列に属する下級裁判所にのみ帰属することを明らかにしている。また、憲法76条2項は、**通常裁判所**の組織系列に属さない裁判所である**特別裁判所**の設置を禁止している。これらの規定の目的は、司法権を通常裁判所に一元的に帰属させ、法解釈を統一し、また、すべての国民に裁判の平等と公正を保障することにある。特別裁判所は、特殊の人または特殊の事件について裁判するために、通常裁判所の系列のほかに設けられる特別の裁判機関を指す。具体的には、大日本帝国（明治）憲法下における軍法会議や皇室裁判所などが挙げられる。ただし、特別の管轄をもつ裁判所であっても、最高裁の系列に属する下級裁判所として設置されているものは特別裁判所には当たらない。それゆえ、**家庭裁判所**は、主として家庭事件・少年事件という特殊な事件を扱う下級裁判所であるが、特別裁判所ではないことになる。

なお、2005年に設立された**知的財産高等裁判所**は裁判所法に基づく裁判所ではないが､東京高裁の民事部のうち知的財産権に係る訴訟を扱っていた部を「知的財産部」として名称変更し、さらにこれをまとめて東京高裁の支部として独立させたものであるため、憲法76条2項の禁止する特別裁判所には当たらないとされる。

（**2**）　行政機関による終審裁判の禁止　　憲法76条2項後段は、行政機関が終審として裁判を行うことを禁止している。すなわち、行政機関による裁判を終局的なものとし、裁判所への出訴を認めないような制度は禁止されている。しかし、行政機関による判断に不服のある者に裁判所の裁判を受ける途が残されている場合には、行政機関による裁判も許されることになる。すなわち、行政機関が終審としてではなく、前審としてならば裁判を行うことができる（裁判所法3条2項)。実際に、技術的・専門的な事柄については、第一義的にそのような能力を備える行政機関が処理を担当するのが、紛争の適切かつ迅速な処理に資するといえる。具体的には、**行政不服審査法**が定める審査請求の裁決や異議申立ての決定、**国家公務員法**が定める人事院の裁定、**公正取引委員会**の審決や海難審判庁の審判などが挙げられる。

この点、前審として裁判を行った行政機関による事実認定が後の裁判所を拘束する場合に、憲法76条2項に違反しないかが問題となる。通説は、行政機関の認定した事実が裁判所を無条件に拘束することは憲法76条2項、さらには憲法32条に違反すると解している。独占禁止法80条は、委員会の事実認定が無条件に裁判所を拘束するとしているわけではなく、「これを立証する実質的な証拠があるとき」（1項）に限って委員会の事実認定に拘束力を認めるものであり（**実質的証拠ルール**)、かつ、その「実質的な証拠の有無は、裁判所がこれを判断する」（2項）とされていることから、憲法に違反しないとされている。

4　裁判所の活動

（**1**）裁判の公開　　裁判所が裁判をするにあたっての活動は、具体的には法律および最高裁判所規則の定めるところによって行われる。しかし、過去の歴史において、裁判が密室で行われることが多かったことを踏まえて、**裁判の公正**を確保し国民の司法への信頼を得るための憲法上の原則として、**裁判の公**

開が求められている（82条1項）。

〔判　例〕 **★レペタ訴訟**（最大判平元・3・8民集43巻2号89頁）
　傍聴人が法廷でメモをとる権利が争われた事案で、最高裁は、憲法82条1項の裁判の公開について、「裁判を一般に公開して裁判が公正に行われることを制度として保障し、ひいては裁判に対する国民の信頼を確保しようとする」ものであるとし、そのことの保障に伴い傍聴が認められるが、「傍聴人に対して法廷においてメモを取ることを権利として保障しているものではない」とした。なお、最高裁は、表現の自由の精神に照らして、法廷内でのメモ行為が尊重されなければならないとした。

　対審とは、訴訟当事者が裁判官の面前で互いの主張を述べ合うことをいい、裁判手続のうちで中核的な部分を占めるものである。民事訴訟における**口頭弁論**、刑事訴訟における**公判手続**を意味する。憲法82条によって公開を必要とされる「裁判」とは何かということが問題となる。この点、最高裁は、憲法32条の**裁判を受ける権利**の対象となる「裁判」と同様に、「純然たる訴訟事件につき、事実を確定し当事者の主張する権利義務の存否を確定する裁判」を指すとしている（強制調停違憲決定＝最大決昭35・7・6民集14巻9号1657頁）。すなわち、純然たる「訴訟事件」については対審、判決の公開が憲法上求められるが、「本質的に**非訟事件**の裁判」についてはそのような公開の要求は及ばないということである。判例のような訴訟事件公開説に従えば、訴訟事件と非訟事件との区別が重要となる。訴訟事件とは、具体的な権利義務を確定するものであるのに対し、非訟事件とは、国家が後見的な立場から私的関係を助成・監督し、法律関係を形成していくものである。例えば、家事事件手続法における夫婦間の協力扶助に関する処分の審判、婚姻費用の分担に関する処分の審判、遺産分割に関する処分の審判が非訟事件には含まれる。

　（2）　公開の停止　　裁判の判決は必ず公開で行わなければならないが、対審については、裁判所が全員一致で「公の秩序又は善良の風俗を害する虞がある」と決定した場合には非公開で行うことができる（82条2項）。公開の例外を認めたのは、対審を行うことによって暴動が引き起こされる危険がある場合や、わいせつ物とされる証拠物件が法廷で開示される場合などを念頭に置いたものであると解される。ただし、対審の公開の例外として最近問題となっているものに**プライバシー**に関わる事件（離婚訴訟で離婚原因となる事実を証言させる場合など）がある。学説の中には、当事者の保護という観点から、プライバシーを「公の秩序又は善良の風俗」の中に含めて捉えるべきだとする見解がある。もっとも、この公開の例外をどこまで認めるべきかについては議論がある。例えば、営業秘密に関する審理について、その過程で営業秘密を公開しなければならなくなれば訴訟を提起しにくくなるのではないかという（プライバシーと同様の）問題が生じよう。

Ⅲ　司　　　法

1　司法権の観念

☞憲法76条１項は、「すべて司法権は、最高裁判所及び法律の定めるところにより設置する下級裁判所に属する」と定める。明治憲法では、司法権は天皇に属し、「天皇ノ名ニ於テ」（57条１項）裁判所が司法権を行うものとされていたのに対して、日本国憲法は司法権が名実ともに裁判所に属することを明示した。もっとも、司法権の意味や内容については、憲法上に明文で規定していないため、実質的意味の司法の観念を定義することが重要となってくる。

一般に、司法権について、通説は「**具体的な争訟**について、法を適用し、宣言することによって、これを裁定する国家の作用」（清宮四郎『憲法Ⅰ』〔第３版〕335頁（有斐閣、1979））を意味すると解している。これを受けて、裁判所法３条１項は、「裁判所は、日本国憲法に特別の定のある場合を除いて一切の法律上の争訟を裁判」すると定めているが、一般に、この**法律上の争訟**は、「具体的な争訟」と同義であると解されている。裁判所法３条の「法律上の争訟」とは、判例によると、①当事者間の具体的な権利義務ないし法律関係の存否に関する紛争であって（**事件性の要件**）、かつ、②法令の適用により終局的に解決することができるもの（**終局性の要件**）を意味するとされている（最判昭28・11・17行集４巻11号2760頁）。

第１の要件を満たさないものとして、警察予備隊の設置・維持に関する一切の行為が憲法9条に違反し、無効であるとして争った事件で、最高裁は、「司法権が発動するためには具体的な争訟事件が提起されることを必要」とし、そのような「具体的事件を離れて抽象的に法律命令等の合憲性を判断するとの見解には、憲法上及び法令上何等の根拠も存しない」として、訴え自体を却下した（**警察予備隊違憲訴訟**＝最大判昭27・10・8民集6巻9号783頁）。

第1・第2の要件を満たさないものとして、国家試験の合否をめぐる争い（最判昭41・2・8民集20巻2号196頁）、単なる学問の優劣を争う場合や純然たる信仰上の価値や宗教上の教義をめぐる争いに関わるものなどが挙げられる。また、国会の教育勅語失効確認決議に対し教育勅語が憲法違反でないことの確認を求める訴えについて、最高裁は「上告人の主観的意見又は感情に基く精神的不満」に過ぎないとし（最判昭28・11・17行集4巻11号2760頁）、同様の判断を行っている。

〔判　例〕 **★板まんだら事件**（最判昭56・4・7民集35巻3号443頁）

宗教団体が「板まんだら」を安置する正本堂建立のために募った寄付に応じた元会員の原告らが、後に「板まんだら」が本尊ではなかったことが判明したために、寄付金の返還を求めて訴えを提起した事案で、最高裁は、宗教上の価値や宗教上の教義に関する判断が本件の核心になっていることから、「本件訴訟は、その実質において法令の適用による終局的な解決の不可能なものであって、裁判所法3条にいう法律上の争訟にあたらない」とした。

2　司法権の範囲

司法権の範囲について、大日本帝国憲法（明治憲法）では、**通常裁判所**に属するのは、民事事件と刑事事件のみであり、行政行為によって違法に権利・利益を害された者と行政機関との争訟は、**行政裁判所**に属するとしていた。

司法権の範囲を民事・刑事事件に限定する制度は、フランスやドイツなどの大陸諸国で採用されていた。これに対して、イギリスやアメリカなどの英米諸国では、行政裁判所を設けず、行政権も法によって拘束されるという**法の支配**の原則の伝統により、民事・刑事・行政に関する事件をすべて通常裁判所に係属させる制度を採用していた。明治憲法は大陸型の司法権の観念をとっていたのに対し、日本国憲法は英米型の司法権の観念を取り入れ、司法権の範囲が拡張されたのである。

もっとも、裁判所が司法権を行使するということは、裁判所が司法権以外の権限を行使できないということを意味するわけではない。裁判所法3条は、裁判所が、法律上の争訟の裁判の他、「その他法律において特に定める権限を有する」としている。そのため、選挙訴訟（公職選挙法203条・204条）や**住民訴訟**（地方自治法242条の2）といった「自己の法律上の利益にかかわらない資格で提起」される「国又は公共団体の機関の法規に適合しない行為の是正を求める訴訟」である**民衆訴訟**（行政事件訴訟法5条）や、「国又は公共団体の機関相互間における権限の存否又はその行使に関する紛争についての訴訟」である**機関訴訟**（行訴法6条）といった**客観訴訟**は、「**法律上の争訟**」には含まれないが、法律によって特別に裁判所に付与された権限であると解されてきた。

3　司法権の限界

☞司法権の行使の条件となる**法律上の争訟**には当たるが、司法権の行使が適用ではないとされる場合が存在する。こうした問題は、**司法権の限界**として論じられてきた。

（1）　憲法上の限界と国際法上の限界　　憲法が明文で司法作用が他の機関に委ねられているとした場合として、①国会議員の資格に関する争訟の裁判（55条）、②罷免の訴追を受けた裁判官の**弾劾裁判**（64条）があり、①は各議院が行い、②は国会の両議院の議員で組織する弾劾裁判所が行うことになっている。また、国際法上の限界として、外交使節の治外法権や条約により裁判権が制限されることがある。

（2）　自律権　　**議院の自律権**とは、議院の懲罰や定足数や議決の有無等の議事手続など、議院の内部事項について両議院が自律的に決定することができる権能のことである。判例・通説は、国会内部の議事手続については、政治部門の内部的自律を尊重して、裁判所の審査権は及ばないとする。例えば、**警察法改正無効事件**では、野党議員の強硬な反対のため議場混乱のまま可決された会期延長の議決が無効ではないかが争われたが、最高裁は、「裁判所は両院の自主性を尊重すべく同法制定の議事手続に関する所論のような事実を審理してその有効無効を判断すべきではない」とした（最大判昭37・3・7民集16巻3号445頁）。ただし、議事手続に明白な憲法違反がある場合には裁判所の審査の対象とすべきであるとの批判もある。なお、内閣の自律権に関する事項として、閣議のあり方には裁判権は及ばないと解される。

（3）　自由裁量行為　　行政機関や立法機関の**自由裁量**（自由な判断の余地）に委ねられた行為には、それぞれの機関の権限行使が裁量の範囲内にとどまる限り司法権は及ばない。行政権との関係においては、憲法上、内閣総理大臣による国務大臣の任免（68条）などが内閣総理大臣の裁量に委ねられている。ただし、例外的に行政機関による**裁量権の逸脱・濫用**があった場合には、裁判所によって違法と判断される（行訴法30条）。立法権との関係においては、法律の制定・改廃などの際に立法機関に委ねられた立法裁量に、裁判所の審査権が及ぶのかということが問題となるが、判例では、この裁量権を著しく逸脱するか濫用した場合でないと、裁判所の統制は及ばないと考えられている。最近では特に、判例では経済政策立法や社会保障立法、あるいは選挙に関する事項の決定などについて、**立法裁量**を広く認める（緩やかな審査を行う）傾向にあり、この点には批判が強い。

（4）　統治行為　　**統治行為**とは、国の統治の基本に関わる高度に政治性のある行為で、法律上の争訟として、実際には裁判所による司法判断が可能であるのに、政治的な性質を理由に裁判所の審査の対象から除外される行為とされる。判例としては、日米安保条約の合憲性が争われた**砂川事件**（最大判昭34・12・16刑集13巻13号3225頁）や、内閣による衆議院の解散の合憲性が争われた**苫米地事件**（最大判昭35・6・8民集14巻7号1206頁）などが挙げられる。

〔判　例〕　**★砂川事件**（最大判昭34・12・16刑集13巻13号3225頁）

日米安全保障条約に基づく駐留米軍の合憲性が争われた事案で、最高裁は、日米安全保障条約が「わが国の存立の基礎に極めて重大な関係をもつ高度の政治性を有するもの」であり、その合憲性の判断は、「純司法的機能をその使命とする司法裁判所の審査には、原則としてなじまない性質のものであり、従って、一見極めて明白に違憲無効であると認められない限りは、裁判所の司法審査権の範囲外のもの」とした。

砂川事件では、「一見極めて明白に違憲無効であると認められない限りは」という留保が付されたため、内閣および国会に自由裁量的判断を認めたもの（**変形型統治行為論**）であったが、後の苫米地事件では留保を付さない**純粋型統治行為論**を採用した。

〔判　例〕　**★苫米地事件**（最大判昭35・6・8民集14巻7号1206頁）
「抜き打ち解散」の効力が争われた事案で、最高裁は、「衆議院の解散は、極めて政治性の高い国家統治の基本に関する行為であって、かくのごとき行為について、その法律上の有効無効を審査することは司法裁判所の権限の外にあると解すべき」であるとした。

このように判例上は統治行為論が採用されているが、統治行為に司法権が及ばないとする根拠については、裁判所の本質や機能に鑑み、高度に政治的な問題は裁判所の審査の範囲外にあるという内在的制約説と、違憲判決による政治的混乱を招かないように司法が自制すべきだという自制説があるが、通説は両者の折衷的な立場をとっている。しかし、司法審査の対象となるような国家行為はその性質上、多かれ少なかれ政治性を帯びることは避けられない以上、統治行為の概念は不明確である（したがって厳格に解すべき）との批判も強い。

（**5**）　団体の内部事項　　最高裁は、**団体の内部事項**については、単なる内部規律の問題とはいえない重大事項や**一般市民法秩序**と直接の関係を有する事項である場合を除き、原則として団体の自律的な判断を尊重すべきとの考え方（**部分社会論**）をとってきた。部分社会に該当する公的団体については地方議会や国立大学、私的団体については宗教団体、労働組合、政党などがある。例えば、国立大学の単位不認定処分が争われた**富山大学事件**で、最高裁は、「単位授与（認定）行為は、他にそれが一般市民法秩序と直接の関係を有するものであることを肯認するに足りる特段の事情のない限り、純然たる大学内部の問題として大学の自主的、自律的な判断に委ねられるべきものであって、裁判所の司法審査の対象にはならない」とした（最判昭52・3・15民集31巻2号234頁）。また、政党の除名処分が法律上の争訟の前提問題として争われた**共産党袴田事件**で、最高裁は同様の姿勢を示しつつ、処分手続の適正を審査すべきであるとした（最

判昭63・12・20判時1307号113頁）。

なお、かつて地方議会議員に対する3日間の出席停止の懲罰処分の無効が争われた山北村議会懲罰決議取消請求事件で、除名処分について「議員の身分の得喪に関する重大事項で、単なる内部規律の問題に止まらない」とする一方、出席停止については部分社会の内部規律に委ねるべきと判断された（最大判昭35・10・19民集14巻12号2633頁）ことに判例変更が生じた。

〔判　例〕 **★岩沼市議会事件**（最大判令2・11・25民集74巻8号2229頁）

地方議会議員に対する23日間の出席停止の懲罰議決の無効が争われた事案で、最高裁は、出席停止の懲罰が科されると、当該議員はその期間、「議員としての中核的な活動をすることができず、住民の負託を受けた議員としての責務を十分に果たすことができない」ことから、出席停止は、「議員の権利行使の一時的制限にすぎないものとして、その適否が専ら議会の自主的、自律的な解決に委ねられるべきであるということはできない」とした。

Ⅳ　司法以外の裁判所の権能

1　規則制定権

憲法77条1項は、「訴訟に関する手続、弁護士、裁判所の内部規律及び司法事務処理に関する事項」について規則を定める権限を最高裁判所に認め、司法運営における司法府の自主性を尊重している。最高裁判所に**規則制定権**が付与された理由としては、権力分立の観点から政治部門からの干渉を排除して、裁判所の独立性を確保するとともに、技術的見地から裁判実務に精通している裁判所に最も適切な規則を定めさせようとしたことなどが挙げられる。この規定における「訴訟に関する手続」とは、民事訴訟・刑事訴訟・行政訴訟等の実質的意味での訴訟のみならず、非訟事件、少年保護処分、調停等に関する手続も含むものと解される。また、「弁護士」とは、弁護士が訴訟の場に関わる事項を意味し、弁護士の資格・職務・身分については（法律事項なので）**最高裁判所規則**で定めることはできない。「裁判所の内部規律」に関する事項は、裁判所の内部における事務処理に関する事項（裁判官その他の裁判所職員の職務上・服務上の紀律等）を指し、「司法事務処理」に関する事項は司法行政事務の処理に関する事項を意味する。

2　司法行政権

憲法上の明文の規定はないが、憲法76条等から最高裁判所は、司法権の独立を確保するために**司法行政権**を有すると解されている。司法行政は、**裁判官会議**の議により行われることになっている。司法行政事務には、裁判官任命のための名簿作成（80条１項）、裁判官以外の職員（裁判所書記官、裁判所調査官、裁判所事務官、執行官等）の任免（裁判所法64条）、裁判所の経費についての予算作成（裁判所法83条）などが挙げられる。最高裁判所については、最高裁判所長官が会議を総括する（裁判所法12条）。また、最高裁判所は、「最高裁判所の職員並びに下級裁判所及びその職員を監督する」権能を有する（裁判所法80条１項）。なお、こうした司法行政監督権の行使は、「裁判官の裁判権に影響を及ぼし、又はこれを制限する」ものであってはならない（裁判所法80条１項）。

V　裁判官の独立

1　司法権の独立の意義

公正な裁判が行われるためには**司法権の独立**が不可欠である。そのためには、裁判所が他の国家機関から独立して自主的に活動を行えることと、裁判官がその良心に従って職権を行使することが重要となる。すなわち、司法権の独立には、広義の意義（**司法府の独立**）と狭義の意義（**裁判官の独立**）があり、憲法76条３項は後者をその中心に据えている。

2　裁判官の職権の独立

憲法76条３項は、「すべて裁判官は、その良心に従ひ独立してその職権を行ひ、この憲法及び法律にのみ拘束される」と定める。ここでいう裁判官の「良心」については、19条の良心と同様に、裁判官個人の主観的な良心と捉える**主観的**

良心説もあるが、裁判官としての客観的良心ないし裁判官の職業倫理を意味する**客観的良心説**が通説である。なお、判例は、「裁判官が有形無形の外部の圧迫乃至誘惑に屈しないで自己内心の良識と道徳感に従うの意味である」（最大判昭23・11・17刑集2巻12号1565頁）とし、また、「凡て裁判官は法（有効な）の範囲内において、自ら是なりと信ずる処に従って裁判をすれば、それで憲法のいう良心に従った裁判といえる」（最大判昭23・12・15刑集2巻13号1783頁）としており、主観的良心説に近いようにも見えるが必ずしも明らかではない。

次に、「独立してその職権を行ひ」とは、裁判の公正を確保するためにいかなる外部の干渉や圧力にも屈せずに、裁判官が自律して行動することを意味する。司法府内部を含めた他の機関から指示・命令を受けないばかりではなく、重大な影響をその判断形成に関して受けないことを含むと解される。なお、「憲法および法律」にのみ拘束されるとあるが、これにはすべての法規範が含まれることを意味している。もっとも、上級審の下した判決に下級審の裁判所が拘束され（裁判所法4条）、また判例に反する判決が上級審で覆されうるという意味では、裁判官の判断が何らの拘束を受けないというわけではない。

なお、2000年から実施されている**裁判員制度**については、国民から選ばれた裁判員が裁判に関与することは、**職業裁判官**の職権行使の独立に反するのではないかという批判がある。この裁判員制度とは、「司法に対する国民の理解の増進とその信頼の向上」を目的とし、裁判員が刑事裁判の審理に出席して証拠を見聞きし、裁判官と対等に議論して、被告人が有罪かどうかを判断する制度である。有罪の場合には、さらに、どのような刑罰を宣告するかを決定する。裁判員制度の対象となるのは、殺人や放火、危険運転致死などの重大な犯罪の疑いで起訴された事件である。原則として、裁判員6名と裁判官3名が、一つの事件を担当する。この制度をめぐる違憲性の主張の根拠として、①裁判官以外の者が構成員となった裁判体は憲法80条1項でいう裁判所には当たらない、②裁判官の職権行使の独立を保障した76条3項に違反する、③裁判員制度は特別裁判所に当たり、憲法76条2項に違反する、④国民に意に反する苦役に服させることを禁じた憲法18条後段に違反するというものが指摘された。しかし、最高裁はすべての論点にわたって合憲と判断した。

〔判 例〕 **★裁判員制度合憲判決**（最大判平23・11・16刑集65巻8号1285頁）

裁判員制度の合憲性が争われた事案で、最高裁は、「憲法は、最高裁判所と異なり、下級裁判所については、国民の司法参加を禁じているとは解されない」ので、憲法80条1項は裁判所が裁判官のみによって構成されることを要求しているものではないとし、「裁判員制度の下で裁判官と国民とにより構成される裁判体が、刑事裁判に関する様々な憲法上の要請に適合した『裁判所』といい得るものであるか否か」を検討した結果、31条、32条、37条1項等に反していないとした。さらに、76条3項違反の主張についても、「憲法が一般的に国民の司法参加を許容しており、裁判員法が憲法に適合するようにこれを法制化したものである以上、裁判員法が規定する評決制度の下で、裁判官が時に自らの意見と異なる結論に従わざるを得ない場合があるとしても、それは憲法に適合する法律に拘束される結果であるから、同項違反との評価を受ける余地はない」とした。

3 裁判官の身分保障

裁判官の職権行使の独立を確保するために、憲法は裁判官の**身分保障**について規定をおいている。憲法78条は、「裁判官は、裁判により、心身の故障のために職務を執ることができないと決定された場合を除いては、公の弾劾によらなければ**罷免**されない。裁判官の懲戒処分は、行政機関がこれを行ふことはできない」と定める。裁判官の罷免は、「裁判により、心身の故障のために職務を執ることができないと決定された場合」と「**公の弾劾**」による場合の2つに限定されている。

「公の弾劾」とは、国会の両議院の議員で組織された**弾劾裁判所**によってなされる（憲法64条）。裁判官は、「職務上の義務に著しく違反し、又は職務を甚だしく怠ったとき」、または、「その他職務の内外を問わず、裁判官としての威信を著しく失うべき非行があったとき」、弾劾によって罷免される（裁判官弾劾法2条）。弾劾裁判は、弾劾裁判所が裁判官訴追委員会（両議院各10名の委員から構成）からの訴追を受けて行うものである。弾劾裁判所は、両議院各7名の計14名の裁判員によって構成されるが、弾劾裁判は公開の法廷で、刑事訴訟法の規定を準用して行われる（同法22条以下）。

裁判官に対する**懲戒処分**は司法府の自主性に委ねられ、行政機関から受けることはない。裁判所法49条は、「裁判官は、職務上の義務に違反し、若しくは職務を怠り、又は品位を辱める行状があったとき」は、「裁判によって懲戒される」と規定している。また、裁判官分限法2条が、「裁判官の懲戒は、**戒告**又は1万円以下の**過料**とする」と定めているように、他の公務員のように免職、停職、減俸が懲戒処分としてなされることはない。

〔判　例〕 **★寺西判事補事件**（最大決平10・12・1民集52巻9号1761頁）
法案に反対する集会に参加し、パネリストとして参加することをやめた理由を発言した判事補が戒告処分を受けて争った事案で、最高裁は、裁判所法52条1号（積極的に政治活動をすること）の禁止規定は、裁判官の独立・中立性と裁判に対する国民の信頼を確保する等の目的を有していて合憲であり、憲法21条の表現の自由が裁判官に及ぶとしても制約が認められるとした。その上で、当該集会での発言等は、職業裁判官からみて法案には問題が多いというメッセージを言外に伝える効果や運動促進の効果をもつため、積極的な政治活動に該当するとした。

裁判官は、定期に相当額の報酬を受け、この報酬は、在任中、減額されることはない（憲法79条6項、80条2項）。なお、2002年に、最高裁の裁判官会議は、行政公務員の給与の引き下げに合わせて、全裁判官の報酬を一律に減額することも違憲ではないと判断した。

裁判官のTwitter（現：X）投稿に対して、裁判官分限法に基づく懲戒申立てが行われた事案において、最高裁は「品位を辱める行状」とは、「裁判官に対する国民の信頼を損ね、又は裁判の公正を疑わせる言動をいう」と解し、本件投稿は、表現の自由として裁判官に許容される限度を逸脱したとした（最大決平30・10・17民集72巻5号890頁）。

Ⅵ　違憲審査制

1　意義と類型

（**1**）意　義　　**違憲審査制**とは、国家行為（法律、命令、処分など）が憲法に適合するかどうか（**憲法適合性**）を審査する制度であり、その目的には、人権保障と**憲法保障**（憲法の最高法規性の保障）の二面がある。違憲審査制は、19

世紀の近代憲法においては、立法機関が**憲法の番人**であるという発想（**議会中心主義**）が強く、立法機関の行為の憲法適合性を他の機関がチェックするという違憲審査制は議会主権の原則等に抵触するため、アメリカを除いては定着しなかった。しかし、20世紀の行政国家現象に伴う議会制の危機やファシズムによる人権侵害の経験を経て、第二次世界大戦後から、ヨーロッパでも多くの国で違憲審査制が採用されるようになり、裁判所を中心とする違憲審査機関が人権保障の重要な機能を果たすようになった。例えば、ドイツでは、1949年の連邦共和国基本法で憲法秩序の保持を任務とする**連邦憲法裁判所**が設置され、重要な機能を担ってきた。また、フランスでも、1958年の第5共和制憲法下で設置された**憲法院**が、1970年代以降当初の政治的機関としての性格を脱して、裁判機関・人権擁護機関として積極的に違憲審査権を行使して、国政に大きな影響を及ぼすに至っている。

（**2**） 類　型　　裁判所に違憲審査権が付与される制度は、大きく2つの類型に分けられる。一つは、**付随的違憲審査制**と呼ばれるもので、通常の司法裁判所が、係属した訴訟事件の審理判断に付随して、事件解決のための前提として適用法令の合憲性を審査する制度である。この制度は、アメリカ、カナダ、日本などで採用されている。もう一つは、**抽象的違憲審査制**と呼ばれるもので、特別に設けられた裁判所（憲法裁判所）が、具体的な訴訟事件とは関係なく、法令の合憲性を審査する制度である。この制度は、ドイツ、オーストリア、イタリアなどで採用されている。

最近では、両者の接近傾向ないし合一化傾向が指摘されている。ドイツで基本権侵害の排除を申し立てる制度である**憲法異議**の事件が憲法裁判所に係属する事件の大部分を占めるようになった一方で、アメリカでも、連邦最高裁判所が具体的事件の解決を超えて、**憲法秩序保障**という観点からの判断を示す傾向（**原告適格**の拡大）がみられるようになっているからである。

2 日本における違憲審査制

（**1**） 違憲審査制の性格　　明治憲法には、裁判所に違憲審査権を認める規定が存在せず、裁判所は違憲審査権を有さないと解されていた。これに対して、日本国憲法は81条で、「最高裁判所は、一切の法律、命令、規則又は処分が憲法に適合するかしないかを決定する権限を有する終審裁判所である」と定めて、違憲審査制を明文で認めている。このように定められている違憲審査制について、付随的違憲審査制なのか抽象的違憲審査制なのかをめぐって、憲法制定当初から議論があった。

学説では、**付随的審査制説**が、日本の制度はアメリカにならったものであり、抽象的審査を認めるためには憲法上の明記が必要であると解する。これに対して、**抽象的審査制説**は、憲法81条が最高裁判所に特別に抽象的違憲審査権をも付与するものであると解してきた。さらに、**法律事項説**は、憲法81条が最高裁判所に憲法裁判所的性格を与えているとはいえないものの、法律等で手続を定めることで最高裁判所が憲法裁判所的機能を果たすことも可能であると解する。この点につき、最高裁は、**警察予備隊違憲訴訟**（最大判昭27・10・8民集6巻9号783頁）で、付随的違憲審査制であることを明らかにする立場を示し、これを契機にそのような理解が確立することになるが、それ以前にも最高裁は、「日本国憲法第81条は、米国憲法の解釈として樹立せられた違憲審査権を、明文をもって規定した」ものであるとしてきた（食糧管理令違反事件＝最大判昭25・2・1刑集4巻2号73頁）。

〔判　例〕　**★警察予備隊違憲訴訟**（最大判昭27・10・8民集6巻9号783頁）

警察予備隊の設置行為の違憲性が争われた事例で、最高裁は、「わが現行の制度の下においては、特定の者の具体的な法律関係につき紛争の存する場合においてのみ裁判所にその判断を求めることができるのであり、裁判所がかような具体的事件を離れて抽象的に法律命令等の合憲性を判断する権限を有するとの見解には、憲法上及び法令上何等の根拠も存しない」とした。

（2）　客観訴訟等における違憲審査　　日本の違憲審査制が付随的違憲審査制であるとすると、裁判所の通常の訴訟手続の中で違憲審査権が行使されることになる。しかし、裁判所は、本来的な司法権を行使するのに必要な場合（民事・刑事・行政事件訴訟の裁判に必要な場合）のみならず、**客観訴訟**等の裁判をするにあたっても違憲審査権を行使している。例えば、選挙の効力に関して異議のある選挙人が提起する**選挙訴訟**（公職選挙法204条等）は、**議員定数不均衡**を争う主たる手段となっているし、地方公共団体の住民が（自治体による）違法な公金支出などの財務会計上の違法を争って提起する**住民訴訟**（地方自治法242条の2）は、地方公共団体の宗教とのかかわりをもつ行為を**政教分離違反**として争う際の主たる手段として用いられている。代表的な靖国参拝違憲訴訟においても、住民訴訟と国家賠償請求訴訟を用いて参拝行為の違憲性が争われている。ただし、国の場合、地方自治法に見られるような住民訴訟の制度がないため、国家賠償請求訴訟をするなどの方法しかない。国家賠償訴訟を提起するには、（首相による）参拝行為の違法と過失だけでなく、原告となる者の権利または法律上保護される利益侵害の存在が必要とされる。そこでの損害については、**宗教的人格権**の侵害という構成がなされている。この点につき、最高裁は、「他人が特定の神社に参拝することによって、自己の心情ないし宗教上の感情が害されたとし、不快の念を抱いたとしても、これを被侵害利益として、直ちに損害賠償を求めることはできない」としている（**小泉首相靖国参拝違憲訴訟**＝最判平18・6・23判時1940号122頁）。

このように客観訴訟における違憲審査権の行使の意義に鑑み、憲法上許容される範囲で客観訴訟を拡大することは日本における違憲審査制の活性化につながると主張されている。

Ⅶ　憲 法 訴 訟

1　憲法訴訟のあり方

（1）　意　義　　日本国憲法の下での違憲審査制は、**付随的違憲審査制**と解されており、裁判所の違憲審査権は司法権の一環として、通常の訴訟手続の中で、憲法上の争点の判断がその訴訟の解決に必要な限度で行使されることになっている。**憲法訴訟**とは、特別の訴訟形態を指すのではなく、一般に何らかの憲法問題が争われている訴訟の総称である。裁判所は当事者の違憲の主張に対して、常に憲法判断を行う義務を負うわけではなく、また、他の国家機関との関係への配慮などから、憲法判断を回避する形で訴訟を解決することもできる。そのような場合に重要となるのが、違憲審査権の行使に関する裁判所の基本的態度である。

（2）　司法の積極主義と消極主義　　裁判所が違憲審査を行うにあたって、政治部門の判断を可能な限り尊重し、それに介入することを控えようとする立場を**司法消極主義**と呼び、逆に裁判所が立法府の判断を尊重せずに独自の立場で法令の合憲性を判断することを**司法積極主義**と呼んでいる。司法審査と**民主主義**との緊張関係があることに鑑みれば、極端な司法積極主義が適切でないことは明らかであるとしても、裁判所には、具体的訴訟ごとに、問題となっている憲法上の争点の性質・規制の態様・権利侵害の程度などを総合的に考慮して、両者の適切な選択をすることが望まれる。

2　対　　象

憲法81条は、違憲審査の対象として、「一切の法律、命令、規則又は処分」を列挙している。これは国内法規範をすべて含むという趣旨であり、法律とは国会が制定するもの、命令・規則は法律以外の一般的抽象的法規範を指す（条例なども含まれる）ものと考えられる。処分には、行政機関の行為や立法機関の行為に加えて、裁判所の裁判も含まれる。

（1）　条　約　　**条約**が違憲審査の対象に含まれるかについては、憲法81条が列挙していないため問題となる。条約の国内法としての側面と他の国内法との効力関係について、**条約優位説**をとるか**憲法優位説**をとるかが重要となる。条約優位説をとれば、そもそも条約は違憲審査の対象とならない。通説は、条約が憲法に優位すると解すると、簡単な手続で成立する条約によって憲法が改正されることを認めることになってしまい、硬性憲法の趣旨に反することなどを根拠に、憲法優位説を採用する。その上で、81条の「規則又は処分」に含まれるとして全面的に肯定するものと、81条の列挙を例示列挙と解しつつ人権保障を侵害するような内容の条約については部分的に違憲審査が及ぶとするものに分かれるが、後者の考え方が多数説である。なお、最高裁は、**砂川事件**で、「一見極めて明白に違憲無効であると認められない限りは、裁判所の司法審査権の範囲外のもの」であるとして、条約が違憲審査の対象となることを前提としつつも、高度に政治的な条約については原則として違憲審査の対象とならないとした（最大判昭34・12・16刑集13巻13号3225頁）。

（**2**）　立法不作為　　立法をいつどのように行うのかは立法者に委ねられた事項である。しかし、憲法上（権利の実現のために）立法をなすことが要請されていると解されるにもかかわらず、立法がなされないようなとき、そのような国会の消極的行為（**立法不作為**）が違憲審査の対象となるかが問題となる。立法不作為の違憲審査は、立法府への過度の干渉や侵害になるとして、権力分立の原理から否定されてきた。しかし、立法不作為についても、その合憲性の判断が（観念的に）可能であるから、それが具体的争訟の前提問題となって争われている限りで違憲審査の対象となると考えるべきである。

これまで立法不作為の違憲性を争う手段として**国家賠償請求訴訟**が注目されてきた。これは、憲法上必要な法律を制定していないという国会の不作為を、**国家賠償法**１条の「公務員が……違法に他人に損害を加えたとき」に該当するとして争おうとするものである。しかし、最高裁は、在宅投票制度を廃止し、その後に復活させなかったという立法不作為が争われた**在宅投票制訴訟**において、「国会議員の立法行為が同項の適用上違法となるかどうかは、国会議員の立法過程における行動が個別の国民に対して負う職務上の法的義務に違背したかどうかの問題であって、当該立法の内容の違憲性の問題とは区別されるべきであ」るという立場から、「国会議員の立法行為は、立法の内容が憲法の一義的な文言に違反しているにもかかわらず国会があえて当該立法を行うというごとき、容易に想定し難いような例外的な場合でない限り、国家賠償法１条１項の規定の適用上、違法の評価を受けない」として、国家賠償請求訴訟による途を事実上閉ざした（最判昭60・11・21民集39巻７号1512頁）。その後、**在外邦人選挙権訴訟**において、最高裁はこの要件を以下のように修正し、立法不作為を国家賠償請求訴訟で争う余地を拡大した。在外日本人に選挙権を付与しなかった立法不作為について、最高裁は、「立法の内容又は立法不作為が国民に憲法上保障されている権利を違法に侵害するものであることが明白な場合や、国民に憲法上保障されている権利行使の機会を確保するために所要の立法措置を執ることが必要不可欠であり、それが明白であるにもかかわらず、国会が正当な理由なく長期にわたってこれを怠る場合などには、例外的に、国会議員の立法作為又は立法不作為は、国家賠償法１条１項の規定の適用上、違法の評価を受けるものというべきである」とし（最大判平17・9・14民集59巻７号2087頁)、立法不作為のみならず、立法行為が国家賠償法上違法と評価される一般的な基準を示し、損害賠償請求を認めたのである。

3　憲法判断の方法

（1）　憲法判断の回避　　**憲法判断回避の準則**とは、裁判所は、憲法問題が適法に提出されていても、事件を処理することができる他の理由がある場合には、その憲法問題について判断を下さないというルールであり、アメリカの判例において確立してきたものである。日本の付随的違憲審査制の下でもそれが妥当するか否かが問題となったのは恵庭事件である。

〔判　例〕 **★恵庭事件**（札幌地判昭42・3・29下刑集９巻３号359頁）
演習場付近の農民が演習に反対して自衛隊の連絡用の電話通信線数ケ所を切断し、自衛隊法121条違反で起訴された事例で、最高裁は、「違憲審査権を行使しうるのは、具体的な法律上の争訟の裁判においてのみであるとともに、具体的争訟の裁判に必要な限度にかぎられることはいうまでもない」として、被告人らの行為は自衛隊法121条の構成要件に該当せず無罪とした。

恵庭事件後の事件でも、「刑事事件において違憲の主張がなされている場合に、明らかに構成要件該当性が存しないとの心証を裁判所が抱いたときは、さらに審理を続けたうえあえて憲法判断に及ぶ論理的な必然性はない」とした例（反戦自衛官事件＝新潟地判昭56・3・27判時1002号63頁）もあり、憲法判断回避の手法は浸透している。

憲法判断の回避をめぐっては、政策的な考慮に基づく裁判所の**自制のルール**であると解されるため、憲法判断を回避するのを原則としつつも例外的に憲法判断を行うかどうかは裁判所の裁量に委ねられる問題ではあるが、事件の重大性、問題となっている権利の性質等を総合的に考慮して、必要な場合には憲法判断を下すべきであるとされる。

（2） 合憲限定解釈　**合憲限定解釈**とは、争われている法令の解釈として合憲・違憲の複数の解釈（広狭二義の解釈）が可能である場合には、法令を憲法に適合するように限定を加えて解釈する方法をいう。合憲限定解釈の手法は、違憲の主張に対して、それをそのまま容認しない途を選択しようとするため、広い意味での憲法判断回避の方法に似ているといえるが、限定解釈を加えて（文面上の）合憲を宣言するので、憲法判断回避の方法と区別することができる。最高裁もしばしば合憲限定解釈を行っている。代表的なものとして、**全逓東京中郵事件**（最大判昭41・10・26刑集20巻8号901頁）や**都教組事件**（最大判昭44・4・2刑集23巻5号305頁）などがある。都教組事件で最高裁は、特に限定なしに違法な争議行為のあおり行為をした者を処罰の対象としているように読める地方公務員法61条4号の規定について、「それは、争議行為自体が違法性の強いものであることを前提とし、そのような違法な争議行為等のあおり行為等であってはじめて、刑事罰をもってのぞむ違法性を認めようとする趣旨と解すべき」であるとした。このように、最高裁は、当該規定の意味を限定解釈して違憲の疑いを除去するとともに、当該規定の実際の適用にあたり、禁止および刑罰の対象となる争議行為およびそのあおり行為について、それらをともに違法性の強いものに限定すること（いわゆる「二重のしぼり」）で、公務員の労働基本権の保障を確保しようとした。また、最高裁は表現の自由や集会の自由を制限する法律に関してもしばしば合憲限定解釈を行っている。合憲限定解釈は法令自体を合憲としつつ、人権保障を図ることも可能であるという利点もあるが、最高裁は立法の正当性を維持することを目的にこの手法を積極的に採用する傾向にあることや、法的安定性を損なわないかという問題や、違憲判決が常に回避される場合には「法律の書き直し」にならないかといった批判もなされる。

4 違憲判決の種類

☞裁判所は、合憲限定解釈が困難な場合に明示的に違憲判断を下すことになるが、その種類には幾つかのものがある。

（1） 法令違憲　**法令違憲**は、当該法令の規定そのものを違憲と判断する判断方法である。違憲判決の最も典型的な形態である。これまでに最高裁が法

令違憲の判断を下したのは、11種類12回である。具体的には、**尊属殺重罰規定違憲判決**（最大判昭48・4・4刑集27巻3号265頁）、**薬局距離制限事件**（最大判昭50・4・30民集29巻4号572頁）、**衆議院議員定数不均衡事件**（最大判昭51・4・14民集30巻3号223頁および最大判昭60・7・17民集39巻5号1100頁）、**森林法違憲判決**（最大判昭62・4・22民集41巻3号408頁）、**郵便法違憲判決**（最大判平14・9・11民集56巻7号1439頁）、**在外邦人選挙権訴訟**（最大判平17・9・14民集59巻7号2087頁）、**国籍法違憲判決**（最大判平20・6・4民集62巻6号1367頁）、**非嫡出子相続差別違憲訴訟**（最大決平25・9・4民集67巻6号1320頁）、**再婚禁止期間違憲判決**（最大判平27・12・16民集69巻8号2427頁）、**在外邦人国民審査訴訟**（最大判令4・5・25民集76巻4号711頁）、**性同一性障害特例法性別適合手術要件違憲決定**（最大決令5・10・25民集77巻登載予定）である。

（**2**）　適用違憲　　**適用違憲**は、当該法令の規定そのものを違憲とはせず、当該事件に適用される限りで違憲と判断する判断方法である。この適用違憲の類型として、一般に3つのものが挙げられる。

第1は、**合憲限定解釈**が不可能な場合に、違憲的適用を含むような広い解釈の下に、法令を当該事件に適用することを違憲とするものである。具体例としては、国家公務員の政治的行為を処罰対象とする国家公務員法110条1項19号の違憲が争われた**猿払事件**の第一審判決（旭川地判昭43・3・25下刑集10巻3号293頁）において、「本件被告人の所為に、国公法110条1項19号が適用される限度において、同号が憲法21条および31条に違反するもので、これを被告人に適用することができない」と判断したことが挙げられる。

第2は、合憲限定解釈が可能であるにもかかわらず、その方法を用いずに法令を違憲的に適用した場合にその適用行為を違憲とするものである。具体的には、郵政職員がメーデー集会で「反動的な佐藤内閣打倒」との横断幕を掲げたことに対してなされた懲戒処分が争われた**全逓プラカード事件**の第一審判決（東京地判昭46・11・1行集22巻11＝12号1755頁）において、「右各規定を合憲的に限定解釈すれば、本件行為は、右各規定に該当または違反するものではない。したがって、本件行為が右各規定に該当または違反するものとして、これに右各規定を適用した被告（郵政職員・筆者注）の行為は、その適用上憲法21条1項に違反する」と判断したことが挙げられる。

第3は、法令そのものは合憲であるとしつつ、その法令の執行者が憲法に抵触ないし人権を侵害するような形で解釈適用した場合に、その適用行為を違憲とするものである。具体的には、教科書検定制度の合憲性が争われた**家永教科書裁判第2次訴訟**の第一審判決（東京地判昭45・7・17行集21巻7号別冊1頁）において、教科書検定は憲法の諸規定に違反しないとしつつ、「教科書の検定が、教育に対する不当な介入を意図する目的の下に、検定制度の目的、趣旨を逸脱して行われるようなことがあれば、適用上の違憲の問題も生じ得る」と判断したことが挙げられる。

5 違憲判決の効力

裁判所が適用違憲の判決を下した場合には、判決の効力は当然に当該事件のみに及ぶことになるが、法令違憲の判決を下した場合に、**判決の効力**をどのように考えるのかが問題となる。

（1） 個別的効力説と一般的効力説　　**個別的効力説**は、法令の違憲判決の効果について、違憲とされた法令が当該事件の当事者へ適用されることを排除するにとどまるとする立場である。その根拠として、付随的違憲審査制の下では、違憲審査権は具体的事件の裁判に付随してその解決に必要な限度で行使されるものであるため、違憲判決の効力も訴訟当事者に限られると解すべきであることが挙げられる。

これに対して、**一般的効力説**は、法令が違憲とされた場合に、法令は当該事件を超えて一般的に効力を失うとする立場である。通説・判例は、個別的効力説を採用している。ただし、最高裁の法令違憲の判決が出された場合に、内閣・行政各部が当該法律の執行を差し控えるという効果が生ずるという点においては、一定の一般的効力が認められる。

（2） 違憲判決の遡及効と将来効判決　　また、最近では、**遡及効**や**将来効**との関係で判決の効力が問題となることが多い。まず、遡及効については、過去に向かって一般的に遡及することを認めることは、過去の判決が覆されることになり、法的安定性を害することになることを根拠に、個別的効力の場合には当事者のみ遡及効を認めることが原則とされている。次に、将来効とは、法令を違憲とする判決の効力を将来の一定時期から発生させるというものであるが、個別的効力説の立場からは原則的に認められない。ただし、国会の立法措置の促進を図る効果という観点から、議員定数不均衡訴訟において**将来効的無効判決**を導入すべきであるとの考え方が最高裁（最大判昭60・7・17民集39巻5号1100頁）の少数意見などに見られ、学説でも支持を集めている。

【参考文献】

佐藤幸治『現代国家と司法権』（有斐閣、1988）
ジョン・H・イリィ（佐藤幸治・松井茂記訳）『民主主義と司法審査』（成文堂、1990）
芦部信喜『人権と憲法訴訟』（有斐閣、1994）
奥平康弘『憲法裁判の可能性』（岩波書店、1995）
戸松秀典＝野坂泰司編『憲法訴訟の現状分析』（有斐閣、2012）
千葉勝美『違憲審査』（有斐閣、2017）
君塚正臣『司法権・憲法訴訟論 上巻・下巻』（法律文化社、2018）

第16章　地方自治

高知県大川村

高知県大川村は、議員の担い手の不足のため議会の設置が困難な状況にあり、地方自治法94条が定める「町村総会」を設けることが検討されている。こうした問題は今後、他の地域でも生じるだろう。

撮影：守谷賢輔

I　地方自治の本旨

1 沿　革

大日本帝国（明治）憲法には地方自治に関する規定がなく、近代国家形成のための中央集権国家を前提とし、地方自治は法律事項とされていた。もっとも、地方自治が全く存在しなかったわけではない。1888年に市制・町村制が、1890年には府県制・郡制が置かれ、その後の法改正により男子普通選挙制が認められ、市町村および府県の権限が拡大されるなど法律に基づく自治権の拡張が見られた。しかし、全体主義の台頭により地方自治は崩れ去った。

2　地方自治の本旨とは

日本国憲法は、大日本帝国憲法と異なり「地方自治」を独立した章として設け、4カ条からなる規定を置いた。92条は、地方公共団体の組織と運営を「**地方自治の本旨**に基づいて法律でこれを定める」と規定する。「地方自治の本旨」とは一般に、地方自治はその住民の意思に基づいて行われるという**住民自治**と、国から独立した団体が自らの意思と責任の下で自治を行うという**団体自治**を意味し、前者には民主主義的要素が、後者には自由主義的・地方分権的要素があるといわれる。

このような自治権の根拠がどこにあるのかについて争いがある。大日本帝国憲法下で通説であった**伝来説**（**承認説**）は、国家が権限を委任したり承認したりする限りで自治権は認められるに過ぎないとする。しかし、法律でどのようにでも決めることができるならば憲法で地方自治を保障した意味が失われる、との批判がなされてきた。そこで、通説的地位を占めてきたのは、法律によっても侵害しえない本質的内容ないし核心的部分があるとする**制度的保障説**である。最近の学説の中には、これらの諸学説が中央集権的国家を前提としていることを指摘し、それに疑問を投げかけるものもある。

3　地方分権改革の推進

憲法で地方自治を定めているにもかかわらず、**機関委任事務**や財源等を通じて、国が地方政府に対して極めて強い統制を及ぼしてきた。内閣総理大臣が駐留米軍のための土地使用の代理署名を求めて沖縄県知事を提訴した**沖縄代理署名訴訟**（最大判平8・8・28民集50巻7号1952頁）は、主務大臣の指揮監督を上命下服と解することは「地方自治の本旨にもとる結果となるおそれがある」としつつ、代理署名の執行を命じた。

しかし、その後、地方分権改革の下で1999年に改正された地方自治法は、機関委任事務を廃止し、地方公共団体で処理する事務をすべて地方公共団体の事務と位置づけ、本来、国や都道府県の事務であるが、法律によりその実施を基礎的自治体（市町村・特別区）に委ねられる**法定受託事務**と、それ以外の**自治事務**に再編した。また、国による**普通地方公共団体**への関与のあり方が見直されるとともに、国と地方の紛争処理のための第三者機関である**国地方係争処理委員会**の設置や、国の関与の取消しまたは不作為の違法確認訴訟などの定めが置かれた（自治245条以下）。

Ⅱ　地方公共団体の組織・構成・活動

1　地方公共団体

92条は地方自治の担い手を「地方公共団体」とし、93条は地方公共団体に議会を設置すること、および地方公共団体の長、議会の議員等が住民の直接選挙で選出されることを定めるが、何が地方公共団体に当たるのかを法律に委ねている。もっとも、自由に法律で決めることができるのではなく、「地方自治の本旨」に反してはならないという制約がある。地方自治法は、都道府県と市町村を**普通地方公共団体**とし、市町村を「基礎的な地方公共団体」、都道府県を「市町村を包括する広域の地方公共団体」と定め、**特別区**、地方公共団体の組合および財産区を**特別地方公共団体**とする（自治１条の３、２条３項・５項）。市町村が憲法上の地方公共団体であることに争いはないが、東京都の特別区や都道府県がそれに当たるかが議論されてきた。通説は、市町村と都道府県の**二層制**を原則とし、都道府県を**道州制**にすることを立法政策の問題と解している。

〔判　例〕　**★東京都特別区長公選訴訟**（最大判昭38・３・27刑集17巻２号121頁）

東京都の特別区の区長の公選制を廃止し、都知事の同意を得て議会が選任することに改めた旧地方自治法の規定が93条２項に反するかが争われた事案で、最高裁は93条２項の「地方公共団体」というには、「単に法律で地方公共団体として取り扱われているというだけでは足らず、事実上住民が経済的文化的に密接な共同生活を営み、共同体意識をもっているという社会的基盤が存在し、沿革的に見ても、また現実の行政の上においても、相当程度の自主立法権、自主行政権、自主財政権等地方自治の基本的権能を附与された地域団体であることを必要とする」と述べ、この当時の特別区はこれに該当しないと判示した。なお、現行地方自治法281条の2第2項は、特別区を市町村と同様の事務を処理する「基礎的な地方公共団体」と規定する。

2　議会と長

93条は、地方議会の議員だけでなく長も住民の直接選挙で選ばれることを定め、地方自治法は、普通地方公共団体の長（知事・市町村長）が「当該地方公共団体を統括し、これを代表する」（自治147条）こと、および「当該地方公共団体の事務を管理し及び執行する」（自治148条）ことを定め、独任制の長を執行機関とするとともに、議員と長の兼職禁止（自治141条2項）を規定している。このように、**議院内閣制**をとる国政とは異なり、地方自治では**二元代表制**の仕組みを採用している。他方で、議会による長の**不信任決議**とそれに対する長による議会の**解散権**を認め、議院内閣制の要素も加えている（自治178条）。

もっとも、憲法は長が執行機関であることや、長が執行機関の地位を独占することを明記していない。そのため、議会が行政運営の専門家をシティマネジャーに任命して執行権を委ねることや、議会が執行機関を兼ねるといった他の組織形態をとることも、憲法上可能と解する説が有力に唱えられている。

＊　地方自治法100条は、普通地方公共団体の議会に、いわゆる100条調査権を認める。100条調査権とは、議会が当該地方公共団体の事務に関する調査を行い、当該調査を行うために特に必要であると認めるときは、選挙人その他の関係者の出頭および証言ならびに記録の提出を請求することを、その内容とする。このような調査権には、議会の立法・政策立案などの権能を十分に機能させるだけでなく、執行機関に対する議会の監視機能を強化する意義があると指摘される。

3　住民の権限

93条2項は、「地方公共団体の住民」による地方公共団体の長、議員等の直接選挙を定めるが、ここに**定住外国人**が含まれるかが議論されてきた。通説は、地方選挙権を定住外国人に認めることは憲法に反しないと解する。判例は、「地方公共団体の住民」とは「地方公共団体の区域に住所を有する日本国民」を意味するとしたが、永住者等に選挙権を付与することは憲法上、禁止されていないと判断した（最判平７・２・28民集49巻２号639頁）（第５章Ⅱ２も参照）。

＊　地方自治法89条は普通地方公共団体に議事機関としての議会を置くことを規定するが、同法94条は議会に代わって有権者団が「議会」となる**町村総会**を置くことを定め、有権者全員が総会の構成員になるという**直接民主制**を採用している。町村総会は一般に、**住民自治**の理念から憲法に適合する制度と考えられている。

Ⅲ　地方公共団体の権能

1 住　　民

（**1**）　憲法に基づく住民投票　　95条は、国会が「一の地方公共団体」のみに適用される**地方特別法**を制定するには、住民投票による過半数の賛成が必要であること定める。ここでいう「一の」とは、「一個の」ではなく「特定の」という意味である。この規定は、41条が定める**国会単独立法**の原則の例外を明文で認める唯一の規定であり、**団体自治**だけでなく**住民自治**を重視する考え方を打ち出している。特定の地方公共団体を対象としていなくても、実際の適用対象が特定の地方公共団体のみに適用される場合、本条にいう地方特別法と解する見解がある。

（**2**）　地方自治法に基づく住民投票　　地方自治法は住民の**条例制定・改廃請求権**（自治12条１項、74条）、事務の執行に関する**監査請求権**（自治12条２項、75条）、議会の**解散請求権**（自治13条１項、76〜79条）、議員、長などの**解職請求権**（自治13条２項・３項、80〜88条）といった**直接請求権**や**住民監査請求**（自治242条）、**住民訴訟**（自治242条の２）を定めており、国と比較すると住民が政治に直接関わることが広く認められている。

これまで**条例**で法的拘束力のある住民投票制度を設けることは可能かが議論されてきた。一般に、為政者の支配を正統化するプレビシットや世論操作に警戒し慎重な立場がとられている。これに対し、法的拘束力を有しない場合は憲法上許容されると考えられている。

コラム　一定程度の自治権が認められている地域で、分離独立の是非を住民投票で問う例が見られる。2014年にイギリスのスコットランドで行われた住民投票では反対票が55%を占め否決されたが、投票率は80%を超え、その関心の高さを表していた。スペインのカタルーニャで2017年に実施された住民投票の投票率は50%に満たなかったものの、90%が独立に賛成票を投じた。また、2017年にイラクのクルディスタンでの住民投票では、70%を超える投票率のうち賛成が92%であった。カナダではケベック州の分離独立が問題となってきたところ、カナダ最高裁は、一方的な離脱は現行憲法上認められないが、離脱の意思が多数であり、かつそれが明瞭で場合には、連邦と州は、憲法改正の交渉を行う憲法上の義務があるとの見解を示した（*Reference re Secession of Quebec*, [1998] 2 SCR 217）。これを受け、離脱に係る住民投票やその効力等を定める連邦法が制定されている。

2　議　会

94条は、92条の「**地方自治の本旨**」を受け、「地方公共団体は……法律の範囲内で**条例**を制定することができる」と定める（94条の「条例」には長の制定する規則等も含まれる）が、憲法が法律に委ねている事項について条例で定めることができるかどうか、また、条例が「法律の範囲内」であるかをどう判断すべきかが問題となる。

29条は「財産権の内容は、公共の福祉に適合するやうに、法律でこれを定める」と規定するが、通説は、民法で典型的に定められているような全国的な取引の対象となる場合は制約できないが、条例が民主的立法であることから、地域ごとの異なる制約を可能と解する。**奈良県ため池条例事件**（最大判昭38・6・26刑集17巻5号521頁）は、結論において条例による規制を肯定した（第8章Ⅲ2参照）。

31条・73条6号との関係で、条例で刑罰を科することができるだろうか。地方自治法14条3項は、**普通地方公共団体**は法令に特別の定めがあるものを除き、刑罰を科することができる旨を定めている。通説は、民主的立法であることを根拠にこれを肯定する。**大阪市売春取締条例事件**（最大判昭37・5・30刑集16巻5号577頁）は、条例が民主的正統性をもつことを考慮し、法律の授権が相当な程度に具体的で限定的であることや、罰則の範囲が限定されていることを理由に合憲であると判示した。

30条と84条が定める**租税法律主義**との関係についてはどうか。地方自治法223条は「普通地方公共団体は、法律の定めるところにより、地方税を賦課徴収することができる」と規定し、地方税法2条は「地方団体は、この法律の定めるところによつて、地方税を賦課徴収することができる」とする。地方自治を行うには財源の確保は不可欠であることから、学説はその根拠づけに違いはあるものの、地方公共団体の課税権を認める。

大牟田市電気税事件（福岡地判昭55・6・5判時966号3頁）は92条および94条を根拠に地方公共団体の課税権を認めたが、具体的税目の課税権は法律の根拠が必要であると判示した。**東京都銀行税事件**（東京高判平15・1・30判時1814号44頁）は、憲法判断をせずに外形標準課税条例が地方税法に反すると判示した。**神奈川県臨時特例企業税事件**（最判平25・3・21民集67巻3号438頁）は、普通地方公共団体が地方自治の不可欠の要素として課税権の主体となることが憲法上予定されているとする。しかし、92条や94条、そして国民の税負担全体の程度、国と地方の財源の配分等の観点からの調整の必要性から、「普通地方公共団体が課することができる租税の税目、課税客体、課税標準、税率その他の事項については、憲法上、租税法律主義（84条）の原則の下で、法律において地方自治の本旨を踏まえてその準則を定めることが予定されて」いると解し、普通地方公共団体の課税権は、その準則の範囲内で行使されなければならないと判示した。法律による規律を強調するこの判決に対して、自主課税権への理解に欠けるとの批判が加えられている。

「普通地方公共団体は法令に違反しない限りにおいて」条例制定権を有することを定める地方自治法14条1項は、一般に94条を確認した規定とされる。そこで、法律よりも厳しく規制する「上乗せ条例」や、法律が規制していないものを対象として規制する「横出し条例」が、法令に違反しないかが問題となる。

かつては、法律と条例が競合したときは当然に法律が優位すると説く法律先占論が唱えられていた。しかし、この見解は、地方自治の本旨に照らし妥当であるかが疑問視されている。**徳島市公安条例事件**（最大判昭50・9・10刑集29巻

8号489頁）は、「条例が国の法令に違反するかはどうかは、両者の対象事項と規定文言を対比するのみでなく、それぞれの趣旨、目的、内容及び効果を比較し、両者の間に矛盾抵触があるかどうかによってこれを決しなければならない」と判示した。**高知市普通河川管理条例事件**（最判昭53・12・21民集32巻9号1723頁）は、河川法より強く規制する「上乗せ条例」を違法と判断している。

3　長

地方公共団体の長は、地方自治法上、地方公共団体を統括および代表し（自治147条）、事務を管理しこれを執行する（自治148条）権限を有し、「法令に違反しない限りにおいて」規則を制定する権限が定められている（自治15条）。この権限は憲法94条で認められているため、法律の委任がなくても制定できると解されている。

議会との関係では、長は、議会における条例の制定・改廃、予算の議決に異議のあるときや、議会の議決・選挙がその権限を超えまたは法令もしくは会議規則に反するときは、再議に付することができる（自治176条）。また、議会による**不信任決議**があった場合には議会を解散できる（自治178条）。

【参考文献】

小林武＝渡名喜庸安『憲法と地方自治』（法律文化社、2007）
杉原泰雄『地方自治の憲法論』〔補訂版〕（勁草書房、2008）
憲法研究8号特集「地方自治の憲法理論」（信山社、2021）

第17章　天　　皇

おことばを述べる天皇明仁（現上皇）（2016年8月8日）
退位の意向がにじむ「お気持ち」を天皇明仁が表明したことをきっかけとして退位特例法が制定された。象徴天皇制の本質は何か、天皇の権能をどう理解すべきか。再び議論が活発化している。
出典：宮内庁ウェブサイト

I　天皇の性格・地位

1　国民の総意

☞憲法1条は、「天皇は、日本国の象徴であり日本国民統合の象徴であって、この地位は主権の存する日本国民の総意に基づく」としている。**大日本帝国**（明治）**憲法**においては、天皇が主権者の地位にあり、その地位は天孫降臨以来、**神勅**により万世一系の天皇が日本を統治してきたという神話に基づいていたが、日本国憲法はこのような神話に基づく**天皇主権**を否定した。天皇の地位が主権者国民の総意に基づくとは、憲法改正によって天皇制の改廃が可能であることも意味している。

2 象徴性

（1） 日本国の象徴　☞**象徴**とは、白色が純潔の象徴とされるように、抽象的な観念（純潔）を本来それとは無関係な具体的な物象（白）によって示すことをいう。したがって、天皇が日本国の象徴であるとは、「日本国」という抽象的な観念を、天皇の地位についた具体的な人物が示すことを意味する。しかし、人々が天皇である人物を見て実際に日本国を連想するかは、各人の内心に関わる事実上の問題である。天皇である人物を見て日本国を連想すべきだと規範的に要求するのは、**思想・良心の自由**（第7章Ⅱ参照）との関係で問題がある。**象徴天皇制**の意義はむしろ、天皇が象徴でしかないことを明確にした点にある。明治憲法における統治権の総覧者としての天皇の地位を保護法益とする不敬罪の規定は、戦後に無効となった（プラカード事件＝最大判昭23・5・26刑集2巻6号529頁）。

（2） 象徴に相応しい態度と処遇　天皇は象徴として相応しい行動をとる義務を負う。天皇の政治的中立性を疑わせる行為は、「国政に関する権能」をもたず（4条）、政治責任を負わない（3条）象徴としての地位と矛盾する。

天皇の法的責任も問題となる。刑事責任については、皇室典範が摂政について、「その在任中、訴追されない」（21条）としていることから、天皇にも当然に刑事責任は及ばないと考えられている。民事責任については、天皇を被告として提起された民事訴訟で、最高裁は、天皇が象徴であることにかんがみ、「天皇には民事裁判権が及ばないものと解するのが相当」と判示した（最判平成元・11・20民集43巻10号1160頁）。

3 世襲制

☞皇位の継承について、憲法は**世襲制**を定め、具体的なルールは法律（**皇室典範**）に委ねている（憲法2条）。皇位に即くことができる人物を**門地**（第6章Ⅲ参照）によって決めることを憲法自体が例外的に容認している。なお、旧典範は天皇が**勅令**で定め、帝国議会が関与することは許されなかったが（明治憲法74条1項）、日本国憲法2条は、新典範を国会が議決するものとしている。本条は明治憲法と旧典範の二元的憲法秩序（**典憲二元体制**）を否定する重要な意義を持つ。

皇室典範1条は、「皇位は、皇統に属する**男系の男子**が、これを継承する」と定めている。現状では**女性皇族**は皇位継承者になれない。このような性差別について、通説的見解は、そもそも天皇制が身分制を否定した憲法自体が認める例外的制度なのであるから、男系男子主義を採用することも憲法14条の例外として憲法自体が容認するものだと考える。もっとも、典範の改正によって、女性・女系皇族への皇位継承を認めることは可能だと考えられている。

＊　憲法の定める世襲制は、皇位が現王朝に属する者に継承されるべきことを要求しているとする見解や、もともと旧典範が男系男子主義を採用していたのは天皇が**統帥権**をもつ軍の最高指揮官であったためであることを指摘しつつ、女性の皇位継承を認めないのは明治憲法下の天皇制を無批判に継受するもので、憲法1条に違反するとの見解もある。

コラム　世界には女性が即位できる王国が存在するが、必ずしも性別と無関係に王位継承順が決まるわけではない。イギリスのエリザベス2世は、父ジョージ6世が即位した時点で兄弟がいなかったことから王位の推定相続人となった。ただし、現在のイギリスは、2013年王位継承法により、男子優先長子主義から、絶対的長子主義へ移行している。

典範4条は、「天皇が崩じたときは、皇嗣が、直ちに即位する」と定める。これは天皇が**譲位**（**生前退位、退位**）できないことを前提としている。譲位の制度化は新典範制定時にも議論があったが、天皇制の存立を不安定にするなどの理由で制度化されなかった。譲位の制度化には、譲位が政治的意味をもちうることから違憲とする説と、厳格な手続的・実体的要件の下で許容されるとする説がある。許容説にはさらに、譲位を制度化する場合には典範を改正して恒久的な制度を定めなければ違憲の疑いがあるとする説と、必要に応じて個別的に特例法を制定すれば足りるとする説がある。2017年には、当時の天皇に限って譲位を認める法律（天皇の退位等に関する皇室典範特例法）が成立し、2019年4月

30日に施行された。退位した天皇の称号は上皇に、その后の称号は上皇后となった。究極の人権として、天皇・皇族には身分離脱の自由が認められるべきだとする見解もある。

4　皇室財産

皇室の財産はすべて国に属し、皇室の費用はすべて**予算**に計上して国会の議を経る必要がある（88条）。憲法8条は、皇室に対する財産譲渡、皇室の財産譲受、皇室による財産賜与につき、国会の議決が必要としている。皇室へ出入りする財産を国会の統制下におくことで、皇室が莫大な財産を蓄積してこれを政治的に利用したり、皇室と特定の私人や団体とが深く結びついたりすることを防止する趣旨である。ただし、日用品の購入など通常の私的経済行為や外国交際のための儀礼上の贈答などはこの限りではない（皇室経済法2条）。

Ⅱ　天皇の権能

1　国事行為

天皇は、**内閣**の「**助言と承認**」により、憲法が定めた**国事行為**のみを行う（3条、4条1項、7条）。天皇は国政に関する機能（実質的決定権）を有してはならない（4条1項）から、国事行為は形式的・儀礼的なものでなければならない。「助言と承認」は別個の行為ではなく、一つの行為だと解されており、閣議決定でなされる。国事行為は4条2項、6条、7条、96条2項に列挙されている。

☞国事行為に関しては、「内閣の助言と承認」の中に内閣の実質的決定権を含むと解釈できるかが、特に衆議院解散権の所在をめぐって議論されている（第14章Ⅳ参照）。一つの考え方によれば、形式的・儀礼的なものでなければならない国事行為は、すべてが本来的に形式的・儀礼的なものであるわけではなく、他の国家機関に実質的決定権がある結果として形式的・儀礼的な行為になるものがある。後者の中には決定権の所在が明確でないものもある（衆議院解散、国会召集など）が、それについては内閣が**助言と承認**を行う際に、実質的決定を行うことにより、結果的に形式的・儀礼的な行為になる。これが通説とされる。これに対して、もう一つの考え方によれば、天皇の国事行為はすべて本来的に形式的・儀礼的な行為であり、それに対する内閣の助言と承認もすべて形式的なものにならざるをえず、内閣の助言と承認は内閣による実質的決定権の根拠にはならない（天皇による衆議院解散の宣言に対する内閣の助言・承認は「衆議院解散を宣言すべきだ」というものにならざるをえず、「衆議院解散を決定すべきだ」というものにはならない）。これによれば、通説は、天皇への内閣の助言を「衆議院解散を決定すべきだ」というものだと捉えていることになり、それは、天皇が「決定」できる場合もありうることを前提にしていることになるから、「天皇は…国政に関する権能を有しない」とする憲法４条と矛盾する。また、「内閣の助言と承認」の中に内閣の決定権を含むと解釈できるとすれば、同一文言を内閣に決定権があると解釈する場合と、ないと解釈する場合とが混在することになり、解釈上の整合性が問題になる。

憲法５条は、典範の定めにより**摂政**を置き国事行為を代行させることを認める。これを受けて典範16条が、天皇が成年に達しないときは必ず摂政を置き、天皇の精神・身体に重患または重大事故があり、国事行為の遂行が困難な場合には、皇室会議の議により摂政を置くことを定める。

2　合憲性の疑いのある行為

天皇は国事行為以外にも、国会開会式に参列して「おことば」を述べたり、各種行事に出席したり、国内巡幸を行うなど、純粋な私的行為（睡眠や食事など）ともいえないような行為を行っている。こうしたいわゆる**公的行為**を憲法上どう位置づけるのか、様々な考え方が示されている。

まず、天皇に許されているのは国事行為か私的行為だけであるという二分説を前提に、公的行為は国事行為でも私的行為でもない以上、違憲とする説がある。しかし、天皇が憲法に列挙された国事行為のみを行うとされているのは、国政の過程で法的効果を伴う行為を限定する趣旨と解され、法的効果を伴わない事実上の行為をも禁止する趣旨とは解されないことから違憲説は支持されていない。

合憲説には、国事行為と私的行為以外にも憲法上許容される第３の行為類型を想定し（三分説）、天皇は憲法に掲げられた国事行為以外にも、象徴の地位にふさわしい行為で、かつ儀礼的な行為であれば、それを行うことが許容されているとする説（象徴行為説）がある。しかし、「象徴」に積極的意味を付与することになる、公的行為の範囲が明確でなく憲法4条1項の趣旨を潜脱する恐れがある、などの批判がある。

そこで、天皇も公人である以上、その地位に伴い社交上要請される儀礼的な行為を行うことが認められると考える説（公人行為説）も有力に主張されている。しかしこの説に対しても公的行為の範囲に不明確さが残るという批判がある。

これらに対して、違憲論と同じ二分説に立ち、公的行為を国事行為の中に解釈として包含させる説が唱えられている（**国事行為説**。国内巡幸や外国元首との親書等の交換は私的行為だとされる）。この説は天皇の公的行為に内閣の統制を及ぼしていく意義があるが、「儀式を行う」（7条10号）について、それが通常儀式を主宰し執行することを意味することから、それに国会開会式や外国の国家儀式などへの参列までをも含めて解釈することは文理上難しいという批判がある。そこで、国事行為に付着した公的行為のみが準国事行為として許されるとする説もある（**準国事行為説**）。いずれにせよ天皇の公的行為は儀礼的なものでなければならず、その責任は最終的に内閣が負うと解されている。

【参考文献】

奥平康弘『「萬世一系」の研究（上、下）』（岩波書店、2017）
小嶋和司『小嶋和司憲法論集二　憲法と政治機構』（木鐸社、1988）
針生誠吉＝横田耕一『国民主権と天皇制』（法律文化社、1983）
横田耕一『憲法と天皇制』（岩波書店、1990）

第18章　憲法改正

1946年10月29日、明治憲法の「改正」案を可決した枢密院の様子
憲法９条の改正に先立って改正手続を定める96条を改正しようという機運が高まったとき、多くの研究者が反対を表明した。その中には憲法改正の限界を超えるという主張もあった。96条の意義とは、憲法改正の限界とはなんだろうか。
出典：Wikimedia Commons

1　硬性憲法の意義

憲法の改正とは、憲法の改正規定に基づいて憲法典の一部を修正・追加・削除することをいう。

憲法96条は、憲法の改正に法律の制定改廃よりも厳格な要件を課している（**硬性憲法**）。その意義として、①民主的な政治過程を支える諸権利を憲法で保障し、その改正を単純多数決では行えないようにしておくことで、民主的な政治運営が損なわれないようにする、②国家の統治に関わる基本的ルールがその時々の政治的多数派の意向で左右されないようにすることで、公正な政治運営が図られるようにする、③憲法で権利を保障し単純多数決では改正できないようにしておくことで、少数者の権利保障に資する機能を果たすことなどが挙げられる。

＊　憲法改正と似て非なる概念としてイェリネックが先駆的に研究した**憲法の変遷**がある。これは憲法規範と矛盾した実践が国民生活の中に定着して違憲とは意識されなくなった事態を表す。日本では憲法9条との関連でこれが取り上げられることがあるが、イェリネックは、これを規範的概念ではなく、憲法規範と矛盾する社会的規範が生じている客観的事実を記述する概念として用いていたことに留意しなければならない。

コラム　主要各国の憲法改正要件を比較すると、アメリカでは連邦議会両院の3分の2以上の賛成か3分の2以上の州議会の要請により招集される憲法会議による提案と、4分の3以上の州の承認を必要とする。フランスでは上下両院の過半数の賛成と国民投票の過半数を必要とする。政府提出の憲法案に限って両院合同会議の5分の3以上の賛成というルートもある。ドイツでは連邦議会両院の3分の2以上の賛成を要する。実際の憲法改正の多寡は、改正手続の硬度だけでなく、改正内容の合理性・必要性、元の憲法規定の繁簡など、複合的な要因による。

2　憲法改正手続

（1）　概　要　　国会議員により改正案の原案が内容において関連する事項ごとに区別して発議され（国会法68条の2、68条の3）、衆参各院の総議員の3分の2以上の賛成で可決されると、憲法改正案として国民に発議される（国会法68条の5第1項、憲法96条1項）。改正案は発議後60日以後180日以内に国民投票にかけられ（憲法改正手続法2条）、有効投票総数の過半数の賛成で承認される（憲法96条1項、憲法改正手続法126条1項）。投票権者は日本国籍を有する満18歳以上の者である（憲法改正手続法3条）。承認を得た改正案は天皇により国民の名で元の憲法と一体を成すものとして公布される（憲法96条2項）。

（2）　問題点　　まず、改正の発議に必要な各院の総議員について、法定議員数説と現在議員数説の対立がある。法定議員数説に対しては欠員を改正反対に数えることになる点が不合理だとする批判があるが、現在議員数説に対しても欠員が出るほど憲法改正が容易になるのは不合理だとする批判がある。改正反対派を除名すること（憲法58条2項）により憲法改正を容易にする途を塞ぐことも法定議員数説を支持する理由に挙げられる。次に、改正案への賛否を主張し合う国民投票運動について、広告規制がほぼなく、広告に費やせる資金力の差が国民の議論を左右する可能性が指摘されている。さらに、国民投票の過半数について、総投票の過半数とすべきとする批判や有権者の過半数が必要だとする批判がある。また、**最低投票率**が設定されていない結果、極めて低い投票率であっても憲法改正が成立しうることに批判がある。ほかには、改正案に対する国民投票は内容において関連する事項ごとに行われるが、その判断基準が不明確なため、政府・与党にとって都合の良いように国民に不人気な案とそうでない案とが抱き合わせて発議される可能性が指摘されている。国民投票までの期間も国民が改正の是非を熟考する期間として十分か疑問視されている。

コラム　諸外国の憲法の中には最初の憲法改正の提案から最終的な改正に至るまでに長い日時の経過を求めるものがある。かつてのフランス憲法は、三度の選挙を経た議会が一貫して同一の改正を発議した場合に改めて憲法改正のための議会を招集し最終的な改正を行った（1791年憲法7編2・5・6条）。スペイン憲法は、重要事項の改正については国会の解散総選挙を挟んだ二度の3分の2の多数による発議を経て国民投票に付される（168条）。スウェーデン憲法は、1回目の議決から最低9カ月経過した後に選挙を実施し、その後の2回目の議決により改正される（統治法14条）。改正プロセスの中に総選挙を挟むことで議会勢力が変化する可能性が生じ、特定政党の短期的利害を考えてなされる改正提案が少なくなること、また、国民が改正案について熟考する時間を確保することが期待できる。

3 憲法改正の限界

憲法改正には法理論的な限界があるとする限界説と、どのような改正でも可能だとする無限界説との対立がある。限界説の根拠としては、憲法制定権力と憲法改正権力の区別が挙げられる。**憲法制定権力**とは憲法を構成する権力のことであり、**憲法改正権力**は憲法によって構成された権力である。憲法改正権力は、自らを構成した大元である憲法制定権力を変更したり、それに成り代わったりすることはできない。よって、憲法改正権力によって憲法制定権力の主体（主権）を変更することはできず、自らの根拠規定である憲法改正手続規定を変更することもまた不可能だとされる。

＊　**自然法思想**に立って、憲法改正権力も自然法の拘束を受けると主張されることがあるほか、憲法の同一性を失わせるような改正も憲法改正の限界を超えるといわれることもある。日本国憲法の場合、**国民主権**（前文）、**戦争の放棄**（9条）、**基本的人権の尊重**（11条、97条）が同一性の基準として挙げられる。

これに対して無限界説は、憲法制定権力と憲法改正権力を同一視し、憲法制定権力の万能性を根拠に、憲法改正には限界がないと説く。これによれば、現行憲法では「一切」(前文) が排除されている国民主権原理に反する憲法改正や、「永久に」（9条）放棄されている戦争を容認する憲法改正、「侵すことのできない永久の権利」(11条、97条) を侵す憲法改正も可能ということになる。

憲法改正に法理論的な限界を認めても、事実上の問題として、憲法改正の限界を超えた「改正」が行われることはある。限界説からすれば、それは、憲法内部の秩序構造を覆す、法理論的な意味での**革命**（ないし**クーデタ**）と評すべき事態であり、旧憲法の改正を装った新憲法の制定ということになる。

＊　**国民主権原理**に立つ日本国憲法は、**天皇主権原理**に立つ大日本帝国憲法の改正手続に則って制定された（第3章参照)。限界説に立てば、このような「改正」は憲法改正の限界を超え不可能なはずである。しかし、それが可能であったのは、国民主権原理の確立を要求する**ポツダム宣言**を日本政府が受諾した段階で、すでに法的革命が生じていたことによる（**八月革命説**)。革命が生じ、明治憲法体制が根本的に変化した以上、明治憲法の改正手続に従う必要はなかったが、明治憲法の「改正」という外観をとったことは、秩序と平穏のうちに革命を成就せしめるという政治的意義をもった。

【参考文献】

全国憲法研究会編　法律時報増刊『続・憲法改正問題』(2006)
石川健治「あえて霞を喰らう」法律時報85巻8号1頁（2013)
清宮四郎『国家作用の理論』(有斐閣、1968)
シィエス（稲本洋之助ほか訳)『第三身分とは何か』(岩波書店、2011)
C・シュミット（尾吹善人訳)『憲法理論』(創文社、1972)
駒村圭吾＝待鳥聡史編『「憲法改正」の比較政治学』(弘文堂、2016)

参考文献

【教　科　書】　**＊太字**は、通説・有力説などの基準としたもの

美濃部達吉『日本國憲法原論』（有斐閣、1948）
佐々木惣一『改訂日本國憲法論』（有斐閣、1952）
鈴木安蔵『憲法学原論』（勁草書房、1956）
鵜飼信成『新版憲法』（弘文堂、1968）
大石義雄『日本憲法論』（嵯峨野書院、1973）
清宮四郎『憲法Ⅰ』〔第3版〕（有斐閣、1979）
宮沢俊義『憲法Ⅱ』〔新版〕（有斐閣、1971）
宮沢俊義『憲法入門』〔新版〕（勁草書房、1973）
佐藤功『日本国憲法概説』〔全訂第5版〕（学陽書房、1996）
小林直樹『憲法講義上・下』〔新版〕（東京大学出版会、1980・1981）
橋本公亘『日本国憲法』〔改訂版〕（有斐閣、1988）
小嶋和司『憲法概説』（良書普及会、1987）
伊藤正己『憲法』〔第3版〕（弘文堂、1995）
覚道豊治『憲法』〔改訂版〕（ミネルヴァ書房、1977）
芦部信喜『憲法学Ⅰ・Ⅱ・Ⅲ〔増補版〕』（有斐閣、1992・1994・2000）
芦部信喜（高橋和之補訂）『憲法』〔第7版〕（岩波書店、2019）
芦部信喜編『憲法Ⅱ・Ⅲ』（有斐閣、1978・1981）
榎原猛『憲法——体系と争点』（法律文化社、1986）
榎原猛ほか編『新版基礎憲法』（法律文化社、1999）
阿部照哉『憲法』〔改訂〕（青林書院、1991）
阿部照哉ほか編『憲法（1・2・3・4）』〔第3版〕（有斐閣、1995・1996）
杉原泰雄『憲法Ⅰ・Ⅱ』（有斐閣、1987・1989）
奥平康弘『憲法Ⅲ』（有斐閣、1993）
樋口陽一『憲法』〔第4版〕（勁草書房、2021）
樋口陽一『憲法Ⅰ』（青林書院、1998）
樋口陽一『国法学』〔補訂版〕（有斐閣、2007）
清水睦ほか『憲法講義1』（有斐閣、1979）
大須賀明ほか『憲法講義2』（有斐閣、1979）
吉田善明『日本国憲法論』〔第3版〕（三省堂、2003）
伊藤公一『憲法概要』〔改訂版〕（法律文化社、1983）
佐藤幸治『憲法』〔第3版〕（青林書院、1995）
佐藤幸治『日本国憲法論』〔第2版〕（成文堂、2020）

佐藤幸治『国家と人間』（放送大学教育振興会、1997）
佐藤幸治編『憲法Ⅰ・Ⅱ』（成文堂、1988）
山内敏弘編『新現代憲法入門』（法律文化社、2004）
野中俊彦ほか『憲法Ⅰ・Ⅱ』〔第5版〕（有斐閣、2012）
高橋和之『立憲主義と日本国憲法』〔第5版〕（有斐閣、2020）
岩間昭道『憲法綱要』（尚学社、2011）
長尾一紘『日本国憲法』〔第4版〕（世界思想社、2011）
戸松秀典『憲法』（弘文堂、2015）
阪本昌成『憲法理論Ⅰ〔第3版〕・Ⅱ・Ⅲ』（成文堂、2000・1993・1995）
阪本昌成『憲法1〔全訂第3版〕・2〔第4版〕』（有信堂、2011）
浦部法穂『憲法学教室』〔第3版〕（日本評論社、2016）
中谷実編『ハイブリッド憲法』（勁草書房、1995）
初宿正典『憲法1（Ⅰ）・2〔第3版〕』（成文堂、2002・2010）
戸波江二『憲法』〔新版〕（ぎょうせい、1998）
戸波江二ほか『憲法（1・2）』（有斐閣、1992）
辻村みよ子『憲法』〔第7版〕（日本評論社、2021）
辻村みよ子編『基本憲法』（悠々社、2009）
大沢秀介『憲法入門』〔第3版〕（成文堂、2003）
松井茂記『日本国憲法』〔第4版〕（有斐閣、2022）
松井茂記『日本国憲法を考える』〔第4版〕（大阪大学出版会、2022）
市川正人『基本講義憲法』〔第2版〕（新世社、2022）
市川正人編『プリメール憲法』（法律文化社、2004）
棟居快行『憲法講義案Ⅰ〔第2版〕・Ⅱ』（信山社、1994・1993）
長谷部恭男『憲法』〔第8版〕（新世社、2022）
渋谷秀樹『憲法』〔第3版〕（有斐閣、2017）
渋谷秀樹＝赤坂正浩『憲法1・2』〔第8版〕（有斐閣、2022）
赤坂正浩『憲法講義（人権）』（信山社、2011）
木下智史＝伊藤建『基本憲法Ⅰ』（日本評論社、2017）
川又伸彦『マスター憲法』（立花書房、2009）
渡辺康行ほか『憲法Ⅰ〔第2版〕・Ⅱ』（日本評論社、2023・2020）
川岸令和ほか『憲法』〔第4版〕（青林書院、2016）
君塚正臣『憲法――日本国憲法解釈のために』（成文堂、2023）
君塚正臣＝森脇敦史編『ベーシックテキスト憲法』〔第4版〕（法律文化社、2023）
君塚正臣編『高校から大学への憲法』〔第2版〕（法律文化社、2016）
君塚正臣ほか『Virtual 憲法』（悠々社、2005）
毛利透ほか『Legal Quest 憲法Ⅰ・Ⅱ』〔第3版〕（有斐閣、2022）
毛利透『グラフィック憲法入門』〔第2版〕（新世社、2021）
大日方信春『憲法Ⅰ・Ⅱ〔第3版〕』（有信堂、2015・2024）

大久保卓治ほか編『憲法入門！市民講座』（法律文化社、2020）
青井未帆＝山本龍彦『憲法Ⅰ・Ⅱ』（有斐閣、2016・2022）
新井誠ほか『憲法Ⅰ・Ⅱ』〔第2版〕（有斐閣、2021）
榎透＝大林啓吾＝大江一平『時事法学——法からみる社会問題』〔新版〕（北樹出版、2011）

【コンメンタール・事典・解説書・判例解説など】

法学協会編『註解日本国憲法上・下』（有斐閣、1953・1954）
樋口陽一ほか『注釈日本国憲法上・下』（青林書院、1984・1988）
樋口陽一ほか『憲法Ⅰ・Ⅱ・Ⅲ・Ⅳ』（青林書院、1994・1997・1998・2004）
佐藤幸治編『要説コンメンタール日本国憲法』（三省堂、1991）
芹沢斉ほか編『新基本法コンメンタール憲法』（日本評論社、2011）
木下智史＝只野雅人編『新・コンメンタール憲法』〔第2版〕（日本評論社、2019）
長谷部恭男編『注釈日本国憲法（2・3）』（有斐閣、2017・2020）
大須賀明ほか編『三省堂憲法事典』（三省堂、2001）
杉原泰雄編集代表『新版体系憲法事典』（青林書院、2008）
大林啓吾＝見平典編『憲法用語の源泉を読む』（三省堂、2016）
清宮四郎＝佐藤功編『憲法講座1・2・3・4』（有斐閣、1963・1964）
佐藤幸治ほか『ファンダメンタル憲法』（有斐閣、1994）
中村睦男『論点憲法教室』（有斐閣、1990）
芦部信喜編『憲法の基本問題』（有斐閣、1988）
大石眞＝石川健治編『憲法の争点』（有斐閣、2008）
松井茂記『LAW IN CONTEXT 憲法』（有斐閣、2010）
松井茂記編『スターバックスでラテを飲みながら憲法を考える』（有斐閣、2016）
市川正人『ケースメソッド憲法』〔第2版〕（日本評論社、2009）
棟居快行『憲法解釈演習』〔第2版〕（信山社、2009）
渋谷秀樹『日本国憲法の論じ方』〔第2版〕（有斐閣、2010）
内野正幸『憲法解釈の論点』〔第4版〕（日本評論社、2005）
赤坂正浩ほか『ファーストステップ憲法』（有斐閣、2005）
笹田栄司編『Law Practice 憲法』〔第2版〕（商事法務、2014）
長谷部恭男『Interactive 憲法』『続・Interactive 憲法』（有斐閣、2006・2011）
長谷部恭男『憲法の理性』〔増補新装版〕（有斐閣、2016）
長谷部恭男『憲法の論理』（有斐閣、2017）
長谷部恭男『憲法の imagination』（羽鳥書店、2010）
長谷部恭男『憲法の円環』（岩波書店、2013）
長谷部恭男編『リーディングズ現代の憲法』（日本評論社、1995）
長谷部恭男編『憲法本41』（平凡社、2001）
長谷部恭男編『論究憲法』（有斐閣、2017）

井上典之『憲法判例に聞く』（日本評論社、2008）
小山剛『「憲法上の権利」の作法』〔第3版〕（尚学社、2016）
小山剛＝駒村圭吾編『論点探求憲法』〔第2版〕（弘文堂、2013）
安西文雄編『憲法学読本』〔第3版〕（有斐閣、2018）
駒村圭吾『憲法訴訟の現代的転回』（日本評論社、2013）
南野森編『憲法学の世界』（日本評論社、2013）
宍戸常寿『憲法――解釈論の応用と展開』〔第2版〕（日本評論社、2014）
判例時報2344号増刊『法曹実務にとっての近代立憲主義』（判例時報社、2017）
別冊法学セミナー『憲法のこれから』（日本評論社、2017）
佐藤幸治『立憲主義について』（左右社、2015）
佐藤幸治『世界史の中の日本国憲法』（左右社、2015）
浦田賢治＝大須賀明編『新・判例コンメンタール日本国憲法１・２・３』（三省堂、1993・1994）
戸松秀典＝今井功編『判例憲法１・２・３』（第一法規、2013）
戸松秀典＝初宿正典編『憲法判例』〔第8版〕（有斐閣、2018）
長谷部恭男ほか編『憲法判例百選Ⅰ・Ⅱ』〔第7版〕（有斐閣、2019）
佐藤幸治＝土井真一編『判例講義憲法Ⅰ・Ⅱ』（悠々社、2010）
憲法判例研究会編『判例プラクティス憲法』〔増補版〕（信山社、2015）
ジュリスト編集室編『最高裁時の判例Ⅰ　公法編』（有斐閣、2003）
樋口陽一＝野中俊彦編『憲法の基本判例』〔第2版〕（有斐閣、1996）
杉原泰雄＝野中俊彦編『新判例マニュアル憲法Ⅰ・Ⅱ』（三省堂、2000）
小林直三＝大江一平＝薄井信行編『判例で学ぶ憲法』（法律文化社、2022）
初宿正典ほか編『憲法 Cases and Materials 人権〔第2版〕・憲法訴訟』（有斐閣、2013・2007）
LS 憲法研究会編『プロセス演習　憲法』〔第4版〕（信山社、2015）
横大道聡編『憲法判例の射程』〔第2版〕（弘文堂、2020）
長谷部恭男ほか『ケースブック憲法』〔第4版〕（弘文堂、2013）
原田一明＝君塚正臣編『ロースクール憲法総合演習』（法律文化社、2012）
木下昌彦編集代表『精読憲法判例　人権編・統治編』（弘文堂、2018・2021）
渡辺康行ほか編『憲法学からみた最高裁判所裁判官』（日本評論社、2017）
初宿正典＝辻村みよ子編『新解説世界憲法集』〔第5版〕（三省堂、2020）
畑博行＝小森田秋夫編『世界の憲法集』〔第5版〕（有信堂、2018）

判例索引

最高裁判所

高等裁判所

地方裁判所

簡易裁判所

事項索引

あ　行

か　行

さ　行

た　行

な　行

は　行

ま　行

や　行

ら　行

わ　行

【資　　料】

日本国憲法

朕は、日本国民の総意に基いて、新日本建設の礎が、定まるに至つたことを、深くよろこび、枢密顧問の諮詢及び帝国憲法第73条による帝国議会の議決を経た帝国憲法の改正を裁可し、ここにこれを公布せしめる。

御　名　御　璽

昭和21年11月３日

内閣総理大臣兼 外　務　大　臣		吉田　茂
国　務　大　臣	男爵	幣原喜重郎
司　法　大　臣		木村篤太郎
内　務　大　臣		大村　清一
文　部　大　臣		田中耕太郎
農　林　大　臣		和田　博雄
国　務　大　臣		斎藤　隆夫
逓　信　大　臣		一松　定吉
商　工　大　臣		星島　二郎
厚　生　大　臣		河合　良成
国　務　大　臣		植原悦二郎
運　輸　大　臣		平塚常次郎
大　蔵　大　臣		石橋　湛山
国　務　大　臣		金森徳次郎
国　務　大　臣		膳　桂之助

日本国憲法

日本国民は、正当に選挙された国会における代表者を通じて行動し、われらとわれらの子孫のために、諸国民との協和による成果と、わが国全土にわたつて自由のもたらす恵沢を確保し、政府の行為によつて再び戦争の惨禍が起ることのないやうにすることを決意し、ここに主権が国民に存することを宣言し、この憲法を確定する。そもそも国政は、国民の厳粛な信託によるものであつて、その権威は国民に由来し、その権力は国民の代表者がこれを行使し、その福利は国民がこれを享受する。これは人類普遍の原理であり、この憲法は、かかる原理に基くものである。われらは、これに反する一切の憲法、法令及び詔勅を排除する。

日本国民は、恒久の平和を念願し、人間相互の関係を支配する崇高な理想を深く自覚するのであつて、平和を愛する諸国民の公正と信義に信頼して、われらの安全と生存を保持しようと決意した。われらは、平和を維持し、専制と隷従、圧迫と偏狭を地上から永遠に除去しようと努めてゐる国際社会において、名誉ある地位を占めたいと思ふ。われらは、全世界の国民が、ひとしく恐怖と欠乏から免かれ、平和のうちに生存する権利を有することを確認する。

われらは、いづれの国家も、自国のことのみに専念して他国を無視してはならないのであつて、政治道徳の法則は、普遍的なものであり、この法則に従ふことは、自国の主権を維持し、他国と対等関係に立たうとする各国の責務であると信ずる。

日本国民は、国家の名誉にかけ、全力をあげてこの崇高な理想と目的を達成することを誓ふ。

第１章　天　　皇

第１条〔天皇の地位と主権在民〕　天皇は、日本国の象徴であり日本国民統合の象徴であつて、この地位は、主権の存する日本国民の総意に基く。

第2条〔皇位の世襲〕　皇位は、世襲のものであつて、国会の議決した皇室典範の定めるところにより、これを継承する。

第3条〔内閣の助言と承認及び責任〕　天皇の国事に関するすべての行為には、内閣の助言と承認を必要とし、内閣が、その責任を負ふ。

第4条〔天皇の権能と権能行使の委任〕　① 天皇は、この憲法の定める国事に関する行為のみを行ひ、国政に関する権能を有しない。

② 天皇は、法律の定めるところにより、その国事に関する行為を委任することができる。

第5条〔摂政〕　皇室典範の定めるところにより摂政を置くときは、摂政は、天皇の名でその国事に関する行為を行ふ。この場合には、前条第1項の規定を準用する。

第6条〔天皇の任命行為〕　① 天皇は、国会の指名に基いて、内閣総理大臣を任命する。

② 天皇は、内閣の指名に基いて、最高裁判所の長たる裁判官を任命する。

第7条〔天皇の国事行為〕　天皇は、内閣の助言と承認により、国民のために、左の国事に関する行為を行ふ。

1　憲法改正、法律、政令及び条約を公布すること。
2　国会を召集すること。
3　衆議院を解散すること。
4　国会議員の総選挙の施行を公示すること。
5　国務大臣及び法律の定めるその他の官吏の任免並びに全権委任状及び大使及び公使の信任状を認証すること。
6　大赦、特赦、減刑、刑の執行の免除及び復権を認証すること。
7　栄典を授与すること。
8　批准書及び法律の定めるその他の外交文書を認証すること。
9　外国の大使及び公使を接受すること。
10　儀式を行ふこと。

第8条〔財産授受の制限〕　皇室に財産を譲り渡し、又は皇室が、財産を譲り受け、若しくは賜与することは、国会の議決に基かなければならない。

第2章　戦争の放棄

第9条〔戦争の放棄と戦力及び交戦権の否認〕　① 日本国民は、正義と秩序を基調とする国際平和を誠実に希求し、国権の発動たる戦争と、武力による威嚇又は武力の行使は、国際紛争を解決する手段としては、永久にこれを放棄する。

② 前項の目的を達するため、陸海空軍その他の戦力は、これを保持しない。国の交戦権は、これを認めない。

第3章　国民の権利及び義務

第10条〔国民たる要件〕　日本国民たる要件は、法律でこれを定める。

第11条〔基本的人権〕　国民は、すべての基本的人権の享有を妨げられない。この憲法が国民に保障する基本的人権は、侵すことのできない永久の権利として、現在及び将来の国民に与へられる。

第12条〔自由及び権利の保持義務と公共福祉性〕　この憲法が国民に保障する自由及び権利は、国民の不断の努力によつて、これを保持しなければならない。又、国民は、これを濫用してはならないのであつて、常に公共の福祉のためにこれを利用する責任を負ふ。

第13条〔個人の尊重と公共の福祉〕　すべて国民は、個人として尊重される。生命、自由及び幸福追求に対する国民の権利については、公共の福祉に反しない限り、立法その他の国政の上で、最大の尊重を必要とする。

第14条〔平等原則、貴族制度の否認及び栄典の限界〕　①　すべて国民は、法の下に平等であつて、人種、信条、性別、社会的身分又は門地により、政治的、経済的又は社会的関係において、差別されない。

②　華族その他の貴族の制度は、これを認めない。

③　栄誉、勲章その他の栄典の授与は、いかなる特権も伴はない。栄典の授与は、現にこれを有し、又は将来これを受ける者の一代に限り、その効力を有する。

第15条〔公務員の選定罷免権、公務員の本質、普通選挙の保障及び投票秘密の保障〕　①　公務員を選定し、及びこれを罷免することは、国民固有の権利である。

②　すべて公務員は、全体の奉仕者であつて、一部の奉仕者ではない。

③　公務員の選挙については、成年者による普通選挙を保障する。

④　すべて選挙における投票の秘密は、これを侵してはならない。選挙人は、その選択に関し公的にも私的にも責任を問はれない。

第16条〔請願権〕　何人も、損害の救済、公務員の罷免、法律、命令又は規則の制定、廃止又は改正その他の事項に関し、平穏に請願する権利を有し、何人も、かかる請願をしたためにいかなる差別待遇も受けない。

第17条〔公務員の不法行為による損害の賠償〕　何人も、公務員の不法行為により、損害を受けたときは、法律の定めるところにより、国又は公共団体に、その賠償を求めることができる。

第18条〔奴隷的拘束及び苦役の禁止〕　何人も、いかなる奴隷的拘束も受けない。又、犯罪に因る処罰の場合を除いては、その意に反する苦役に服させられない。

第19条〔思想及び良心の自由〕　思想及び良心の自由は、これを侵してはならない。

第20条〔信教の自由〕　①　信教の自由は、何人に対してもこれを保障する。いかなる宗教団体も、国から特権を受け、又は政治上の権力を行使してはならない。

②　何人も、宗教上の行為、祝典、儀式又は行事に参加することを強制されない。

③　国及びその機関は、宗教教育その他いかなる宗教的活動もしてはならない。

第21条〔集会、結社及び表現の自由と通信秘密の保護〕　①　集会、結社及び言論、出版その他一切の表現の自由は、これを保障する。

②　検閲は、これをしてはならない。通信の秘密は、これを侵してはならない。

第22条〔居住、移転、職業選択、外国移住及び国籍離脱の自由〕　①　何人も、公共の福祉に反しない限り、居住、移転及び職業選択の自由を有する。

②　何人も、外国に移住し、又は国籍を離脱する自由を侵されない。

第23条〔学問の自由〕　学問の自由は、これを保障する。

第24条〔家族関係における個人の尊厳と両性の平等〕　①　婚姻は、両性の合意のみに基いて成立し、夫婦が同等の権利を有することを基本として、相互の協力により、維持されなければならない。

② 配偶者の選択、財産権、相続、住居の選定、離婚並びに婚姻及び家族に関するその他の事項に関しては、法律は、個人の尊厳と両性の本質的平等に立脚して、制定されなければならない。

第25条〔生存権及び国民生活の社会的進歩向上に努める国の義務〕 ① すべて国民は、健康で文化的な最低限度の生活を営む権利を有する。

② 国は、すべての生活部面について、社会福祉、社会保障及び公衆衛生の向上及び増進に努めなければならない。

第26条〔教育を受ける権利と受けさせる義務〕 ① すべて国民は、法律の定めるところにより、その能力に応じて、ひとしく教育を受ける権利を有する。

② すべて国民は、法律の定めるところにより、その保護する子女に普通教育を受けさせる義務を負ふ。義務教育は、これを無償とする。

第27条〔勤労の権利と義務、勤労条件の基準及び児童酷使の禁止〕 ① すべて国民は、勤労の権利を有し、義務を負ふ。

② 賃金、就業時間、休息その他の勤労条件に関する基準は、法律でこれを定める。

③ 児童は、これを酷使してはならない。

第28条〔勤労者の団結権及び団体行動権〕 勤労者の団結する権利及び団体交渉その他の団体行動をする権利は、これを保障する。

第29条〔財産権〕 ① 財産権は、これを侵してはならない。

② 財産権の内容は、公共の福祉に適合するやうに、法律でこれを定める。

③ 私有財産は、正当な補償の下に、これを公共のために用ひることができる。

第30条〔納税の義務〕 国民は、法律の定めるところにより、納税の義務を負ふ。

第31条〔生命及び自由の保障と科刑の制約〕 何人も、法律の定める手続によらなければ、その生命若しくは自由を奪はれ、又はその他の刑罰を科せられない。

第32条〔裁判を受ける権利〕 何人も、裁判所において裁判を受ける権利を奪はれない。

第33条〔逮捕の制約〕 何人も、現行犯として逮捕される場合を除いては、権限を有する司法官憲が発し、且つ理由となつてゐる犯罪を明示する令状によらなければ、逮捕されない。

第34条〔抑留及び拘禁の制約〕 何人も、理由を直ちに告げられ、且つ、直ちに弁護人に依頼する権利を与へられなければ、抑留又は拘禁されない。又、何人も、正当な理由がなければ、拘禁されず、要求があれば、その理由は、直ちに本人及びその弁護人の出席する公開の法廷で示されなければならない。

第35条〔侵入、捜索及び押収の制約〕 ① 何人も、その住居、書類及び所持品について、侵入、捜索及び押収を受けることのない権利は、第33条の場合を除いては、正当な理由に基いて発せられ、且つ捜索する場所及び押収する物を明示する令状がなければ、侵されない。

② 捜索又は押収は、権限を有する司法官憲が発する各別の令状により、これを行ふ。

第36条〔拷問及び残虐な刑罰の禁止〕 公務員による拷問及び残虐な刑罰は、絶対にこれを禁ずる。

第37条〔刑事被告人の権利〕 ① すべて刑事事件においては、被告人は、公平な裁判所の迅速な公開裁判を受ける権利を有する。

② 刑事被告人は、すべての証人に対して審

問する機会を充分に与へられ、又、公費で自己のために強制的手続により証人を求める権利を有する。

③ 刑事被告人は、いかなる場合にも、資格を有する弁護人を依頼することができる。被告人が自らこれを依頼することができないときは、国でこれを附する。

第38条〔自白強要の禁止と自白の証拠能力の限界〕 ① 何人も、自己に不利益な供述を強要されない。

② 強制、拷問若しくは脅迫による自白又は不当に長く抑留若しくは拘禁された後の自白は、これを証拠とすることができない。

③ 何人も、自己に不利益な唯一の証拠が本人の自白である場合には、有罪とされ、又は刑罰を科せられない。

第39条〔遡及処罰、二重処罰等の禁止〕 何人も、実行の時に適法であつた行為又は既に無罪とされた行為については、刑事上の責任を問はれない。又、同一の犯罪について、重ねて刑事上の責任を問はれない。

第40条〔刑事補償〕 何人も、抑留又は拘禁された後、無罪の裁判を受けたときは、法律の定めるところにより、国にその補償を求めることができる。

第4章 国 会

第41条〔国会の地位〕 国会は、国権の最高機関であつて、国の唯一の立法機関である。

第42条〔二院制〕 国会は、衆議院及び参議院の両議院でこれを構成する。

第43条〔両議院の組織〕 ① 両議院は、全国民を代表する選挙された議員でこれを組織する。

② 両議院の議員の定数は、法律でこれを定める。

第44条〔議員及び選挙人の資格〕 両議院の議員及びその選挙人の資格は、法律でこれを定める。但し、人種、信条、性別、社会的身分、門地、教育、財産又は収入によつて差別してはならない。

第45条〔衆議院議員の任期〕 衆議院議員の任期は、4年とする。但し、衆議院解散の場合には、その期間満了前に終了する。

第46条〔参議院議員の任期〕 参議院議員の任期は、6年とし、3年ごとに議員の半数を改選する。

第47条〔議員の選挙〕 選挙区、投票の方法その他両議院の議員の選挙に関する事項は、法律でこれを定める。

第48条〔両議院議員相互兼職の禁止〕 何人も、同時に両議院の議員たることはできない。

第49条〔議員の歳費〕 両議院の議員は、法律の定めるところにより、国庫から相当額の歳費を受ける。

第50条〔議員の不逮捕特権〕 両議院の議員は、法律の定める場合を除いては、国会の会期中逮捕されず、会期前に逮捕された議員は、その議院の要求があれば、会期中これを釈放しなければならない。

第51条〔議員の発言表決の無答責〕 両議院の議員は、議院で行つた演説、討論又は表決について、院外で責任を問はれない。

第52条〔常会〕 国会の常会は、毎年1回これを召集する。

第53条〔臨時会〕 内閣は、国会の臨時会の召集を決定することができる。いづれかの議院の総議員の4分の1以上の要求があれば、内閣は、その召集を決定しなければならない。

第54条〔総選挙、特別会及び緊急集会〕 ① 衆議院が解散されたときは、解散の日から

40日以内に、衆議院議員の総選挙を行ひ、その選挙の日から30日以内に、国会を召集しなければならない。

② 衆議院が解散されたときは、参議院は、同時に閉会となる。但し、内閣は、国に緊急の必要があるときは、参議院の緊急集会を求めることができる。

③ 前項但書の緊急集会において採られた措置は、臨時のものであつて、次の国会開会の後10日以内に、衆議院の同意がない場合には、その効力を失ふ。

第55条〔資格争訟〕 両議院は、各々その議員の資格に関する争訟を裁判する。但し、議員の議席を失はせるには、出席議員の3分の2以上の多数による議決を必要とする。

第56条〔議事の定足数と過半数議決〕 ① 両議院は、各々その総議員の3分の1以上の出席がなければ、議事を開き議決することができない。

② 両議院の議事は、この憲法に特別の定のある場合を除いては、出席議員の過半数でこれを決し、可否同数のときは、議長の決するところによる。

第57条〔会議の公開と会議録〕 ① 両議院の会議は、公開とする。但し、出席議員の3分の2以上の多数で議決したときは、秘密会を開くことができる。

② 両議院は、各々その会議の記録を保存し、秘密会の記録の中で特に秘密を要すると認められるもの以外は、これを公表し、且つ一般に頒布しなければならない。

③ 出席議員の5分の1以上の要求があれば、各議員の表決は、これを会議録に記載しなければならない。

第58条〔役員の選任及び議院の自律権〕 ① 両議院は、各々その議長その他の役員を選任する。

② 両議院は、各々その会議その他の手続及び内部の規律に関する規則を定め、又、院内の秩序をみだした議員を懲罰することができる。但し、議員を除名するには、出席議員の3分の2以上の多数による議決を必要とする。

第59条〔法律の成立〕 ① 法律案は、この憲法に特別の定のある場合を除いては、両議院で可決したとき法律となる。

② 衆議院で可決し、参議院でこれと異なつた議決をした法律案は、衆議院で出席議員の3分の2以上の多数で再び可決したときは、法律となる。

③ 前項の規定は、法律の定めるところにより、衆議院が、両議院の協議会を開くことを求めることを妨げない。

④ 参議院が、衆議院の可決した法律案を受け取つた後、国会休会中の期間を除いて60日以内に、議決しないときは、衆議院は、参議院がその法律案を否決したものとみなすことができる。

第60条〔衆議院の予算先議権及び予算の議決〕 ① 予算は、さきに衆議院に提出しなければならない。

② 予算について、参議院で衆議院と異なつた議決をした場合に、法律の定めるところにより、両議院の協議会を開いても意見が一致しないとき、又は参議院が、衆議院の可決した予算を受け取つた後、国会休会中の期間を除いて30日以内に、議決しないときは、衆議院の議決を国会の議決とする。

第61条〔条約締結の承認〕 条約の締結に必要な国会の承認については、前条第2項の規定を準用する。

第62条〔議院の国政調査権〕 両議院は、各々国政に関する調査を行ひ、これに関して、証人の出頭及び証言並びに記録の提出を要求することができる。

第63条〔国務大臣の出席〕　内閣総理大臣その他の国務大臣は、両議院の1に議席を有すると有しないとにかかはらず、何時でも議案について発言するため議院に出席することができる。又、答弁又は説明のため出席を求められたときは、出席しなければならない。

第64条〔弾劾裁判所〕　①　国会は、罷免の訴追を受けた裁判官を裁判するため、両議院の議員で組織する弾劾裁判所を設ける。

②　弾劾に関する事項は、法律でこれを定める。

第5章　内　　閣

第65条〔行政権の帰属〕　行政権は、内閣に属する。

第66条〔内閣の組織と責任〕　①　内閣は、法律の定めるところにより、その首長たる内閣総理大臣及びその他の国務大臣でこれを組織する。

②　内閣総理大臣その他の国務大臣は、文民でなければならない。

③　内閣は、行政権の行使について、国会に対し連帯して責任を負ふ。

第67条〔内閣総理大臣の指名〕　①　内閣総理大臣は、国会議員の中から国会の議決で、これを指名する。この指名は、他のすべての案件に先だつて、これを行ふ。

②　衆議院と参議院とが異なつた指名の議決をした場合に、法律の定めるところにより、両議院の協議会を開いても意見が一致しないとき、又は衆議院が指名の議決をした後、国会休会中の期間を除いて10日以内に、参議院が、指名の議決をしないときは、衆議院の議決を国会の議決とする。

第68条〔国務大臣の任免〕　①　内閣総理大臣は、国務大臣を任命する。但し、その過半数は、国会議員の中から選ばれなければならない。

②　内閣総理大臣は、任意に国務大臣を罷免することができる。

第69条〔不信任決議と解散又は総辞職〕　内閣は、衆議院で不信任の決議案を可決し、又は信任の決議案を否決したときは、10日以内に衆議院が解散されない限り、総辞職をしなければならない。

第70条〔内閣総理大臣の欠缺又は総選挙施行による総辞職〕　内閣総理大臣が欠けたとき、又は衆議院議員総選挙の後に初めて国会の召集があつたときは、内閣は、総辞職をしなければならない。

第71条〔総辞職後の職務続行〕　前2条の場合には、内閣は、あらたに内閣総理大臣が任命されるまで引き続きその職務を行ふ。

第72条〔内閣総理大臣の職務権限〕　内閣総理大臣は、内閣を代表して議案を国会に提出し、一般国務及び外交関係について国会に報告し、並びに行政各部を指揮監督する。

第73条〔内閣の職務権限〕　内閣は、他の一般行政事務の外、左の事務を行ふ。

1　法律を誠実に執行し、国務を総理すること。

2　外交関係を処理すること。

3　条約を締結すること。但し、事前に、時宜によつては事後に、国会の承認を経ることを必要とする。

4　法律の定める基準に従ひ、官吏に関する事務を掌理すること。

5　予算を作成して国会に提出すること。

6　この憲法及び法律の規定を実施するために、政令を制定すること。但し、政令には、特にその法律の委任がある場合を除いては、罰則を設けることができない。

7　大赦、特赦、減刑、刑の執行の免除及び復権を決定すること。

第74条〔法律及び政令への署名と連署〕　法律及び政令には、すべて主任の国務大臣が署名し、内閣総理大臣が連署することを必要とする。

第75条〔国務大臣訴追の制約〕　国務大臣は、その在任中、内閣総理大臣の同意がなければ、訴追されない。但し、これがため、訴追の権利は、害されない。

第6章　司　　法

第76条〔司法権の機関と裁判官の職務上の独立〕

①　すべて司法権は、最高裁判所及び法律の定めるところにより設置する下級裁判所に属する。

②　特別裁判所は、これを設置することができない。行政機関は、終審として裁判を行ふことができない。

③　すべて裁判官は、その良心に従ひ独立してその職権を行ひ、この憲法及び法律にのみ拘束される。

第77条〔最高裁判所の規則制定権〕　①　最高裁判所は、訴訟に関する手続、弁護士、裁判所の内部規律及び司法事務処理に関する事項について、規則を定める権限を有する。

②　検察官は、最高裁判所の定める規則に従はなければならない。

③　最高裁判所は、下級裁判所に関する規則を定める権限を、下級裁判所に委任することができる。

第78条〔裁判官の身分の保障〕　裁判官は、裁判により、心身の故障のために職務を執ることができないと決定された場合を除いては、公の弾劾によらなければ罷免されない。裁判官の懲戒処分は、行政機関がこれを行ふことはできない。

第79条〔最高裁判所の構成及び裁判官任命の国民審査〕　①　最高裁判所は、その長たる裁判官及び法律の定める員数のその他の裁判官でこれを構成し、その長たる裁判官以外の裁判官は、内閣でこれを任命する。

②　最高裁判所の裁判官の任命は、その任命後初めて行はれる衆議院議員総選挙の際国民の審査に付し、その後10年を経過した後初めて行はれる衆議院議員総選挙の際更に審査に付し、その後も同様とする。

③　前項の場合において、投票者の多数が裁判官の罷免を可とするときは、その裁判官は、罷免される。

④　審査に関する事項は、法律でこれを定める。

⑤　最高裁判所の裁判官は、法律の定める年齢に達した時に退官する。

⑥　最高裁判所の裁判官は、すべて定期に相当額の報酬を受ける。この報酬は、在任中、これを減額することができない。

第80条〔下級裁判所の裁判官〕　①　下級裁判所の裁判官は、最高裁判所の指名した者の名簿によつて、内閣でこれを任命する。その裁判官は、任期を10年とし、再任されることができる。但し、法律の定める年齢に達した時には退官する。

②　下級裁判所の裁判官は、すべて定期に相当額の報酬を受ける。この報酬は、在任中、これを減額することができない。

第81条〔最高裁判所の法令審査権〕　最高裁判所は、一切の法律、命令、規則又は処分が憲法に適合するかしないかを決定する権限を有する終審裁判所である。

第82条〔対審及び判決の公開〕　①　裁判の

対審及び判決は、公開法廷でこれを行ふ。

② 裁判所が、裁判官の全員一致で、公の秩序又は善良の風俗を害する虞があると決した場合には、対審は、公開しないでこれを行ふことができる。但し、政治犯罪、出版に関する犯罪又はこの憲法第3章で保障する国民の権利が問題となつてゐる事件の対審は、常にこれを公開しなければならない。

第7章　財　　政

第83条〔財政処理の要件〕　国の財政を処理する権限は、国会の議決に基いて、これを行使しなければならない。

第84条〔課税の要件〕　あらたに租税を課し、又は現行の租税を変更するには、法律又は法律の定める条件によることを必要とする。

第85条〔国費支出及び債務負担の要件〕　国費を支出し、又は国が債務を負担するには、国会の議決に基くことを必要とする。

第86条〔予算の作成〕　内閣は、毎会計年度の予算を作成し、国会に提出して、その審議を受け議決を経なければならない。

第87条〔予備費〕　①　予見し難い予算の不足に充てるため、国会の議決に基いて予備費を設け、内閣の責任でこれを支出することができる。

② すべて予備費の支出については、内閣は、事後に国会の承諾を得なければならない。

第88条〔皇室財産及び皇室費用〕　すべて皇室財産は、国に属する。すべて皇室の費用は、予算に計上して国会の議決を経なければならない。

第89条〔公の財産の用途制限〕　公金その他の公の財産は、宗教上の組織若しくは団体の使用、便益若しくは維持のため、又は公の支配に属しない慈善、教育若しくは博愛の事業に対し、これを支出し、又はその利用に供してはならない。

第90条〔会計検査〕　①　国の収入支出の決算は、すべて毎年会計検査院がこれを検査し、内閣は、次の年度に、その検査報告とともに、これを国会に提出しなければならない。

② 会計検査院の組織及び権限は、法律でこれを定める。

第91条〔財政状況の報告〕　内閣は、国会及び国民に対し、定期に、少くとも毎年1回、国の財政状況について報告しなければならない。

第8章　地方自治

第92条〔地方自治の本旨の確保〕　地方公共団体の組織及び運営に関する事項は、地方自治の本旨に基いて、法律でこれを定める。

第93条〔地方公共団体の機関〕　①　地方公共団体には、法律の定めるところにより、その議事機関として議会を設置する。

② 地方公共団体の長、その議会の議員及び法律の定めるその他の吏員は、その地方公共団体の住民が、直接これを選挙する。

第94条〔地方公共団体の権能〕　地方公共団体は、その財産を管理し、事務を処理し、及び行政を執行する権能を有し、法律の範囲内で条例を制定することができる。

第95条〔1の地方公共団体のみに適用される特別法〕　1の地方公共団体のみに適用される特別法は、法律の定めるところにより、その地方公共団体の住民の投票においてその過半数の同意を得なければ、国会は、これを制定することができない。

第9章　改　　　正

第96条〔憲法改正の発議、国民投票及び公布〕
① この憲法の改正は、各議院の総議員の3分の2以上の賛成で、国会が、これを発議し、国民に提案してその承認を経なければならない。この承認には、特別の国民投票又は国会の定める選挙の際行はれる投票において、その過半数の賛成を必要とする。
② 憲法改正について前項の承認を経たときは、天皇は、国民の名で、この憲法と一体を成すものとして、直ちにこれを公布する。

第10章　最高法規

第97条〔基本的人権の由来特質〕　この憲法が日本国民に保障する基本的人権は、人類の多年にわたる自由獲得の努力の成果であつて、これらの権利は、過去幾多の試錬に堪へ、現在及び将来の国民に対し、侵すことのできない永久の権利として信託されたものである。

第98条〔憲法の最高性と条約及び国際法規の遵守〕　① この憲法は、国の最高法規であつて、その条規に反する法律、命令、詔勅及び国務に関するその他の行為の全部又は一部は、その効力を有しない。
② 日本国が締結した条約及び確立された国際法規は、これを誠実に遵守することを必要とする。

第99条〔憲法尊重擁護の義務〕　天皇又は摂政及び国務大臣、国会議員、裁判官その他の公務員は、この憲法を尊重し擁護する義務を負ふ。

第11章　補　　　則

第100条〔施行期日と施行前の準備行為〕　① この憲法は、公布の日から起算して6箇月を経過した日〔昭22・5・3〕から、これを施行する。
② この憲法を施行するために必要な法律の制定、参議院議員の選挙及び国会召集の手続並びにこの憲法を施行するために必要な準備手続は、前項の期日よりも前に、これを行ふことができる。

第101条〔参議院成立前の国会〕　この憲法施行の際、参議院がまだ成立してゐないときは、その成立するまでの間、衆議院は、国会としての権限を行ふ。

第102条〔参議院議員の任期の経過的特例〕この憲法による第1期の参議院議員のうち、その半数の者の任期は、これを3年とする。その議員は、法律の定めるところにより、これを定める。

第103条〔公務員の地位に関する経過規定〕この憲法施行の際現に在職する国務大臣、衆議院議員及び裁判官並びにその他の公務員で、その地位に相応する地位がこの憲法で認められてゐる者は、法律で特別の定をした場合を除いては、この憲法施行のため、当然にはその地位を失ふことはない。但し、この憲法によつて、後任者が選挙又は任命されたときは、当然その地位を失ふ。

執筆者紹介

（執筆順、＊は編者）

氏名（よみ）	所属	担当
辻　健太（つじ　けんた）	早稲田大学非常勤講師	第１章、第12章、第17章、第18章
＊松井　直之（まつい　なおゆき）	愛知大学大学院法務研究科教授	第２章、第13章
＊大江　一平（おおえ　いっぺい）	東海大学法学部教授	第３章、第８章、第９章
大野　友也（おおの　ともや）	愛知大学法学部教授	第４章、第11章
森口　千弘（もりぐち　ちひろ）	熊本学園大学社会福祉学部准教授	第５章Ⅰ・Ⅱ
春山　習（はるやま　しゅう）	亜細亜大学法学部講師	第５章Ⅲ・Ⅳ
＊君塚　正臣（きみづか　まさおみ）	横浜国立大学大学院国際社会科学研究院教授	第６章
黒澤修一郎（くろさわしゅういちろう）	島根大学法文学部法経学科准教授	第７章Ⅰ・Ⅱ・Ⅳ～Ⅶ
桧垣　伸次（ひがき　しんじ）	同志社大学法学部教授	第７章Ⅲ
高田　倫子（たかた　みちこ）	大阪公立大学大学院法学研究科教授	第10章、第14章
小林　祐紀（こばやし　ゆうき）	琉球大学大学院法務研究科准教授	第15章
守谷　賢輔（もりや　けんすけ）	福岡大学法学部准教授	第16章

大学生のための憲法〔第2版〕

2018年4月5日　初　版第1刷発行
2024年4月15日　第2版第1刷発行

編　者　君塚正臣（きみづかまさおみ）・大江一平（おおえいっぺい）・松井直之（まついなおゆき）

発行者　畑　光

発行所　株式会社 法律文化社

〒603-8053
京都市北区上賀茂岩ヶ垣内町71
電話 075(791)7131　FAX 075(721)8400
https://www.hou-bun.com/

印刷：亜細亜印刷㈱／製本：㈱吉田三誠堂製本所
装幀：前田俊平

ISBN 978-4-589-04334-4